SACHENRECHT 1
Bewegliche Sachen

2006

Josef A. Alpmann
Rechtsanwalt in Münster

ALPMANN UND SCHMIDT Juristische Lehrgänge Verlagsges. mbH & Co. KG
48149 Münster, Annette-Allee 35, 48001 Postfach 1169, Telefon (0251) 98109-35/40
AS-Online: www.alpmann-schmidt.de

Alpmann, Josef A.
Sachenrecht 1 – Bewegliche Sachen
15. Auflage 2006
ISBN 13: 978-3-89476-848-5
ISBN 10: 3-89476-848-7

©Verlag Alpmann und Schmidt Juristische Lehrgänge
Verlagsgesellschaft mbH & Co. KG, Münster

Die Vervielfältigung, insbesondere das Fotokopieren
ist nicht gestattet (§§ 53, 54 UrhG) und strafbar (§ 106 UrhG).
Im Fall der Zuwiderhandlung wird Strafantrag gestellt.

INHALTSVERZEICHNIS

Bewegliche Sachen 1

Überblick 1

1. Teil: Die rechtsgeschäftliche Übertragung des Eigentums durch den Berechtigten 2

1. Abschnitt: Die Übereignung gemäß § 929 S. 1 durch Einigung und Übergabe 2

1. Die Einigung 2
   1.1 Der Inhalt der Einigungserklärung 3
   1.2 Die Art und Weise des Zustandekommens der Einigung 3
   1.3 Die konkludente Einigung 4
      1.3.1 Die Einigung bei der Übergabe 4
         Fall 1: Zu spät 5
      1.3.2 Die konkludente Einigung bei Abschluss des Verpflichtungsvertrags 7
      1.3.3 Die Übereignung gemäß § 929 S. 1 bei tatsächlichen Warenangeboten 8

2. Die Tatbestandsmerkmale der Übergabe 12
   2.1 Besitzerwerb auf Erwerberseite 12
      2.1.1 Der Erwerb des unmittelbaren Besitzes 13
      2.1.2 Der Erwerb des mittelbaren Besitzes gemäß § 868 14
      2.1.3 Besitzerwerb durch eine Geheißperson des Erwerbers 16
   2.2 Auf Veranlassung des Veräußerers zum Zwecke der Eigentumsübertragung 16
   2.3 Besitzverlust auf Veräußererseite 17
      2.3.1 Einschaltung einer Geheißperson auf Veräußerer- und Erwerberseite 17
         Fall 2: Abgekürzte Lieferung 18
      2.3.2 Kettenlieferung 20
   2.4 Ein Wechsel des unmittelbaren Besitzes ist nach h.M. nicht erforderlich 21

3. Das Einigsein; der Widerruf der Einigung 21
   3.1 Der Widerruf der vorweggenommenen Einigung 22
   3.2 Die vom Erblasser veranlasste, aber vom Erben nicht gewollte Eigentumsübertragung 22
      Fall 3: Unwillentlich 22

4. Die Berechtigung des Veräußerers 24
   4.1 Berechtigung des verfügungsberechtigten Eigentümers 24
   4.2 Berechtigung des Nichteigentümers kraft Gesetzes 25
   4.3 Berechtigung des Nichteigentümers mit Zustimmung des Berechtigten 25

2. Abschnitt: Die Übergabesurrogate gemäß §§ 929 S. 2, 930, 931 26

1. Die Übergabe „kurzer Hand" nach § 929 S. 2 26
   1.1 Der Erwerber muss im Besitz der Sache sein 26
   1.2 Der Veräußerer darf keinerlei besitzrechtliche Beziehung haben 27
2. Der Ersatz der Übergabe durch ein Besitzkonstitut, § 930 27
   2.1 Die vorweggenommene Einigung, das vorweggenommene
       Besitzkonstitut 28
       Fall 4: Oldtimer-Kauf 28
   2.2 Die Übereignung nach §§ 929 S. 1, 930 bei einem gesetzlichen
       Besitzmittlungsverhältnis 30
       2.2.1 Besitzkonstitut kraft Gesetzes aufgrund ehelicher
             Lebensgemeinschaft 30
             Fall 5: Der Hochzeitsperser 30
       2.2.2 Ein gesetzliches Besitzmittlungsverhältnis wird auch
             durch die elterliche Vermögenssorge begründet 31
3. Der Ersatz der Übergabe durch Abtretung
   des Herausgabeanspruchs, § 931 32
   3.1 Veräußerer ist mittelbarer Besitzer 32
   3.2 Veräußerer ist nicht mittelbarer Besitzer 32
   3.3 Anspruch des Veräußerers aus § 985 33
4. Die Wahl des Übereignungstatbestandes, wenn der
   Veräußerer mittelbarer Besitzer ist 33

3. Abschnitt: Die Eigentumsübertragung unter Einschaltung eines Vertreters 34

1. Der Vertreter handelt im Namen des Vertretenen
   – Veräußerers oder Erwerbers – 34
   1.1 Handeln des Vertreters mit Einverständnis des Veräußerers 34
   1.2 Handeln des vertretungsberechtigten Vertreters ohne
       oder gegen den tatsächlichen Willen des Veräußerers 35
       Fall 6: Der Antiquitätenhändler auf Weltreise 35
   1.3 Der Vertreter will für sich selbst Eigentum erwerben,
       ohne dies zum Ausdruck zu bringen 36
2. Der Eigentumswechsel bei der mittelbaren Vertretung 37
   2.1 Der mittelbare Vertreter handelt für den Veräußerer 37
   2.2 Der mittelbare Vertreter wird für den Erwerber tätig 37
       2.2.1 Die Übereignung durch ein Geschäft an den, den es angeht 38
       2.2.2 Der Veräußerer übereignet an den mittelbaren Stellvertreter 38

4. Abschnitt: Die Eigentumsübertragung an den Ehegatten oder den Lebensgefährten 40

1. Die Eigentumsübertragung an den Ehegatten 40
2. Der Eigentumserwerb von Haushaltsgegenständen in einer
   nichtehelichen Lebensgemeinschaft 41

5. Abschnitt: Das Verhältnis des Verpflichtungs- zum Verfügungsgeschäft 41

▶ Übersicht: Die Eigentumsübertragung gemäß §§ 929–931 42

2. Teil: Der Erwerb vom Nichtberechtigten sowie der lastenfreie Erwerb 43

1. Abschnitt: Gutgläubiger Erwerb nach den §§ 932 ff. 44

1. Die Einigung gemäß § 929 S. 1 44
2. Übergabe bzw. Übergabesurrogate 45
3. Einigsein 45
4. Die Überwindung des fehlenden Eigentums des Veräußerers 45
   4.1 Rechtsgeschäft im Sinne eines Verkehrsgeschäfts 46
      4.1.1 Keine Anwendung der §§ 932 ff. beim gesetzlichen Erwerb 46
      4.1.2 Verkehrsgeschäft 46
   4.2 Der erforderliche Rechtsschein des Besitzes 47
      4.2.1 Der Rechtsschein des Besitzes bei einer Übergabe gemäß §§ 929 S. 1, 932 Abs. 1 S. 1 48
         Fall 7: Hemdenlieferung 49
      4.2.2 Der gutgläubige Eigentumserwerb gemäß §§ 929 S. 2, 932 Abs. 1 S. 2 51
      4.2.3 Der gutgläubige Eigentumserwerb gemäß §§ 929 S. 1, 930, 933 51
      4.2.4 Der gutgläubige Eigentumserwerb gemäß §§ 929 S. 1, 931, 934 52
         Fall 8: Unentschlossener Lagerverwalter 54
   4.3 Die Gutgläubigkeit des Erwerbers 55
      4.3.1 Grob fahrlässige Unkenntnis 56
      4.3.2 Bezugspunkt des guten Glaubens 57
      4.3.3 Für den Erwerber handelt Vertreter 58
      4.3.4 Besitzerwerb durch „Hilfsperson" 58
      4.3.5 Leicht fahrlässiges Handeln des Erwerbers 58
   4.4 Der Ausschluss des Erwerbs vom Nichtberechtigten gemäß § 935 58
      4.4.1 Organ einer juristischen Person 59
      4.4.2 Besitzdiener 59
      4.4.3 Wahre Erben 60
      4.4.4 Entzug oder willentliche Übertragung des Besitzes 60
      4.4.5 Unmittelbarer Besitzer besitzt nicht für den Eigentümer 61
   4.5 Der Rückerwerb durch den Nichtberechtigten 61

▶ Übersicht: Der Erwerb vom Nichtberechtigten gemäß §§ 932 ff. 63

2. Abschnitt: Der erweiterte Gutglaubenserwerb 64

1. Der erweiterte Gutglaubenserwerb nach § 366 HGB 64
2. Der Erwerb vom Eigentümer, der in der Verfügungsmacht beschränkt ist 66
   - 2.1 Die relative Verfügungsbeschränkung 66
     - Fall 9: Doppelverkauf 67
   - 2.2 Das absolute Veräußerungsverbot 69

3. Abschnitt: Der gutgläubige lastenfreie Erwerb gemäß § 936 69

1. Die Voraussetzungen für den gutgläubigen lastenfreien Erwerb 70
2. Ausnahme von der Möglichkeit des lastenfreien Erwerbs gemäß § 936 Abs. 3 70

▶ Übersicht: Überblick zum erweiterten Erwerb vom Nichtberechtigten 71

3. Teil: Das Sicherungseigentum 72

Einleitung 72

1. Abschnitt: Die Übereignung zur Sicherung von Forderungen 73

1. Die Einigung 74
   - 1.1 Der Bestimmtheitsgrundsatz 74
     - 1.1.1 Die Raumsicherung 74
     - 1.1.2 Die Markierungsübereignung 75
     - 1.1.3 Die Übereignung aller Sachen einer bestimmten Gattung 76
     - 1.1.4 Die Übertragung aller Rechte 76
     - 1.1.5 Keine Bestimmtheit bei bloßer Mengen- und Wertangabe 77
     - 1.1.6 Keine Bestimmtheit bei Verwendung des Begriffs „Inventar" 77
   - 1.2 Grundsätzlich keine auflösend bedingte Sicherungsübereignung 77
   - 1.3 Nichtigkeit der Einigung nach § 138 Abs. 1 77
     - 1.3.1 Knebelung 78
     - 1.3.2 Anfängliche Übersicherung 78
2. Besitzmittlungsverhältnis 79
3. Berechtigung des Sicherungsgebers 79

2. Abschnitt: Der Sicherungsvertrag 80

3. Abschnitt: Das Sicherungseigentum in der Zwangsvollstreckung und im Insolvenzverfahren 82

1. Rechte des Sicherungsnehmers 82
2. Rechte des Sicherungsgebers 83

▶ Übersicht: Das Sicherungseigentum 84

4. Teil: Das Anwartschaftsrecht auf Eigentumserwerb an beweglichen Sachen 85

Überblick 85

1. Zwei Rechtsgeschäfte 85
   1.1 Unbedingter Kaufvertrag 85
   1.2 Eigentumsübergabe unter aufschiebender Bedingung 85

2. Zwei Berechtigte 86
   2.1 Verkäufer 86
   2.2 Käufer 86
   2.3 Schicksal einer vom Eigentümer getroffenen Verfügung 86

1. Abschnitt: Das Entstehen des Anwartschaftsrechts 86

1. Der Eigentumsvorbehalt in AGB 88
   1.1 In den Kaufvertrag einbezogene AGB 88
   1.2 Der Eigentumsvorbehalt in den AGB, die nach Kaufabschluss, aber vor Übergabe ausgehändigt werden 88
   1.3 Der Eigentumsvorbehalt in einander widersprechenden AGB 89

2. Der einfache, erweiterte, nachgeschaltete, nachträgliche und verlängerte Eigentumsvorbehalt 91
   2.1 Der einfache Eigentumsvorbehalt 91
   2.2 Der erweiterte Eigentumsvorbehalt 91
   2.3 Der nachgeschaltete und der weitergeleitete Eigentumsvorbehalt 92
   2.4 Der nachträgliche Eigentumsvorbehalt 92
   2.5 Der verlängerte Eigentumsvorbehalt 93
      2.5.1 Der Inhalt des verlängerten Eigentumsvorbehalts 93
      2.5.2 Die Ermächtigung sowie der Widerruf 94
      2.5.3 Die Vorausabtretung der Forderung 95
      2.5.4 Unwirksamkeit der Vorausabtretung einer Forderung 96
      2.5.5 Kollision von verlängertem Eigentumsvorbehalt und Globalzession 97

▶ Übersicht: Unwirksamkeit von Sicherungsverträgen 98

3. Der Erwerb des Anwartschaftsrechts vom Nichteigentümer 99

2. Abschnitt: Die Übertragungsmöglichkeiten des Anwartschaftsberechtigten 99

1. Die Übertragung des Anwartschaftsrechts 99
   1.1 Die Übertragung durch den Anwartschaftsberechtigten entsprechend §§ 929 ff. 100
      Fall 10: Durch oder direkt 100
   1.2 Fehlschlag der Eigentumsübertragung 102
   1.3 Der gutgläubige Zweiterwerb eines Anwartschaftsrechts 103

2. Die Übertragung des Eigentums beim
verlängerten Eigentumsvorbehalt 103
  2.1 Die Ermächtigung gemäß § 185 Abs. 1 103
  2.2 Die Veräußerung unter Vereinbarung eines Abtretungsverbots 103

**3. Abschnitt: Die Belastung und das Erlöschen des
Anwartschaftsrechts** 104

1. Die Belastung des Anwartschaftsrechts 104
   1.1 Die Belastung des Anwartschaftsrechts mit einem
   rechtsgeschäftlichen Pfandrecht 104
   1.2 Die Belastung kraft Gesetzes 104
   1.3 Das Pfändungspfandrecht am Anwartschaftsrecht 105
2. Das Erlöschen des Anwartschaftsrechts 105
   2.1 Erlöschen 105
   2.2 Die Aufhebung des Anwartschaftsrechts, das mit dem Recht
   eines Dritten belastet ist 105
   2.3 Die Aufhebung des Anwartschaftsrechts, das der Käufer
   einem Dritten übertragen hat 106

4. Abschnitt: Die Rechte und Pflichten des Anwartschaftsberechtigten 106

1. Die Ansprüche des Anwartschaftsberechtigten gegenüber Dritten 107
   1.1 Die Herausgabeansprüche 107
   1.2 Der Schadensersatzanspruch gemäß § 823 Abs. 1 107
   Fall 11: Zerstörtes Vorbehaltsgut 108
   1.3 Die Ansprüche des Anwartschaftsberechtigten
   nach den Vorschriften über den Eigentumsschutz 109
2. Die Rechte und Pflichten gegenüber dem Eigentümer 110
   2.1 Kauf- bzw. Sicherungsvertrag 110
   2.2 Der Schutz des Anwartschaftsberechtigten vor Verfügungen 110
   Fall 12: Geschützt bedingter Erwerb 110
   2.3 Das Anwartschaftsrecht als Recht zum Besitz 112
   2.4 Schutz des Anwartschaftsrechts in der Insolvenz 114

▶ Übersicht: Das Anwartschaftsrecht 115

5. Teil: Der Eigentumserwerb durch Gesetz oder Hoheitsakt 116

1. Abschnitt: Verbindung, Vermischung, Verarbeitung, §§ 946–951 116

1. Die Grundstücksverbindung gemäß § 946 116
   1.1 Die wesentlichen Bestandteile einer Sache 117
      1.1.1 Die Bestandteile einer Sache 117
      1.1.2 Die wesentlichen Bestandteile, §§ 93, 94 117
      1.1.3 Die Scheinbestandteile gemäß § 95 118
   1.2 Die rechtliche Bedeutung der Unterscheidung
   Bestandteil – wesentlicher Bestandteil – Scheinbestandteil 120
   Fall 13: Nicht bezahlte eingebaute Heizung 120

- ▶ Übersicht: Der Eigentumserwerb durch Verbindung.................................. 124
- 2. Die Fahrnisverbindung gemäß § 947 125
  - 2.1 Das Eigentum an der zusammengesetzten Sache gemäß § 947 Abs. 1 u. 2 125
  - 2.2 Wesentlicher Bestandteil 125
    - Fall 14: Eingebautes Motorgehäuse 126
- 3. Die Vermischung und Vermengung beweglicher Sachen gemäß § 948 127
  - 3.1 Untrennbarkeit 127
  - 3.2 Anwendung der §§ 948, 947 auf Geld 127
- 4. Die Verarbeitung gemäß § 950 128
  - 4.1 Die Herstellung einer neuen Sache 128
  - 4.2 Das Verhältnis von Verarbeitungs- und Stoffwert 129
    - Fall 15: Der unvollständige Motor 129
  - 4.3 Der Begriff des Herstellers i.S.d. § 950 130
    - Fall 16: Ziegenlämmer-Handschuhe 131
    - Fall 17: Winzer kontra Bank 134

2. Abschnitt: Der Erwerb von Erzeugnissen und sonstigen Bestandteilen gemäß §§ 953 ff. 136

- 1. Die Regelungen der §§ 953, 954 137
- 2. Der Eigentumserwerb an Früchten gemäß § 955 durch den Eigen- und Nutzungsbesitzer 137
  - 2.1 Berechtigter Eigenbesitzer 138
  - 2.2 Unrechtmäßiger gutgläubiger Eigenbesitzer 138
    - 2.2.1 Gutgläubigkeit; Eigen- oder Nutzungsbesitz 138
    - 2.2.2 Dingliche Zuordnung 138
- 3. Der Eigentumserwerb durch Gestattung der Aneignung gemäß § 956 139
  - Fall 18: Späte Eichenfällung 139
- 4. Der gutgläubige Eigentumserwerb an Erzeugnissen und sonstigen Bestandteilen gemäß § 957 aufgrund der persönlichen Gestattung durch einen Nichtberechtigten 141
  - Fall 19: Apfelernte 142

3. Abschnitt: Ersitzung, Aneignung und Fund (§§ 937 ff., 958 ff., 965 ff.) 143

- 1. Die Ersitzung gemäß §§ 937 ff. 143
  - 1.1 Voraussetzungen 143
  - 1.2 Rechtsfolgen 143
- 2. Die Aneignung gemäß §§ 958 ff. 144
- 3. Der Fund gemäß §§ 965 ff. 144
  - 3.1 Voraussetzungen 144
  - 3.2 Sonderregeln 145

4. Abschnitt: Der Eigentumserwerb kraft Hoheitsakts 146

6. Teil: Das Pfandrecht an beweglichen Sachen und Rechten 147

1. Abschnitt: Das Pfandrecht an beweglichen Sachen 147
1. Das vertragliche Pfandrecht an beweglichen Sachen 148
   1.1 Das Entstehen des vertraglichen Pfandrechts 148
      1.1.1 Die Bestellung des Pfandrechts gemäß §§ 1204–1208 148
      1.1.2 Erwerb eines Pfandrechts aufgrund einer AGB-Regelung 150
      1.1.3 Das irreguläre – unregelmäßige – Pfandrecht 151
   1.2 Der Übergang des vertraglichen Pfandrechts kraft
       Rechtsgeschäfts und kraft Gesetzes 151
      1.2.1 Die rechtsgeschäftliche Übertragung des Pfandrechts
          gemäß §§ 398, 1250, 401 151
          Fall 20: Die durch Drohung bewirkte Pfandrechtsbestellung 152
      1.2.2 Übergang des Pfandrechts kraft Gesetzes 152
   1.3 Die Rechte und Pflichten des Pfandgläubigers bis zur Verwertung 154
      1.3.1 Beeinträchtigung des Pfandes 154
      1.3.2 Pflichten des Pfandgläubigers im Verhältnis zum Verpfänder 154
   1.4 Die Verwertung des Pfandes 155
      1.4.1 Wer ist zur Verwertung befugt? 155
      1.4.2 Wie ist die Verwertung durchzuführen? 155
   1.5 Die Rechte am Versteigerungserlös gemäß § 1247 157
   1.6 Das Erlöschen des Pfandrechts an beweglichen Sachen 158
  ▶ Übersicht: Das vertragliche Pfandrecht an beweglichen Sachen 159
2. Das gesetzliche Pfandrecht an beweglichen Sachen 160
   2.1 Die Entstehung des gesetzlichen Pfandrechts 160
   2.2 Ein kraft Gesetzes entstandenes Pfandrecht untersteht
       nach § 1257 den Grundsätzen des Vertragspfandrechts 161

2. Abschnitt: Das Pfandrecht an Rechten und Forderungen 162
1. Das Entstehen des vertraglichen Pfandrechts an
   Rechten und Forderungen 162
   1.1 Die Einigung über das Entstehen 162
   1.2 Die zum Entstehen des Pfandes an Rechten erforderliche
       Übergabe sowie die Anzeigepflicht 163
      Fall 21: Verpfändung eines Sparguthabens 163
   1.3 Der Verpfänder muss Berechtigter sein 165
2. Die Übertragung des Pfandrechts an Rechten 165
3. Die Rechte und Pflichten der Beteiligten 165
4. Die Verwertung des Pfandrechts an Rechten und Forderungen 165
   4.1 Befriedigung des Pfandgläubigers 165
   4.2 Für die Verwertung von Forderungen gelten die §§ 1281 ff. 165
5. Das Erlöschen des vertraglichen Pfandrechts an Rechten 166

Stichwortverzeichnis 167

QUELLENVERZEICHNIS

Gesetze

§§ ohne Gesetzesangaben	BGB vom 18.08.1896, RGBl. 1896, 195; neugefasst durch Bekanntmachung vom 02.01.2002, BGBl. I 2002, 42, 2909; 2003, 738; zuletzt geändert durch Art. 3 Abs. 1 des Gesetzes vom 07.07.2005, BGBl. I 2005, 1970

Gerichtsentscheidungen

BGH	Entscheidungen des BGH ab dem 01.01.2000, die mit Datum und Aktenzeichen zitiert sind, sind im Volltext auf der Internet-Site des Bundesgerichtshofs abrufbar (www.bundesgerichtshof.de)
Urteile mit @	Die mit einem @ gekennzeichneten Urteile stehen im Volltext zum kostenlosen Download im Internet bereit: http://www.alpmann-schmidt.de

Literatur

Bamberger/Roth	Kommentar zum Bürgerlichen Gesetzbuch Band 1 (§§ 1–610) Band 2 (§§ 611–1296) München 2003 (zit.: Bamberger/Bearbeiter)
Baur/Stürner	Lehrbuch des Sachenrechts 17. Aufl., München 1999
Brehm/Berger	Sachenrecht 1. Aufl., Tübingen 2000
Erman	Kommentar zum Bürgerlichen Gesetzbuch Band 1 (§§ 1–853) Band 2 (§§ 854–2385) 11. Aufl., Münster-Köln 2004 (zit.: Erman/Bearbeiter)
Handkommentar	Handkommentar zum Bürgerlichen Gesetzbuch 4. Aufl., Baden-Baden 2005 (zit.: HK/Bearbeiter)

Jauernig	Bürgerliches Gesetzbuch 11. Aufl., München 2004 (zit.: Jauernig/Bearbeiter)
Medicus	Allgemeiner Teil des BGB 8. Aufl., Heidelberg 2002 (zit.: Medicus BGB AT)
Medicus	Bürgerliches Recht 20. Aufl., Köln-Berlin-Bonn-München 2004 (zit.: Medicus BR)
Müller	Sachenrecht 4. Aufl., Köln-Berlin-Bonn-München 1997
Münchener Kommentar	Bürgerliches Gesetzbuch Band 1: Allgemeiner Teil (§§ 1–240, AGB-Gesetz) 4. Aufl., München 2001 Band 6: Sachenrecht (§§ 854–1296) 4. Aufl., München 2004 Band 7: Familienrecht (§§ 1297–1588) 4. Aufl., München 2000 (zit.: MünchKomm/Bearbeiter)
Palandt	Bürgerliches Gesetzbuch 64. Aufl., München 2005 (zit.: Palandt/Bearbeiter)
Schwab/Prütting	Sachenrecht 31. Aufl., München 2003
Soergel	Bürgerliches Gesetzbuch Band 1, Allgemeiner Teil I (§§ 1–103) 13. Aufl., Stuttgart-Berlin-Köln 1999 Band 2, Allgemeiner Teil II (§§ 104–240) 13. Aufl., Stuttgart-Berlin-Köln 1999 Band 14, Sachenrecht I (§§ 854–984) 13. Aufl., Stuttgart-Berlin-Köln 2002 (zit.: Soergel/Bearbeiter)
Staudinger	J.v. Staudingers Kommentar zum Bürgerlichen Gesetzbuch Erstes Buch Allgemeiner Teil (§§ 90–133, BeurkG)

13. Bearbeitung, Berlin 2004
(§§ 134–163)

Neubearbeitung, Berlin 2003
(§§ 164–240)
Neubearbeitung, Berlin 2004

Zweites Buch Schuldverhältnisse
(§§ 823–825)
13. Bearb., Berlin 1999

Drittes Buch Sachenrecht
(Einl. zu §§ 854 ff.; §§ 854–882)
Neubearbeitung, Berlin 2000
(§§ 883–902)
Neubearbeitung, Berlin 2002
(§§ 903–924)
Neubearbeitung, Berlin 2002
(§§ 925–984; Anh. zu §§ 929 ff.)
Neubearbeitung, Berlin 2004
(§§ 985–1011)
Neubearbeitung, Berlin 1999
(ErbbVO; §§ 1018–1112)
Neubearbeitung, Berlin 2002
(§§ 1113–1203)
Neubearbeitung, Berlin 2002

(zit.: Staudinger/Bearbeiter)

Westermann	BGB-Sachenrecht 11. Aufl., Heidelberg 2005 (zit.: Westermann/BGB-Sachenrecht)
Westermann	Sachenrecht 7. Aufl., Heidelberg 1998 (zit.: Westermann/Bearbeiter)
Wieling	Sachenrecht 4. Aufl., Berlin-Heidelberg-New York etc. 2001
Wilhelm	Sachenrecht 2. Aufl., Berlin-New York etc. 2001
Wolf	Sachenrecht 21. Aufl., München 2005
Wörlen	Sachenrecht 6. Aufl., Köln-Berlin-Bonn-München 2005

Bewegliche Sachen

Überblick

Das Sachenrecht ist umfassend und zusammenhängend in den §§ 854–1921 geregelt.

Einer Person können **Rechte** an **beweglichen Sachen** und **Grundstücken** zustehen. Als Rechte kommen in Betracht: das Eigentum, die beschränkt dinglichen Rechte und die Anwartschaftsrechte.

Das **Entstehen** der Sachenrechte sowie die **Rechtsänderung** an diesen Rechten kann durch Rechtsgeschäft, kraft Gesetzes oder durch Hoheitsakt erfolgen.

- In diesem Band wird das Entstehen der Rechte sowie die Rechtsänderung an beweglichen Sachen behandelt.
- Im AS-Skript SachenR 2 ist das Entstehen der Grundstücksrechte sowie die Rechtsänderung an diesen Rechten dargestellt.
- Die Vorschriften, die für alle Sachen – bewegliche Sachen und Grundstücke – Gültigkeit haben, also insbesondere die Regeln des Besitzes, Herausgabe- und Unterlassungsansprüche sowie die Vorschriften über Ansprüche des Eigentümers gegen den unrechtmäßigen Besitzer, werden im AS-Skript SachenR 3 dargestellt.

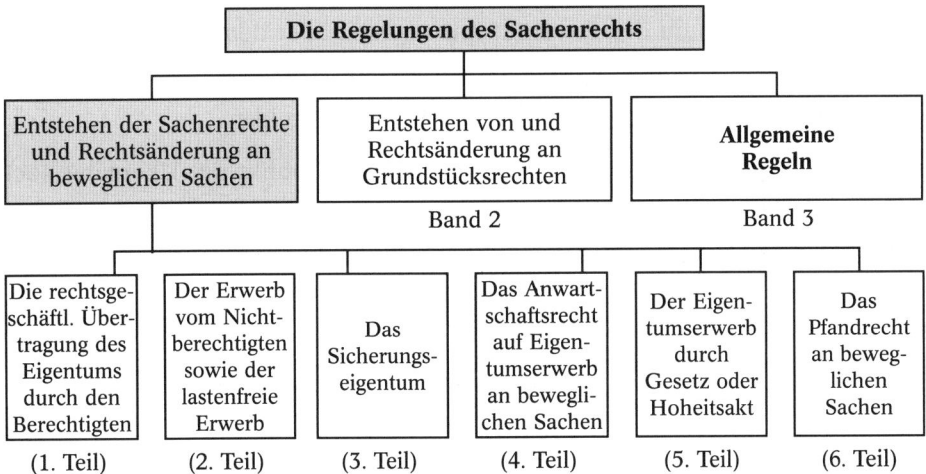

1. Teil: Die rechtsgeschäftliche Übertragung des Eigentums durch den Berechtigten

Der Berechtigte kann das Eigentum an beweglichen Sachen gemäß §§ 929 ff. übertragen.

- Grundtatbestand ist § 929 S. 1. Danach sind eine **Einigung**, die **Übergabe** der Sache, das **Einigsein** und die **Berechtigung** des Veräußerers erforderlich (dazu im 1. Abschnitt).

- Die **Übergabe** kann nach den §§ 929 S. 2 bis 931 durch **Übergabesurrogate** ersetzt werden (dazu im 2. Abschnitt).

1. Abschnitt: Die Übereignung gemäß § 929 S. 1 durch Einigung und Übergabe

§ 929 S. 1 bestimmt: Zur Übertragung des Eigentums an beweglichen Sachen ist erforderlich, dass der **Eigentümer** die Sache dem Erwerber **übergibt** und beide darüber **einig sind**, dass das Eigentum übergehen soll.

Danach setzt der Eigentumswechsel voraus:

- Der Veräußerer und der Erwerber müssen sich über den Eigentumswechsel **einigen**.

- In Vollziehung der Einigung muss die **Übergabe** erfolgen.

- Ist die Einigung vorweggenommen, muss im Zeitpunkt der Übergabe noch ein **Einigsein** vorliegen.

- Der Veräußerer muss **Berechtigter** sein. Es genügt entgegen dem Wortlaut des § 929 S. 1 nicht, dass der Veräußerer Eigentümer ist.

1. Die Einigung

- Die Einigungserklärungen müssen zum Ausdruck bringen, dass ein Eigentumswechsel an bestimmten Sachen erstrebt wird. Für den **Inhalt** der Erklärungen gilt der **Bestimmtheitsgrundsatz**.

- Die **Art und Weise** des Zustandekommens der Einigung bestimmt sich nach den Regeln über Rechtsgeschäfte, §§ 104 ff.

- Die Einigung wird jedenfalls bei Geschäften des täglichen Lebens regelmäßig **konkludent** erklärt.

1.1 Der Inhalt der Einigungserklärung

Jede Partei muss mit ihrem Verhalten zum Ausdruck bringen, dass sie den Eigentumswechsel an bestimmten Sachen will. Der Inhalt der Erklärungen erschöpft sich darin, die Rechtsänderung an bestimmten Sachen herbeizuführen.

Der Inhalt der Einigungserklärungen unterscheidet sich also wesentlich vom Inhalt der Verpflichtungserklärungen, durch die die Pflicht zur Übereignung begründet wird: Im **Verpflichtungsvertrag** können die Parteien bestimmen, an welchen **bestimmbaren** Sachen das Eigentum übertragen werden und/oder nach welchen gesetzlichen Regeln die Übereignung erfolgen soll, ob nach § 929 oder § 930 oder § 931; wo und wann die Übereignung erfolgen und/oder in welchem Zustand die Sache sein soll; welche weiteren Nebenleistungen erbracht werden sollen, damit die geschuldete Sache sachgerecht verwendet werden kann.

Der **Bestimmtheitsgrundsatz** der sachenrechtlichen Einigung ist nur gewahrt, wenn allein unter Zugrundelegung der Einigung bestimmt werden kann, an welchen Sachen der Eigentumswechsel eintreten soll. Jeder, der die Vereinbarung kennt, muss in der Lage sein, die zu übereignenden Sachen zu bestimmen. Bei einer vorweggenommenen Einigung muss die Bestimmtheit im Zeitpunkt des Eigentumsübergangs gegeben sein.[1]

Bei einer Übereignung nach § 929 S. 1 ist die Wahrung des Bestimmtheitsgrundsatzes unproblematisch, da spätestens bei der Übergabe bestimmt wird, an welchen konkreten Sachen sich der Eigentumswechsel vollziehen soll.

Zum Bestimmtheitsgrundsatz bei der Übereignung nach §§ 929, 930 – insbesondere bei der Sicherungsübereignung – vgl. unten S. 74 ff.

Die Einigung kann **bedingt** oder **befristet** erklärt werden. Hauptanwendungsfall einer aufschiebend bedingten Einigung ist die Übereignung unter **Eigentumsvorbehalt** (§ 449 Abs. 1) – dazu unten S. 85 ff.

Umstritten ist, ob Veräußerer und Erwerber schuldrechtliches Grundgeschäft und dingliche Einigung zu einer **Geschäftseinheit gem. § 139** verbinden können, mit der Wirkung, dass die Unwirksamkeit des Grundgeschäfts auch die Unwirksamkeit der dinglichen Einigung zur Folge hat. Dies wird von der h.M. für zulässig erachtet,[2] da sie ebenso gut die Wirksamkeit des Grundgeschäfts als (auflösende) Bedingung der Einigung vereinbaren könnten. Teile der Literatur lehnen dies jedoch als Umgehung des Abstraktionsprinzips ab.[3]

1.2 Die Art und Weise des Zustandekommens der Einigung

Wie die Willensübereinstimmung über den Eigentumswechsel zu erzielen ist, kann der Regelung des § 929 nicht entnommen werden. Es gelten die allgemeinen Regeln über Rechtsgeschäfte, §§ 104 ff., die grundsätzlich für jede Einigung Gültigkeit haben.

---

[1] BGH NJW 1994, 133; 1996, 2654, 2655@; NJW-RR 1994, 1537.
[2] Bamberger/Kindl § 929 Rdnr. 8; BGH NJW-RR 1992, 593, 594.
[3] Baur/Stürner § 5 Rdnr. 56; MünchKomm/Quack § 929 Rdnr. 59.

- Die **Einigungserklärung** jeder Partei muss den Erfordernissen einer Willenserklärung genügen: Der äußere Erklärungstatbestand muss auf den Willen, den Eigentumswechsel herbeizuführen, schließen lassen, und der Erklärende muss zumindest mit potenziellem Erklärungsbewusstsein gehandelt haben.

- Die Erklärungen müssen durch **Abgabe** und **Zugang** wirksam geworden sein, § 130 – Ausnahme: Der Zugang der Annahmeerklärung kann gemäß § 151 entbehrlich sein.

- Die durch Abgabe und Zugang wirksam gewordenen Willenserklärungen müssen inhaltlich miteinander korrespondieren.

- Es gelten die Regeln über die **Stellvertretung**, insbesondere die §§ 164 ff.

- Die Einigung kann den Eigentumswechsel nur herbeiführen, wenn keine **Unwirksamkeits- bzw. Nichtigkeitsgründe** (z.B. §§ 104 ff., 119 ff., 138) vorliegen.[4]

1.3 Die konkludente Einigung

Anders als die Einigung über die Übertragung des Eigentums an Grundstücken – die gemäß § 925 sogar formbedürftig ist – wird die Einigung zur Übertragung des Eigentums an beweglichen Sachen bei Geschäften des täglichen Lebens in aller Regel nicht ausdrücklich erklärt. Es liegen konkludente Erklärungen vor, bei denen im Wege der Auslegung gemäß §§ 133, 157 zu ermitteln ist, ob die Beteiligten den Eigentumswechsel wollen. Dabei sind der von den Beteiligten verfolgte Zweck sowie die beiderseitige Interessenlage von maßgeblicher Bedeutung.[5]

Die Einigungserklärung kann insbesondere in nachstehenden Fällen konkludent erklärt worden sein:

- Bei der Übergabe der geschuldeten Sache.

- Bei Abschluss des Verpflichtungsvertrags kann die Einigung erzielt werden, wenn sich mit der späteren Übergabe der Eigentumswechsel vollziehen soll und die Parteien davon ausgehen, eine zusätzliche Einigung werde nicht getroffen.

- Durch Abnahme der tatsächlich angebotenen Sache, z.B. in Automaten oder Selbstbedienungsläden.

1.3.1 Die Einigung bei der Übergabe

Wird die Sache vom Veräußerer übergeben, um eine – wirksame oder vermeintliche – **Verpflichtung** zur Übereignung zu erfüllen, kommt mit der vorbehaltlosen Entgegennahme der Sache die Einigung über den Eigentumswechsel zustande.

---

[4] Zu den Regeln über Rechtsgeschäfte vgl. AS-Skript BGB AT 1.
[5] BGH WM 1990, 847, 848.

Eine Verpflichtung zur Übereignung kann sich aus einem rechtsgeschäftlichen oder gesetzlichen Schuldverhältnis ergeben.

Als rechtsgeschäftliches Schuldverhältnis, das zur Eigentumsübertragung verpflichtet, kommen insbesondere in Betracht der Kauf-, Tauschvertrag; der Schenkungsvertrag; der Auftrag, wenn der Beauftragte die Sache zur Ausführung des Auftrages erhalten oder aus der Geschäftsführung erlangt hat (§ 667). Kraft Gesetzes kann sich die Pflicht zur Übereignung ergeben aus GoA, §§ 677, 681, 667; aus einem gesetzlichen Rückabwicklungsverhältnis, § 812 oder § 346; aus § 823, wenn durch die Verschaffung der Sache eine rechtswidrige und schuldhafte Eigentumsverletzung begangen worden ist.

A) Der Veräußerer erklärt konkludent seinen Eigentumsübertragungswillen mit der vorbehaltlosen Aushändigung der Sache an den Erwerber.

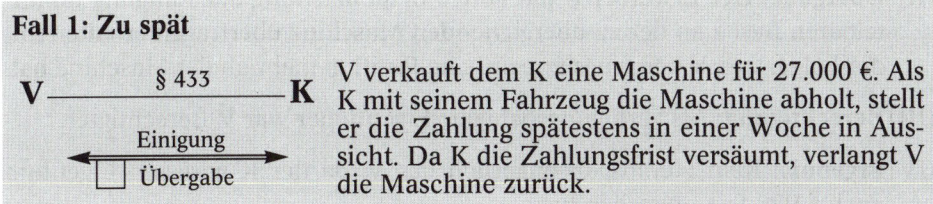

Fall 1: Zu spät

V verkauft dem K eine Maschine für 27.000 €. Als K mit seinem Fahrzeug die Maschine abholt, stellt er die Zahlung spätestens in einer Woche in Aussicht. Da K die Zahlungsfrist versäumt, verlangt V die Maschine zurück.

Anspruch des V gegen K auf Herausgabe der Maschine gemäß § 985

V war Eigentümer der Sache. Er könnte das Eigentum gemäß § 929 S. 1 durch Übereignung an K verloren haben.

(I) **Einigung** V–K: Als V die Maschine an K übergab, brachte er zum Ausdruck, dass er seiner Eigentumsverschaffungspflicht aus § 433 Abs. 1 S. 1 nachkommen wollte, sodass er mit der Übergabe konkludent ein Angebot zur Übereignung geäußert hat. Wer nämlich zum Zwecke der Erfüllung einer bestehenden unbedingten Eigentumsübertragungspflicht die geschuldete Sache vorbehaltlos übergibt, bringt damit konkludent seinen Eigentumsübertragungswillen zum Ausdruck.[6]

Dieses Übereignungsangebot des V hat K konkludent mit der Entgegennahme der Maschine angenommen. K hat seinen Eigentumserwerbswillen geäußert. Daher ist eine Einigung erzielt worden.

Allein der Umstand, dass K den Kaufpreis nicht zahlt, lässt nicht den Schluss zu, V habe nur bedingt Eigentum übertragen wollen. Wer einen Kaufvertrag auf unbedingte Eigentumsübertragung abgeschlossen hat, muss, wenn die Übergabe nicht als Einigungsangebot zur Übertragung des Volleigentums gewertet werden soll, seinen abweichenden – inneren – Willen dem Partner gegenüber deutlich erkennbar zum Ausdruck bringen.

„Ein vom Verkäufer gewollter, im Kaufvertrag aber nicht vereinbarter (vertragswidriger) Eigentumsvorbehalt muss spätestens bei der Besitzübergabe der Kaufsache dem Empfänger gegenüber deutlich erklärt werden. An die Klarheit einer solchen Erklärung ist ein strenger Maßstab anzulegen."[7]

---
6 Westermann/Westermann § 38, 2; Schwab/Prütting Rdnr. 372.
7 BGHZ 64, 395.

Im Schrifttum ist diese Entscheidung teilweise kritisiert worden: Kein vernünftiger Verkäufer wolle sein Eigentum übertragen, wenn er nicht den Kaufpreis bekomme. Jeder vernünftige Käufer wisse das und dies müsse daher bei der Auslegung berücksichtigt werden. Es sei deshalb normalerweise davon auszugehen, dass Käufer und Verkäufer, die keine ausdrücklichen Erklärungen abgeben, konkludent einen Eigentumsvorbehalt vereinbaren.[8]

Auch aus wessen Mitteln der Kaufpreis letztlich bezahlt werden soll, ist unerheblich. Dies ist dem Verkäufer regelmäßig nicht bekannt und kann sich deshalb auf seinen Übereignungswillen nicht auswirken. Selbst wenn der Verkäufer weiß, dass ein Dritter die Mittel für die Bezahlung aufbringt (z.B. die Ehefrau des Käufers), ändert das nichts an seinem Übertragungswillen an seinen Vertragspartner, da ihm die Hintergründe der Finanzierung im Innenverhältnis nicht bekannt sind.[9]

(II) **Übergabe:** Der Erwerber K hat von V in Vollziehung der Einigung unmittelbaren Besitz an der zu übereignenden Maschine übertragen erhalten mit der Folge, dass V keine besitzrechtliche Position mehr an der Maschine hat.

(III) **Berechtigung:** Als verfügungsbefugter Eigentümer war V Berechtigter.

(IV) **Ergebnis:** Kein Herausgabeanspruch des V, da der K wirksam Eigentum nach § 929 S. 1 erworben hat.

> **Abwandlung:**
> V hat dem K eine Zahlungsfrist von 10 Tagen gesetzt und angedroht, dass er die Maschine nach fruchtlosem Ablauf der Frist zurücknehme. K zahlt nicht. V tritt vom Vertrag zurück und verlangt die Maschine heraus.

(A) Ein Anspruch aus § 985 kommt auch hier nicht in Betracht, weil K auch nach Ausübung des gesetzlichen Rücktrittsrechts aus § 323 Abs. 1 Eigentümer bleibt. Der Rücktritt erfasst nur das schuldrechtliche Rechtsgeschäft und nicht die sachenrechtliche Übereignung.

(B) V hat gemäß §§ 323, 346 einen schuldrechtlichen Rückübereignungsanspruch aus dem infolge des Rücktritts entstandenen Rückabwicklungsschuldverhältnis. Damit der V sein Eigentum erhält, muss K in Erfüllung dieses Rückabwicklungsanspruchs das Eigentum gemäß § 929 zurückübertragen.

Beachte: Die aufgrund eines Verpflichtungsgeschäfts erfolgte Eigentumsübertragung bleibt wirksam, wenn das der Eigentumsübertragung zugrunde liegende Rechtsgeschäft rückabzuwickeln oder unwirksam ist. Die Übereignung ist von dem zugrunde liegenden Kausalgeschäft unabhängig (Abstraktionsprinzip).

– – –

B) Der Erwerber äußert seinen Eigentumserwerbswillen konkludent mit der vorbehaltlosen Besitzergreifung. Will der Erwerber insbesondere beim Gattungskauf die Sache nach der Lieferung noch überprüfen, vollzieht sich der Eigentumswechsel nicht mit der Besitzergreifung.

---

[8] Schulte BB 1977, 269, 273; dagegen Rebe JA 1977, 201, 202; OLG Düsseldorf OLG-Report 1997, 4, 6[@].
[9] OLG Brandenburg NJW 2003, 1055; OLG Oldenburg FamRZ 1991, 815.

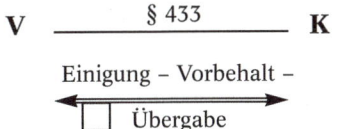

Beispiel: V sendet dem K die aufgrund eines Musters bestellten 200 Röcke zu. K bestätigt per Fax den Eingang und erklärt, er nehme die Sendung nur unter dem Vorbehalt fehlerfreier Beschaffenheit an.

Einigung über den Eigentumsübergang?

(I) Mit dem Übersenden der Röcke brachte V für K erkennbar zum Ausdruck, dass er das Eigentum daran in Erfüllung des Kaufvertrags auf K übertragen wollte.

(II) Das Angebot hat K nur unter dem Vorbehalt fehlerfreier Beschaffenheit angenommen. Er hat somit zwar den Besitz begründet, aber keinen unbedingten Eigentumserwerbswillen geäußert.

Es muss insbesondere beim Gattungskauf, bei dem der Käufer i.d.R. die gelieferte Sache überprüfen will, zwischen der **Abnahme** gemäß § 433 Abs. 2 und der **Annahme** des Einigungsangebots gemäß § 929 unterschieden werden.[10] Der Käufer nimmt das Einigungsangebot, das in dem Zusenden der Ware enthalten ist, nur an, wenn er die gelieferten Sachen vorbehaltlos auf sein Lager nimmt und damit seinen Eigentumserwerbswillen bekundet. Wenn hingegen der Käufer die Sache nur unter dem Vorbehalt fehlerfreier Beschaffenheit annimmt, bringt er damit zum Ausdruck, dass er noch nicht das Eigentum erwerben will.[11]

C) Mit der Übergabe wird nur dann konkludent ein Eigentumsübertragungswille geäußert, wenn eine – wirksame bzw. vermeintliche – **Verpflichtung zur Eigentumsübertragung** erfüllt werden soll.

Beispiel: Die A hat ihrer Freundin B ein Schmuckstück geliehen. B erwirbt, nachdem sie den Schmuck der A verloren hat, ein auffallend ähnliches Schmuckstück und gibt es der A „zurück". Als B erfährt, dass der ihr von A überlassene Schmuck unecht war, verlangt sie von A ihren – echten – Schmuck zurück.

Der Anspruch auf Herausgabe ist gemäß § 985 begründet, weil sie noch Eigentümerin ist.
(I) B hat, als sie den Schmuck an A „zurückgab", nicht ihren Eigentumsübertragungswillen geäußert. Maßgeblich ist nach allgemeinen Regeln die Sicht eines objektiven, mit den Umständen vertrauten Erklärungsempfängers. A als Empfängerin der Erklärung musste davon ausgehen, dass B den geliehenen, der A gehörenden Schmuck zurückgibt, also kein Eigentum übertragen wollte.
(II) A hatte auch keinen Eigentumserwerbswillen.

1.3.2 Die konkludente Einigung bei Abschluss des Verpflichtungsvertrags

Die Einigung kann bereits bei Abschluss des Verpflichtungsgeschäfts erzielt werden. Es liegt dann eine **vorweggenommene (antezipierte) Einigung** vor, die den Eigentumswechsel mit der späteren Übergabe auslöst, wenn die Parteien bei Abschluss des Verpflichtungsgeschäfts davon ausgehen, die Übereignung werde sich ohne zusätzliche Einigung vollziehen.[12]

Die Einigung wird anlässlich des Abschlusses des Verpflichtungsgeschäfts erzielt, wenn sich nach dem übereinstimmenden Willen der Erklärenden mit der

---

10 Erman/Michalski § 929 Rdnr. 30; Staudinger/Wiegand § 929 Rdnr. 114.
11 Staudinger/Wiegand § 929 Rdnr. 114.
12 Teilweise wird in der Lit. nicht von einer antezipierten, sondern von einer antizipierten Einigung gesprochen (Brehm/Berger § 21 Rdnr. 3). Im Skript wird aus didaktischen Gründen die Schreibweise von Baur/Stürner gewählt, weil man bei dem Wort „anti" leicht an Gegnerschaft denkt (Baur/Stürner § 51 Rdnr. 31 FN 4).

Besitzübertragung, die ohne persönliche Mitwirkung des Erwerbers erfolgt, der Eigentumswechsel vollziehen soll.

Beispiel: K aus Hamburg kauft bei V in Garmisch zwei Jagdgewehre und bezahlt sie. V verspricht, die Jagdgewehre in das 8 km entfernt liegende Jagdhaus des K zu bringen. V erhält den Schlüssel und bringt am nächsten Tag die Gewehre in das Jagdhaus. Einige Tage darauf werden bei einem Einbruch auch die Jagdgewehre gestohlen. Der Einbrecher E wird gefasst; die Gewehre sind verschwunden. Wer kann wegen Eigentumsverletzung gemäß § 823 Abs. 1 von E Schadensersatz verlangen?

Dem K steht ein Schadensersatzanspruch aus § 823 Abs. 1 zu, wenn er Eigentum von dem V erworben hat. V könnte das Eigentum an den Jagdgewehren gemäß § 929 S. 1 übertragen haben.

(I) Einigung: Bei Abschluss des Kaufvertrags haben sich die Parteien über den Eigentumsübergang geeinigt. Sie gingen davon aus, dass sich der Eigentumswechsel ohne weitere Erklärung vollziehen soll, wenn V die Jagdgewehre in das Jagdhaus des K bringt.

(II) Übergabe: Der Erwerber K hat in Vollziehung der Einigung den unmittelbaren Besitz erlangt. Er übt über alle in seinem Jagdhaus – seinem Herrschaftsbereich – befindlichen Sachen, also auch an den Gewehren, die tatsächliche Sachherrschaft aus. Der V als Veräußerer hat den Besitz völlig verloren.

Da der K im Zeitpunkt des Einbruchs Eigentümer war, kann er von E Schadensersatz gemäß § 823 Abs. 1 verlangen.

1.3.3 Die Übereignung gemäß § 929 S. 1 bei tatsächlichen Warenangeboten

Werden Waren tatsächlich für den Kunden bereitgestellt, werden **zwei Angebote** gemacht:

(1) Ein unbedingtes Kaufangebot und

(2) ein bedingtes Angebot zur Eigentumsübertragung. Bedingung für den Eigentumserwerb ist die Annahme des Kaufangebots.

Bei der Beurteilung der Frage, wann diese Angebote angenommen werden, wird unterschieden, ob

▶ **unbestellt** Waren zugesandt werden,

▶ das Angebot durch Aufstellen eines **Warenautomaten** gemacht wird,

▶ der Kunde die Ware im **Selbstbedienungsladen** entgegennimmt oder

▶ an **Selbstbedienungstankstellen** getankt wird.

A) Das Zusenden unbestellter Waren, § 241 a

Bei Zusenden unbestellter Ware ist zu differenzieren, ob dadurch ein Verbrauchsgüterkauf zustande kommen soll, also ein Unternehmer (§ 14) die Sache an einen Verbraucher (§ 13) schickt, oder ein sonstiger Kaufvertrag.

I) Wird die unbestellte Ware nicht von einem Unternehmer an einen Verbraucher geschickt, sondern z.B. von einem Unternehmer an einen Unternehmer, so enthält dies eine sog. **Realofferte** mit dem Inhalt, dass das Eigentum erst übergehen soll, wenn der Kaufvertrag zustande kommt.

In der Zusendung der Ware liegt das Kaufvertragsangebot des Verkäufers. Der Kaufvertrag wird in diesem Falll zwar nicht mit der Entgegennahme der Ware, aber dann geschlossen, wenn der Käufer zum Ausdruck bringt, dass er die Ware behalten will, z.B. durch Verbrauch oder Benutzung. Der Zugang der Annahmeerklärung ist gemäß § 151 entbehrlich. In der Übersendung der Ware liegt das Übereignungsangebot des Verkäufers bedingt dadurch, dass der Kaufvertrag geschlossen wird. Das Angebot des Verkäufers auf Eigentumsübertragung nimmt der Käufer an, wenn er zum Ausdruck bringt, dass er die Ware behalten will.

II) Wird die Lieferung unbestellter Ware bzw. Erbringung sonstiger unbestellter Leistungen jedoch von einem Unternehmer an einen Verbraucher erbracht, so werden Ansprüche des Unternehmers dadurch nicht begründet, **§ 241 a**. Schweigen bedeutet keine Annahme, auch dann nicht, wenn der Antragende erklärt, der Vertrag gelte bei der Nichtablehnung oder Nichtzurücksendung als geschlossen.[13] Auch die **Ingebrauchnahme der Sache** soll **nicht** – i.V.m. § 151 – zur **konkludenten Annahme des Vertragsangebots** des Unternehmers führen.[14] Der Vertrag kommt nur zustande, wenn der Verbraucher zahlt oder ausdrücklich die Annahme erklärt.

Aus einem Umkehrschluss zu **§ 241 a Abs. 2** ergibt sich, dass im **Regelfall** also, wenn kein Vertragsschluss erfolgt, auch **gesetzliche Ansprüche des Unternehmers** gegen den Verbraucher (z.B. § 985; §§ 987 ff.; § 812) **ausgeschlossen** sind. Streitig ist, ob dies auch für den Herausgabeanspruch aus § 985 gilt. Geht man vom Wortlaut des Gesetzes aus, ist auch dieser Anspruch ausgeschlossen.[15] Danach ergibt sich aus § 241 a zusätzlich ein gesetzliches Besitzrecht i.S.d. § 986.[16] Nach anderer Auffassung soll der Ausschluss des § 985 durch teleologische Reduktion des § 241 a vermieden werden.[17] Der Empfänger kann danach ohne Sanktion die unbestellte Ware wegwerfen. Hat er sie allerdings im Zeitpunkt des Herausgabeverlangens noch im Besitz, besteht nach dieser Meinung ein Anspruch aus § 985. Sinn und Zweck des § 241 a sei ausschließlich, den Verbraucher vor der Lästigkeit des Aufbewahrens und des Erfordernisses des pfleglichen Umgangs zu befreien. Objektiv nicht gewollt sei, dass dem Verbraucher dauerhaft der Sachwert der unbestellten Ware zukommen solle. Dem **lauter handelnden Unternehmer**, z.B. einem Verlag, der seinen Kunden die Neuauflage eines Werks unaufgefordert zusendet, soll im Wege teleologischer Reduktion abweichend vom Gesetzeswortlaut ein Anspruch aus § 985 zugebilligt werden.[18]

Auf der Grundlage beider Auffassungen bleibt der Unternehmer Eigentümer des Gegenstands. Dies hat zur Folge, dass der Verbraucher bei Weiterveräußerung

---

[13] Palandt/Heinrichs § 241 a Rdnr. 3.
[14] Palandt/Heinrichs § 241 a Rdnr. 3; Schwarz NJW 2001, 1451; a.A. Casper ZIP 2000, 1602, 1607.
[15] Palandt/Heinrichs § 241 a Rdnr. 4; Löhning JA 2001, 3334; Sosnitza BB 2000, 2317; Lorenz JuS 2000, 833, 841; Riehm Jura 2000, 505, 512.
[16] Sosnitza BB 2000, 2317; a.A. Schwarz NJW 2001, 1449, 1452.
[17] Casper ZIP 2000, 1602, 1605, 1606; Bülow/Artz NJW 2000, 2049, 2056; verfassungsrechtliche Bedenken äußern Wilhelm Rdnr. 1103; Wieling § 12 I 3 und Flume ZIP 2000, 1427, 1429.
[18] Berger JuS 2001, 649, 653; Palandt/Heinrichs § 241 a Rdnr. 4.

als Nichtberechtigter handelt und der Erwerber nur bei Vorliegen der Voraussetzungen der §§ 932 ff. Eigentümer werden kann.[19] Veräußert er also an einen bösgläubigen Erwerber, wird dieser nach den §§ 985 f. herausgabepflichtig.

Allerdings kann der Unternehmer bei Weiterveräußerung den Veräußerungserlös nicht gem. § 816 Abs. 1 von dem Verbraucher herausverlangen, da auch dieser Anspruch von § 241 a ausgeschlossen wird.[20]

Der Verbraucher hat bei Beschädigung der Sache nach h.M. einen Schadensersatzanspruch aus § 823.[21]

Teilweise werden hier neuerdings jedoch die Grundsätze der Drittschadensliquidation für anwendbar gehalten.[22]

Gesetzliche Ansprüche auf Herausgabe, auf Schadensersatz und Nutzungsersatz werden bei Lieferung unbestellter Sachen gemäß § 241 a Abs. 2 nur in zwei Fällen nicht ausgeschlossen: Wenn die Leistung nicht für den Empfänger bestimmt war oder in der irrigen Vorstellung einer Bestellung erfolgte und der Empfänger dies erkannt hat oder bei Anwendung der im Verkehr erforderlichen Sorgfalt hätte erkennen können.

B) Das Warenangebot durch Aufstellen eines Automaten

I) Mit dem Bereitstellen von Waren in Automaten bringt der Aufsteller zum Ausdruck, dass er ein Angebot zum Kauf und ein Angebot zur Übereignung machen will.

Beide Angebote sind aber bedingt durch das Vorhandensein der Ware, Funktionieren des Automaten und Einwerfen des richtigen Geldbetrags.[23]

Beide Angebote werden mit dem Einwerfen des Geldes angenommen.

II) Die Übergabe erfolgt in der Weise, dass der Erwerber mit der Entnahme der Sache den Besitz erlangt; der Veräußerer – Aufsteller – ist mit dieser Besitzergreifung einverstanden, sodass der Erwerber den Besitz auf Veranlassung des Veräußerers erlangt. Der Veräußerer verliert jede besitzrechtliche Position.

C) Das Warenangebot in Selbstbedienungsläden

I) Die Auslage der Ware in den Regalen enthält die Aufforderung, Angebote über die ausgesuchten und in den Warenkorb gelegten Waren abzugeben (invitatio ad offerendum).[24]

---

[19] Sosnitza BB 2000, 2317, 2322; Schwarz NJW 2001, 1449, 1454.
[20] Link NJW 2003, 2811.
[21] Palandt/Heinrichs § 241 a Rdnr. 4.
[22] Link NJW 2003, 2811.
[23] Jauernig/Jauernig § 929 Rdnr. 4.
[24] Palandt/Heinrichs § 145 Rdnr. 7 a; Dietrich DB 1972, 958; a.A. Staudinger/Bork § 145 Rdnr. 7; Soergel/Wolf § 145 Rdnr. 7: Danach enthält bereits das Aufstellen der Waren das Angebot und die Vorlage der Ware an der Kasse die Annahme durch den Kunden.

II) Für die **Einigung** über das Zustandekommen des Kaufvertrags und über die Eigentumsübertragung gilt Folgendes:

1) Mit der Vorlage der Ware an der Kasse macht der Kunde ein doppeltes Angebot: ein Kaufangebot über die ausgesuchten Waren zum ausgeschriebenen Preis und ein Angebot zum Eigentumserwerb.

2) Zu welchem Zeitpunkt der Kaufvertrag und die sachenrechtliche Einigung zustande kommen, ist umstritten.

a) Nach h.A. nimmt der Verkäufer bzw. der Vertreter an der Kasse das Angebot an, wenn der Rechnungsbetrag festgestellt wird.[25]

b) Zutreffender dürfte es sein, dass die Angebote zum Abschluss des Kaufvertrags und zur Übereignung erst angenommen werden, wenn der Kunde nach Feststellung des Rechnungsbetrags die Ware bezahlt. Erst von diesem Zeitpunkt an will der Geschäftsinhaber nach den gesamten Umständen gebunden sein und das Eigentum übertragen.

Enthielte die Feststellung des Rechnungsbetrags bereits die Annahme, wäre der Verkäufer auch dann gebunden, wenn der Kunde den Kaufpreis nicht entrichten kann, weil er nicht über genügend Geld verfügt bzw. der Verkäufer die angebotene Kreditkarte nicht annimmt. Der Verkäufer könnte zwar gemäß § 320 ein Zurückbehaltungsrecht geltend machen, doch müsste er dann die Ware weiterhin für den Kunden bereithalten.

III) Die für die Übereignung erforderliche **Übergabe** erfolgt im Zeitpunkt der Entgegennahme der Ware auf Veranlassung des Verkäufers.[26]

D) Das Angebot an Selbstbedienungstankstellen

Es ist äußerst umstritten, ob die Selbstbedienungstankstellen den Selbstbedienungsläden gleichzustellen sind, und damit der Kaufvertrag und die Einigung erst im Laden bei der Bezahlung abgeschlossen werden, oder ob das Zustandekommen des Kaufvertrags und die Übereignung sich bereits an der Zapfsäule vollziehen.

I) Teilweise wird angenommen, dass auch ein Eigentumserwerb nach §§ 948 Abs. 1, 947 Abs. 2 durch Vermischung in Betracht kommt. Da aber der Eigentümer der Hauptmenge Eigentum erwerben würde, wird dies im Regelfall nicht der Kunde sein, der nur noch einen Rest Benzin im Tank hat.

II) Nach OLG Düsseldorf[27] und einem Teil der Lit.[28] wird bereits mit dem Einfüllen in den Kraftfahrzeugtank sowohl der Kaufvertrag i.S.d. § 433 geschlossen als auch eine Einigung i.S.d. § 929 S. 1 erzielt, sodass der Tankstellenbenutzer bereits mit dem Einfüllen des Benzins unbedingtes Eigentum erwirbt. Dabei ist wiederum umstritten, ob in der Freigabe der Zapfsäule das Angebot zum Abschluss beider Rechtsgeschäfte liegt (so Jauernig), oder ob der Kunde mit Abheben des Zapfhahns dieses Angebot abgibt, das dann durch das Zulassen der Selbstbedienung angenommen wird.

---

25 Palandt/Heinrichs § 145 Rdnr. 8.
26 Schulze AcP 201, 239.
27 NStZ 1982, 249@; JR 1985, 207 f.
28 Herzberg NStZ 1983, 251 f.; ders. JA 1980, 385, 392; Jauernig § 145 Rdnr. 7.

III) Überwiegend wird die Auffassung vertreten, dass sich die Übereignung an dem getankten Benzin erst nach der Bezahlung vollzieht.[29]

Lediglich die Begründungen variieren: Vielfach wird eine Parallele zum Kauf im Selbstbedienungsladen gezogen. Nach OLG Hamm[30] kommen zwar schuldrechtlicher Kaufvertrag und dingliche Einigung bereits an der Zapfsäule zustande. Dem sich aus den Umständen ergebenden Sicherungsinteresse des Verkäufers sei jedoch zu entnehmen, dass er sich das Eigentum bis zur vollständigen Bezahlung vorbehalte. In der Praxis findet sich dementsprechend häufig sogar ein ausdrücklicher Hinweis auf einen Eigentumsvorbehalt auf der Zapfsäule.

Das OLG Koblenz[31] nimmt hingegen an, der Kaufvertrag werde bereits mit dem Einfüllen des Benzins geschlossen, die Übereignung käme jedoch erst bei Bezahlung an der Kasse zustande.

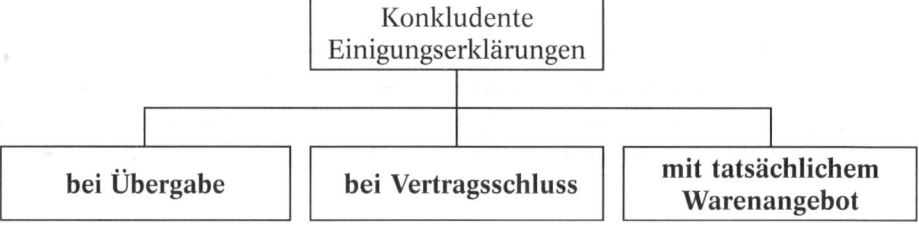

2. Die Tatbestandsmerkmale der Übergabe

Die **Übergabe** setzt eine Änderung der tatsächlichen Besitzverhältnisse voraus. Im Einzelnen:

▶ Besitzerwerb auf Erwerberseite;

▶ auf Veranlassung des Veräußerers zum Zwecke der Eigentumsübertragung;

▶ vollständiger Besitzverlust auf Veräußererseite;

▶ ein Wechsel des unmittelbaren Besitzes ist nach h.M. nicht erforderlich (vgl. dazu unten S. 21).

Die Übergabe erfordert einen Besitzerwerb aufseiten des Erwerbers und Besitzverlust aufseiten des Veräußerers. Dazu ist jedoch nicht erforderlich, dass dem Erwerber persönlich der Besitz vom Veräußerer übertragen wird, sondern für den Erwerber und den Veräußerer können Besitzdiener, Besitzmittler und Geheißpersonen eingeschaltet werden.

2.1 Besitzerwerb auf Erwerberseite

Der erforderliche Besitzerwerb aufseiten des Erwerbers kann sich in der Weise vollziehen, dass

▶ der Erwerber den **unmittelbaren** Besitz erlangt, indem er persönlich oder sein Besitzdiener die tatsächliche Sachherrschaft ergreift,

---

29 OLG Koblenz NStZ 1999, 364; Palandt/Heinrichs § 145 Rdnr. 8; Deutscher JA 1983, 125, 127; Borchert/Hellmann NJW 1983, 2799, 2802; Ranft JA 1984, 1, 4; Seelmann JuS 1985, 199, 202; Otto JZ 1985, 21 f.
30 NStZ 1983, 266.
31 NStZ-RR 1998, 364.

- der Erwerber den **mittelbaren** Besitz erlangt oder
- auf Geheiß des Erwerbers der Besitz auf einen Dritten – die Geheißperson des Erwerbers – übertragen wird.³²

2.1.1 Der Erwerb des unmittelbaren Besitzes

Im Gesetz sind drei Tatbestände für den Erwerb des unmittelbaren Besitzes geregelt, §§ 854 Abs. 1, 855 und 854 Abs. 2.

A) Der Erwerber erlangt gemäß **§ 854 Abs. 1** den unmittelbaren Besitz, wenn er willentlich über die zu übereignende Sache die **tatsächliche Sachgewalt** erlangt und damit nach der Verkehrsanschauung eine tatsächliche Einwirkungsmöglichkeit erwirbt.

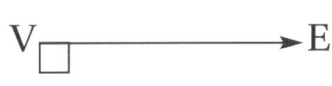

Der V übergibt dem E das verkaufte Auto, den geschenkten Schrank, das geschuldete Darlehen oder schafft die geschuldeten Sachen im Einverständnis des E in dessen Wohnung, Geschäftsräume, Lagerräume.

B) Der Erwerber oder dessen Geheißperson erlangen gemäß **§ 855** den unmittelbaren Besitz, wenn ihr **Besitzdiener** in ihrem Einverständnis die tatsächliche Sachgewalt erlangt.

Besitzdiener ist gemäß § 855 derjenige, der für einen anderen in dessen Haushalt oder Erwerbsgeschäft oder in einem ähnlichen Verhältnis **weisungsgebunden** die tatsächliche Gewalt über die Sache für den Geschäftsherrn – Erwerber – ausübt. In einem weisungsgebundenen sozialen Abhängigkeitsverhältnis stehen z.B. die Hausangestellten, die Arbeitnehmer, die Betriebsangehörigen oder die Mitarbeiter einschließlich Prokuristen. Auch minderjährige Kinder, nicht aber erwachsene Familienmitglieder sind Besitzdiener. Keine Besitzdiener sind ferner Organe juristischer Personen, Ehegatten oder Lebensgefährten (ausführlich AS-Skript SachenR 3).

Beispiele:

1. V verkauft dem E eine Maschine. D, der Fahrer des E, holt bei V die Maschine ab. Auf der Rückfahrt verunglückt D durch ein Verschulden des S. Wer kann Ersatzansprüche wegen Eigentumsverletzung gegen S geltend machen?

Der E hat gemäß § 929 S. 1 vom V das Eigentum erworben. Mit der Aushändigung der Maschine an D hat V das von D überbrachte Einigungsangebot des E angenommen und dem D als Besitzdiener des E die Sachgewalt übertragen, sodass E den unmittelbaren Besitz erlangt hat (§ 855). Ersatzansprüche gegen S stehen somit dem E zu.

2. V liefert den an E verkauften Schrank. Da E nicht anwesend ist, nimmt der 17-jährige Sohn des E den Schrank entgegen. E erhebt später keine Einwände.

---

32 Ausführlich zu Fragen des Besitzerwerbs AS-Skript SachenR 3 – Teil 1.

V hat an E den Schrank gemäß § 929 S. 1 übereignet: Falls vor der Anlieferung keine Einigung erzielt worden ist, erfolgte diese, indem der Sohn als Empfangsbote des E das mit der Anlieferung durch V gemachte Einigungsangebot konkludent angenommen hat; die Übergabe erfolgte mit der Entgegennahme des Schranks durch den minderjährigen Sohn als Besitzdiener des E.

C) Der Erwerb des unmittelbaren Besitzes durch bloße Einigung gemäß § 854 Abs. 2.

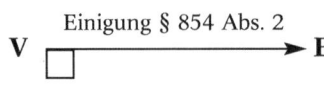

Nach § 854 Abs. 2 genügt zum Erwerb des unmittelbaren Besitzes die Einigung, wenn der Erwerber bzw. dessen Geheißperson die **Herrschaftsmöglichkeit** erlangt und der Veräußerer in Vollziehung der Einigung jegliche besitzrechtliche Position aufgibt.

Beispiele:

1. V verkauft dem E im Wald gestapeltes Holz und gestattet dem E, nach Zahlung das Holz abzufahren. E zahlt. Wird er Eigentümer?

Der E erwirbt Eigentum nach § 929 S. 1.

(I) Einigung: V und E haben sich darüber verständigt, dass sich nach der Zahlung der Eigentumswechsel vollziehen soll.

(II) Übergabe: V und E haben sich darauf geeinigt, dass E nach Zahlung das Holz abfahren, also den Besitz ergreifen darf. Er erlangte damit die Herrschaftsmöglichkeit, und V hat willentlich jegliche Besitzposition aufgegeben. Nach der Verkehrsanschauung ist E nach der Zahlung unmittelbarer Besitzer geworden.

2. V verkauft dem E einen auf dem Acker des V stehenden Mähdrescher. E zahlt, und V gestattet dem E, den Mähdrescher abzuholen.

(I) V und E haben sich über den Eigentumsübergang geeinigt. E sollte für den gezahlten Kaufpreis den Mähdrescher erhalten.

(II) Die Übergabe ist erfolgt: Der E hat durch Einigung mit V nach der Verkehrsanschauung die Herrschaftsmöglichkeit, damit den unmittelbaren Besitz gemäß § 854 Abs. 2 erlangt, und V hat zum Zwecke der Vollziehung der Einigung seine besitzrechtliche Position aufgegeben.

2.1.2 Der Erwerb des mittelbaren Besitzes gemäß § 868

Der für die Übergabe erforderliche Erwerb des Besitzes kann auch dadurch erfolgen, dass der Erwerber mittelbarer Besitzer wird.

A) Beim mittelbaren Besitz sind **zwei Besitzer** vorhanden:

▶ Der **unmittelbare** Besitzer, der die tatsächliche Sachherrschaft nicht für sich – nicht als Eigenbesitzer –, sondern für einen anderen ausübt, sodass er **Besitzmittler** ist, und

▶ der **mittelbare** Besitzer, für den aufgrund eines – wirksamen oder vermeintlichen – Rechtsverhältnisses die Sachherrschaft ausgeübt wird. Das Rechtsverhältnis braucht nicht wirksam zu sein, weil der Besitz ein tatsächliches Verhältnis darstellt. Allerdings muss dem mittelbaren Besitzer ein wirksamer Herausgabeanspruch zustehen. Ist das Rechtsverhältnis i.S.d. § 868 nicht wirksam, reicht auch ein Anspruch aus § 812, § 985 oder § 683 S. 1 i.V.m. § 670.

Hauptfall des mittelbaren Besitzes ist die auch in § 868 genannte Miete. Der Mieter ist unmittelbarer Besitzer, der Vermieter mittelbarer Besitzer.

Der Besitzmittler und der Besitzdiener unterscheiden sich dadurch, dass der Besitzdiener in einem sozialen Abhängigkeitsverhältnis zum Geschäftsherrn als unmittelbarem Besitzer steht und dessen Weisungen unterworfen ist, während der Besitzmittler nur im Rahmen des Rechtsverhältnisses einer beschränkten Kontrolle des mittelbaren Besitzers unterworfen ist.

B) Die Voraussetzungen des mittelbaren Besitzes gemäß § 868 sind:

▶ **Rechtsverhältnis i.S.d. § 868**
Es muss zwischen dem unmittelbaren Besitzer und dem mittelbaren Besitzer ein – wirkliches oder vermeintliches – Rechtsverhältnis i.S.d. § 868 bestehen, nach dem der unmittelbare Besitzer zum Besitz berechtigt oder verpflichtet ist. Nicht ausreichend ist nach noch h.M. ein sog. abstraktes Besitzmittlungsverhältnis, das nur in der Erklärung besteht, für einen anderen besitzen zu wollen.[33] Zunehmend wird das Erfordernis eines konkreten Besitzmittlungsverhältnisses jedoch für entbehrlich gehalten.[34]

▶ **Herausgabeanspruch**
Dem mittelbaren Besitzer muss gegen den unmittelbaren Besitzer ein Herausgabeanspruch zustehen. Er ergibt sich i.d.R. aus dem Rechtsverhältnis. Bei dessen Unwirksamkeit genügt aber auch ein sonstiger Herausgabeanspruch.[35]

Auch ein künftiger oder bedingter Herausgabeanspruch ist ausreichend. So ist z.B. der Herausgabeanspruch des Vermieters aus § 546 ein künftiger Anspruch, da er erst nach Beendigung des Mietverhältnisses entsteht.

▶ **Fremdbesitzerwillen**
Der unmittelbare Besitzer muss seinen Fremdbesitzerwillen erkennbar zum Ausdruck bringen. Es muss der Wille geäußert werden, zeitlich begrenzt und in Anerkennung des Herausgabeanspruchs zu besitzen. Der innere Wille ist unbeachtlich.[36]

C) Eine **Übergabe** nach § 929 S. 1 liegt vor, wenn der Erwerber mittelbarer Besitzer wird, indem ein Dritter den unmittelbaren Besitz erhält und zwischen ihm und dem Erwerber die Voraussetzungen des § 868 vorliegen.

Beachte: Das Besitzmittlungsverhältnis muss zwischen dem Erwerber und einem Dritten bestehen. Bei einem Besitzkonstitut zwischen dem Erwerber und dem Veräußerer kommt nur eine Übereignung nach §§ 929, 930 in Betracht.

---

[33] Palandt/Bassenge § 854 Rdnr. 6; Baur/Stürner § 51 Rdnr. 22; Westermann/Westermann § 41 II 2 b; MünchKomm/Quack § 930 Rdnr. 25.
[34] Bamberger/Kindl § 930 Rdnr. 5; Medicus BR Rdnr. 491; der BGH, Urt. v. 15.06.1998 – II ZR 27/97 = ZIP 1998, 2160 erwähnt das Merkmal nicht mehr.
[35] MünchKomm/Joost § 868 Rdnr. 16; Schreiber Jura 2003, 683.
[36] BGH NJW 1955, 499; BGHZ 85, 263, 265 ff.; MünchKomm/Joost § 868 Rdnr. 17.

Beispiel: V verkauft dem E ein Wohnmobil. E bezahlt und bittet den V, dieses Wohnmobil an den Mieter M zu liefern. Wird E nach Auslieferung an M Eigentümer?

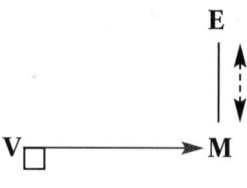

(I) Die Parteien haben sich über den Eigentumsübergang von V an E geeinigt. E sollte nach Zahlung des Kaufpreises die dafür versprochene Leistung, das Eigentum, erhalten.
(II) Übergabe: Der E hat den mittelbaren Besitz in Vollziehung der Einigung erworben:
(1) Zwischen E und M bestand ein Rechtsverhältnis i.S.d. § 868, nämlich der Mietvertrag.
(2) Dem E steht nach Ablauf des Mietvertrags ein Herausgabeanspruch aus § 546 Abs. 1 zu.
(3) Der unmittelbare Besitzer M hatte Fremdbesitzerwillen. Er wollte für E besitzen.
(4) Der V hat nach der Auslieferung des Wagens jegliche Besitzposition verloren.

2.1.3 Besitzerwerb durch eine Geheißperson des Erwerbers

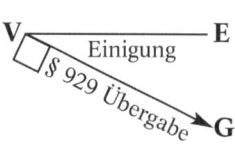

Für den Besitzerwerb aufseiten des Erwerbers ist nicht unbedingt erforderlich, dass der Erwerber den (unmittelbaren oder mittelbaren) Besitz erlangt. Ausreichend ist es, wenn der Besitz auf Geheiß des Erwerbers an einen Dritten übertragen wird.
Beachte: Auf den Besitz als tatsächliches Verhältnis sind die Vorschriften über Willenserklärungen (insbes. die Stellvertretung gem. §§ 164 ff.) nicht anwendbar.

Die Geheißperson des Erwerbers ist weder Besitzdiener noch Besitzmittler.[37] Zwischen dem Erwerber und der Geheißperson besteht keine besitzrechtliche Beziehung. Da aber die Geheißperson auf Weisung (Geheiß) des Erwerbers den Besitz erlangt, ist ein Besitzerwerb aufseiten des Erwerbers zu bejahen (vgl. zur Geheißperson den Fall 2).

2.2 Auf Veranlassung des Veräußerers zum Zwecke der Eigentumsübertragung

Der Erwerber muss den Besitz auf Veranlassung des Veräußerers erlangt haben. Diese Veranlassung ist tatsächlicher Natur. Die §§ 164 ff. sind auf sie **nicht** anwendbar (vgl. unten S. 34). Der Veräußerer hat den Besitzerwerb auf Erwerberseite aber dann veranlasst, wenn auf seine Weisung hin sein Besitzdiener, Besitzmittler oder seine Geheißperson den Besitz überträgt.

Umstritten ist, ob eine Veranlassung des Veräußerers auch dann gegeben ist, wenn der Übertragende keine wirkliche Geheißperson ist, sondern nur als solche erscheint (zur Rechtsscheinsgeheißperson vgl. Fall 7).

Der Veräußerer hat den Besitzerwerb des Erwerbers auch dann veranlasst, wenn er dem Erwerber die Besitzergreifung gestattet hat **(Wegnahmeermächtigung)**.

---

37 Vgl. BGH, Urt. v. 09.11.1998 – II ZR 144/97 = NJW 1999, 425@.

Beispiel: V verkauft dem K drei Kompressoren, die sich auf einer Baustelle befinden. Er gestattet dem K, die Geräte dort abzuholen.
(I) Mit der Vereinbarung, dass K die Kompressoren abholen soll, haben sich V und K konkludent über den Eigentumsübergang geeinigt.
(II) Wenn K die Geräte abholt, findet eine Übergabe nach § 929 S. 1 statt. K erlangt den unmittelbaren Besitz auf Veranlassung des Veräußerers, und V verliert jede besitzrechtliche Position.

Das vom Veräußerer erklärte Einverständnis muss allerdings bei der Besitzergreifung noch vorliegen. Hat der Veräußerer die Gestattung widerrufen, führt die Inbesitznahme durch den Erwerber nicht zu einer Übergabe i.S.d. § 929 S. 1. Der Widerruf muss dem Erwerber zugehen.[38]

Die Veranlassung des Veräußerers muss zum Zwecke der Eigentumsübertragung erfolgen. Danach scheidet ein Eigentumserwerb aus, wenn die Sache zur Miete oder Leihe übergeben wird.[39]

2.3 Besitzverlust auf Veräußererseite

Der erforderliche Besitzverlust aufseiten des Veräußerers tritt ein, wenn

- der Veräußerer oder in dessen Einverständnis der Besitzdiener die Sachherrschaft aufgibt,
- der Besitzmittler seinen unmittelbaren Besitz überträgt oder mit dem Erwerber ein Besitzmittlungsverhältnis abschließt oder
- jemand auf Geheiß des Veräußerers den Besitz überträgt (Geheißperson auf Veräußererseite).

Erforderlich ist, dass jegliche besitzrechtliche Position aufgegeben wird, also bei Veräußerung an einen Mitbesitzer (§ 866) auch der Mitbesitz.

Beispiel: V und K wohnen zusammen in einer WG und nutzen beide das Fahrrad des V. Als V in Geldschwierigkeiten kommt, veräußert er das Fahrrad an K; beide verabreden jedoch, dass V auch weiterhin das Fahrrad nutzen darf und einen eigenen Fahrradschlüssel behält.
(I) V und K haben sich über den Eigentumsübergang von V an K geeinigt.
(II) K konnte das Fahrrad bereits vor der Veräußerung nutzen, sodass er Mitbesitz (§ 866) an dem Fahrrad hatte.
(III) V hat jedoch nicht jede besitzrechtliche Position an dem Fahrrad verloren. Er bleibt auch nach der Veräußerung Mitbesitzer.
(IV) Bleibt der Veräußerer im (Mit-)Besitz der Sache, kommt nur eine Übereignung gem. §§ 929 S. 1, 930 in Betracht.

2.3.1 Einschaltung einer Geheißperson auf Veräußerer- und Erwerberseite

In den Fällen, in denen eine Sache weiterverkauft wird und unter den Beteiligten Einverständnis darüber besteht, dass der Erstverkäufer die Sache unmittel-

---

[38] Damrau JuS 1978, 519, 521; Palandt/Bassenge § 929 Rdnr. 11; MünchKomm/Quack § 929 Rdnr. 138; Westermann/Westermann § 40 III 1; Soergel/Henssler § 929 Rdnr. 38.
[39] H.M.; Palandt/Bassenge § 929 Rdnr. 11; MünchKomm/Quack § 929 Rdnr. 124; a.A. Brehm/Berger § 27 Rdnr. 14, 15, der davon ausgeht, dass in der Überlassung zur Miete ein Widerruf der vorangegangenen Einigung liegt.

bar an den Letztkäufer ausliefern soll, spricht man vom sog. „Streckengeschäft", „Kettenhandel", von der „Durchlieferung" oder der „abgekürzten Lieferung". In diesen Fällen erfolgen in aller Regel mehrere Übereignungen entsprechend den jeweiligen Kaufverträgen. Es werden dann sowohl auf Veräußererseite als auch auf Erwerberseite Geheißpersonen tätig.[40]

Fall 2: Abgekürzte Lieferung

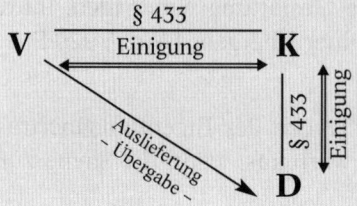

V verkauft dem Maschinenhändler K eine Spezialwerkzeugmaschine. K verkauft diese Maschine an D weiter und bittet den V, die Maschine direkt an D auszuliefern. Wie vollzieht sich der Eigentumswechsel?

1. Grundsätzlich vollzieht sich der Eigentumswechsel entsprechend den Kausalbeziehungen. Da mit der Lieferung zwei Kaufverträge erfüllt werden sollen, finden auch zwei Übereignungen statt. V übereignet an K, und K übereignet an D.

(A) Der Eigentumswechsel V an K gemäß § 929 S. 1

(I) **Einigung:** Mit der Aufforderung des K an V, die Maschine an D auszuliefern, hat K ein Einigungsangebot abgegeben – seinen Eigentumserwerbswillen geäußert –, und der V hat dieses Angebot mit der Auslieferung angenommen – er hat seinen Eigentumsübertragungswillen konkludent geäußert.

(II) **Übergabe:**

(1) Der Erwerber K hat zwar keinen Besitz an der zu übereignenden Werkzeugmaschine erlangt, weil der D als Abkäufer des K weder Besitzmittler noch Besitzdiener ist. Doch hat der V auf Weisung des Erwerbers K den Besitz auf D übertragen, sodass **D als Geheißperson des Erwerbers** Besitz erlangt hat. Der für die Übergabe nach § 929 S. 1 erforderliche Besitzerwerb auf der Erwerberseite ist somit gegeben.[41]

(2) Der Besitzerwerb durch die Geheißperson des Erwerbers K ist vom Veräußerer V veranlasst worden, und

(3) der Veräußerer V hat nach der Übertragung an D keine besitzrechtliche Position mehr.

(III) K hat vom Berechtigten V Eigentum erworben.

---

40 Masloff JA 2000, 503.
41 BGH NJW 1973, 141; 1982, 2371, 2372; 1986, 1166; 1999, 425[@]; MünchKomm/Quack § 929 Rdnr. 146; Gursky JZ 1984, 604, 606. Baur/Stürner § 51 Rdnr. 17 meinen, die Einräumung eines Weisungsrechts durch V zugunsten des K sei die Vereinbarung eines Besitzmittlungsverhältnisses; dagegen Hager ZIP 1993, 1446, 1448.

(B) Die Eigentumsübertragung K an D gemäß § 929 S. 1

(I) **Einigung:** K und D haben sich bei Abschluss des Kaufvertrags nicht ausdrücklich über den Eigentumsübergang geeinigt. Doch als die Maschine dem D ausgeliefert wurde, konnte D als (sorgfältiger) Empfänger davon ausgehen, dass K in Erfüllung der Verpflichtung aus § 433 Abs. 1 S. 1 das Eigentum auf ihn übertragen wollte. Dieses Einigungsangebot überbrachte der V dem D mit der Auslieferung als Bote des Veräußerers K. Mit der Entgegennahme hat D das Angebot angenommen; ein Zugang der Annahmeerklärung war gemäß § 151 entbehrlich.

(II) **Übergabe:**

(1) Der Erwerber D hat den unmittelbaren Besitz an der zu übereignenden Maschine erlangt.

(2) Der Veräußerer K hat diesen Besitzerwerb veranlasst, indem auf sein Geheiß V die Maschine an D ausgeliefert hat. Bezüglich der Übereignung K an D ist V also **Geheißperson des Veräußerers K**.

(3) Der K hat keine besitzrechtliche Beziehung mehr zur Sache.

(III) D hat das Eigentum vom Berechtigten K erworben.

Es liegt also ein Eigentumswechsel gemäß § 929 S. 1 von V an K und ein Eigentumswechsel gemäß § 929 S. 1 von K an D vor.

„Die Eigentumsübertragung vollzieht sich bei einem derartigen Streckengeschäft zwischen den einzelnen Vertragspartnern nach § 929 S. 1 BGB in der Weise, dass die jeweils Beteiligten die Einigung bereits bei Abschluss des Kaufvertrags (stillschweigend) erklären, u.U. mit der aufschiebenden Bedingung der Zahlung des Kaufpreises, und dass die Besitzverschaffung dadurch vollzogen wird, dass der jeweilige Veräußerer den Erstverkäufer als unmittelbaren Besitzer anweist, seinen Besitz auf den Letztkäufer zu übertragen und dass der Verkäufer sich im Voraus mit dieser Form der Besitzübertragung einverstanden erklärt und den Letztkäufer zur Inbesitznahme anweist."[42]

2. Weitere Möglichkeiten des Eigentumswechsels:

(A) Direkter Eigentumserwerb des D von V gemäß § 929 S. 1

Einigung V – D: Dann muss V dem D gegenüber erklären, dass er unmittelbar das Eigentum auf ihn übertragen will.

Diese Erklärung kann dem Verhalten des Veräußerers grundsätzlich nicht entnommen werden, denn der Veräußerer weiß i.d.R. nicht, ob der Dritte Eigentum erwerben soll oder die Sache lediglich als Mieter, Entleiher usw. in Empfang nimmt. Außerdem kann es sein, dass K und D einen Eigentumsvorbehalt vereinbart haben, der durch eine Übereignung V an D umgangen würde. Ein direkter Eigentumsübergang von V an D kommt daher nur in Betracht, wenn die rechtlichen Beziehungen zwischen den Parteien offenliegen und alle Beteiligten einen Eigentumswechsel ohne Zwischenerwerb des K vollziehen wollen.[43]

---

42 BGH NJW 1986, 1166.
43 Hager ZIP 1993, 1446, 1447; Westermann/Westermann § 40 III 3.

(B) Eigentumsübertragung K an D gemäß § 929 S. 1 mit Einwilligung bzw. Genehmigung des V gemäß § 185

Eine Übereignung ist auch derart denkbar, dass K als Nichtberechtigter die Sache an D mit Zustimmung des Eigentümers V gemäß §§ 929, 185 übereignet.

Diese Konstruktion wird von der h.M. zu Recht abgelehnt, da sie dem Parteiwillen widerspricht. Die Parteien haben ein Interesse daran, die Übereignung innerhalb der bestehenden Kausalverhältnisse zu vollziehen, um insbesondere einen Eigentumsvorbehalt mit ihrem Vertragspartner vereinbaren zu können.[44]

– – –

2.3.2 Kettenlieferung

Eine abgekürzte Lieferung kann auch unter mehr als drei Beteiligten erfolgen. Es liegt dann eine Kette von Kaufverträgen vor, die durch die Übertragung der Sache an den Letztkäufer erfüllt werden sollen. Wie im vorausgehenden Fall finden in diesen Fällen in aller Regel mehrere Eigentumsübertragungen gemäß § 929 S. 1 zwischen den jeweiligen Vertragspartnern der **Kaufverträge** statt: so viele Übereignungen wie Kaufverträge.

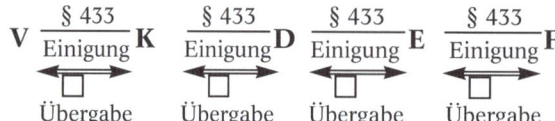

Beispiel: V verkauft an K, K an D, D an E und E an F. Unter den Beteiligten besteht Einigkeit darüber, dass V direkt an F ausliefern soll.

Die Eigentumsübertragungen:

(I) Jeder Verkäufer will mit der Auslieferung an F seine Verpflichtung aus dem Kaufvertrag gemäß § 433 Abs. 1 S. 1, nämlich das Eigentum durch Einigung und Übergabe zu übertragen, erfüllen. Daher einigen sich die einzelnen Kaufparteien bei Abschluss des Vertrags über den Eigentumswechsel.
(II) Die Übergabe erfolgt in diesen Fällen unter Einschaltung von Geheißpersonen.
(1) Der **Letzterwerber** der Ware ist die jeweilige Geheißperson des Zwischenerwerbers K, D und E, sodass also an K, D, E die Ware übergeben wird, indem F als ihre Geheißperson den unmittelbaren Besitz erlangt.
(2) Der **Erstveräußerer** V überträgt auf Geheiß – Anordnung – der jeweiligen Zwischenveräußerer K, D, E den unmittelbaren Besitz an F, sodass durch V als Geheißperson der Zwischenveräußerer die Übergabe erfolgt. Der Besitzerwerb zum Zwecke der Eigentumsübertragung wird also vom jeweiligen Verkäufer veranlasst, indem der Erstverkäufer auf deren Geheiß die Sache dem Letzterwerber übergibt.

Beachte: Es ist also eine Übergabe i.S.d. § 929 S. 1 möglich, ohne dass der Veräußerer oder der Erwerber Besitz erlangt.

---

44 Westermann/Westermann § 40 III 3; Baur/Stürner § 51 Rdnr. 17; Soergel/Henssler § 929 Rdnr. 63; Padeck Jura 1987, 454, 461; Hager ZIP 1993, 1446, 1447.

2.4 Ein Wechsel des unmittelbaren Besitzes ist nach h.M. nicht erforderlich

Gibt der Veräußerer den Besitz auf, und begründet der Erwerber mit dem unmittelbaren Besitzer ein Besitzmittlungsverhältnis, liegt nach h.M. eine Übergabe i.S.d. § 929 S. 1 vor.

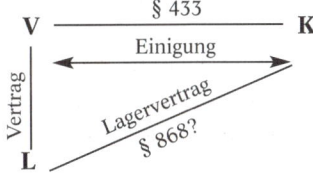

Beispiel: V verkauft dem K 50 Kisten Ölsardinen, die bei L eingelagert sind. K zahlt. Es wird vereinbart, dass K mit L einen Lagervertrag abschließt und der Lagervertrag V - L aufgehoben werden soll. Hat K mit Abschluss des Lagervertrags mit L das Eigentum erworben?

(A) Nach h.M. erwirbt K das Eigentum von V gemäß § 929 S. 1.
(I) Die Einigung über den Eigentumsübergang ist erzielt.
(II) Übergabe?
(1) Der K hat mit Abschluss des Lagervertrags mit L den mittelbaren Besitz erlangt. Der Lagerverwalter L besitzt aufgrund des Lagervertrags für K.
(2) Dieser Besitzerwerb ist durch V zum Zweck der Eigentumsübertragung veranlasst worden.
(3) Der Veräußerer V hat seinen Besitz völlig verloren, nachdem der Lagerverwalter L nunmehr aufgrund des mit K abgeschlossenen Lagervertrags für K den Besitz ausübt. Der mittelbare Besitzer verliert seinen Besitz, wenn der Besitzmittler – unmittelbarer Besitzer – erkennbar nicht mehr für ihn besitzen will.
(4) Dass der L auch nach der Übereignung unmittelbarer Besitzer geblieben ist, also kein Wechsel in der Person des unmittelbaren Besitzers stattgefunden hat, ist nach h.A. unschädlich. Die Übergabe setzt keinen Wechsel in der Person des unmittelbaren Besitzers voraus.[45]

(B) Die Gegenansicht verlangt für die Übergabe einen Wechsel des unmittelbaren Besitzes.[46] Nach dieser Auffassung vollzieht sich der Eigentumswechsel nach §§ 929, 931. Der Fall, dass der mittelbare Besitz neu begründet werde, sei der Abtretung des Herausgabeanspruchs gleichzustellen.

3. Das Einigsein; der Widerruf der Einigung

Dem Wortlaut des § 929 S. 1 „ ... und beide darüber **einig sind** ..." ist zu entnehmen, dass die der Übergabe zeitlich vorangegangene Einigung zu diesem Zeitpunkt noch fortbestehen muss.

- Eine vorweggenommene Einigung kann bis zur Übergabe widerrufen werden. Wird die Übergabe nach dem Widerruf der Einigung vollzogen, erwirbt der Erwerber mangels Einigsein kein Eigentum an der Sache.

- Ob die vorweggenommenen Übereignungserklärungen unwirksam werden, wenn sich die **Geschäftsfähigkeit** des Veräußerers ändert, ist umstritten.

  Nach h.A. bleibt die vom **Geschäftsunfähigen** erklärte Einigung bestehen, da es gemäß § 130 Abs. 2 auf die Wirksamkeit der Willenserklärung keinen Einfluss hat, wenn der Erklärende nach Abgabe stirbt oder geschäftsunfähig wird. Allerdings kann der gesetzliche Vertreter den Widerruf erklären.[47]

---

45 Baur/Stürner § 5 Rdnr. 14; Staudinger/Wiegand § 929 Rdnr. 48 f; Westermann/Westermann § 40 II 1.
46 Hager WM 1980, 666, 671.
47 Palandt/Bassenge § 929 Rdnr. 6 f.; Baur/Stürner § 5 Rdnr. 38; a.A. Staudinger/Wiegand § 929 Rdnr. 81.

3.1 Der Widerruf der vorweggenommenen Einigung

Gemäß § 130 Abs. 1 wird eine Willenserklärung grundsätzlich mit ihrem Zugang wirksam. Ein Widerruf ist nur möglich, wenn dieser **vorher** oder **gleichzeitig** mit der Willenserklärung zugeht.
Im Sachenrecht wird dieser Grundsatz durchbrochen. Aus einem Umkehrschluss zu § 873 Abs. 2 bzw. § 956 Abs. 1 S. 2, wonach ausnahmsweise eine Bindung an die Einigung und damit eine Unwiderruflichkeit besteht, folgert die h.M., dass dingliche Einigungserklärungen bis zur Vollendung des Rechtserwerbs durch Übergabe bzw. Übergabesurrogate grds. **frei widerruflich** sind.[48]

Erklärt der Veräußerer, der sich vor der Übergabe mit dem Erwerber über den Eigentumsübergang geeinigt hat, dem Erwerber bei der nachfolgenden Übergabe, dass er nur bedingtes Eigentum übertragen wolle, so widerruft er wirksam die Einigung, sodass der Erwerber nach der Übergabe nur bedingtes Eigentum erlangt.[49]

3.2 Die vom Erblasser veranlasste, aber vom Erben nicht gewollte Eigentumsübertragung

Fall 3: Unwillentlich

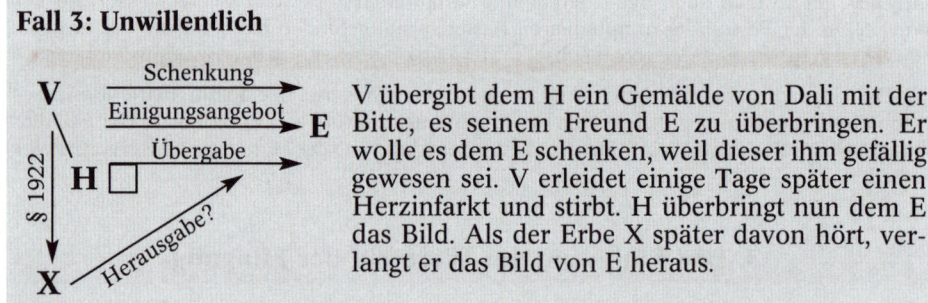

V übergibt dem H ein Gemälde von Dali mit der Bitte, es seinem Freund E zu überbringen. Er wolle es dem E schenken, weil dieser ihm gefällig gewesen sei. V erleidet einige Tage später einen Herzinfarkt und stirbt. H überbringt nun dem E das Bild. Als der Erbe X später davon hört, verlangt er das Bild von E heraus.

(A) Anspruch des X gegen E aus § 985?

(I) X ist gemäß § 1922 mit dem Tode des V Eigentümer des Bildes geworden, weil der Erblasser V noch Eigentümer war. Das Eigentum war im Zeitpunkt des Erbfalls noch nicht auf E übertragen worden.

(II) X kann gemäß § 929 S. 1 das Eigentum an E nach dem Erbfall verloren haben:

(1) Einigung V – E, die gemäß § 1922 dem X gegenüber wirkt.

(a) Der Erblasser V hat ein Einigungsangebot abgegeben, das H an E als Bote überbringen sollte.

---

48 Baur/Stürner § 5 Rdnr. 36; HK/Eckert § 929 Rdnr. 7; Martinek/Roerborn JuS 1994, 473, 477; Staudinger/Wiegand § 929 Rdnr. 84; a.A. Otte Jura 1993, 643, 645 ff.; Wank/Kamanabrou Jura 2000, 154; Westermann/Westermann § 38, 4.

49 Dazu im Einzelnen beim Anwartschaftsrecht S. 85 ff.

1. Abschnitt: Die Übereignung gemäß § 929 S. 1 durch Einigung und Übergabe

(b) Dieses Einigungsangebot ist mit dem Tode des V nicht erloschen, § 130 Abs. 2, sodass das Einigungsangebot des V für den Erben X fortwirkt. X hat das Angebot nicht vor dessen Zugang widerrufen, § 130 Abs. 1 S. 2. Demnach hat H ein Einigungsangebot des V an E überbracht. Dieses Angebot ist gemäß § 153 auch nach dem Tod des V noch annahmefähig und ist von E angenommen worden. Auf den Zugang der Annahmeerklärung war gemäß § 151 verzichtet worden, es liegt also eine Einigung V – E vor, an die X gemäß § 1922 gebunden ist.

(2) Übergabe:

(a) Der Erwerber E hat den Besitz an dem Bild erlangt.

(b) Der Veräußerer V hat den Besitzerwerb des E veranlasst.

Ob diese Veranlassung wie bei der Wegnahmeermächtigung (s.o. S. 16) widerrufbar ist, kann offen bleiben. X hat den Widerruf nicht erklärt. Wenn er widerrufen hätte, würde dies schon das Einigungsangebot erfassen und eine wirksame Einigung nicht vorliegen.[50]

(c) Es besteht kein Besitz mehr auf Veräußererseite. X ist gemäß § 857 in die Besitzposition des V als mittelbarem Besitzer eingetreten. Nach Übertragung des unittelbaren Besitzes von H auf E hat er diese besitzrechtliche Position jedoch wieder verloren.

(3) Auch ist ein Einigsein gegeben. Da hier die Einigung zeitgleich mit der Übergabe zustande kommt, stellt sich die Frage des Widerrufs der Einigung nicht, sondern lediglich die oben erörterte Frage des Widerrufs des Einigungsangebots des V.[51]

(4) Da V auch Berechtigter war, ist der Eigentumswechsel gemäß § 929 S. 1 eingetreten.

(B) Anspruch des X gegen E aus § 812 Abs. 1 S. 1, 1. Fall

(I) E hat das Eigentum und den Besitz durch Leistung des Erben, dem die Erklärungen des Erblassers zugerechnet werden, erlangt.

(II) Als Rechtsgrund für den Erwerb kommt ein Schenkungsvertrag in Betracht.

(1) Da der Erbe X mangels Widerrufs an das vom Erblasser abgegebene Schenkungsversprechen gebunden ist (§ 130 Abs. 2) und E das Angebot angenommen hat, ist zwischen dem X und E ein Schenkungsvertrag abgeschlossen worden.

(2) Das Schenkungsversprechen des Erblassers, das den Erben X bindet, ist **formlos** erteilt. Doch der Formmangel ist gemäß § 518 Abs. 2 durch Bewirkung der versprochenen Leistung, nämlich durch Übereignung, geheilt.

---

50 Vgl. Staudinger/Wiegand § 929 Rdnr. 69.
51 Martinek/Röhrborn JuS 1994, 473, 478.

Die Formvorschrift des § 2301 findet keine Anwendung, weil das Schenkungsversprechen nicht unter der Bedingung abgegeben worden ist, dass V stirbt und der beschenkte E den V überlebt.

(3) Weil E das Bild mit Rechtsgrund erworben hat, scheidet ein Anspruch aus § 812 Abs. 1 S. 1, 1. Fall aus.

Anmerkung: Diesem Fall liegt der sog. Bonifatius-Fall zugrunde.[52] Doch ist er in einem Punkt erheblich abgeändert. Während in dem Fall des Reichsgerichts die Schenkung im Hinblick auf den bevorstehenden Tod erfolgte und somit § 2301 anwendbar sein konnte, ist in unserem Fall die Schenkung unabhängig vom Eintritt des Todes vorgenommen worden.[53]

– – –

4. Die Berechtigung des Veräußerers

Nach dem **Wortlaut** der §§ 929–931 tritt der Eigentumswechsel nur ein, wenn sich der **Eigentümer** mit dem Erwerber geeinigt und der Eigentümer die Sache dem Erwerber übergeben oder ein Übergabesurrogat vereinbart hat. Diese Formulierung ist zu eng und ungenau, denn für die Eigentumsübertragung als sachenrechtliches Verfügungsgeschäft gelten die allgemeinen Regeln der Verfügungsgeschäfte. Danach kann die durch Rechtsgeschäft erstrebte Rechtsänderung nur eintreten, wenn der Verfügende nach der Rechtsordnung dazu berechtigt, also **Berechtigter** ist.[54]

4.1 Berechtigt ist zunächst der **verfügungsberechtigte Eigentümer**. Grundsätzlich ist der Eigentümer befugt, sein Eigentum auf einen anderen zu übertragen. Davon gehen die §§ 929–931 aus. Doch der Eigentümer ist dann nicht zur Eigentumsübertragung berechtigt, wenn ein gesetzliches bzw. behördliches Veräußerungsverbot i.S.d. §§ 135, 136 (relatives Verfügungsverbot) besteht oder er sonst kraft Gesetzes in seiner Verfügungsbefugnis beschränkt ist.

Beispiele:

1. E verkauft und übergibt eine Maschine an K, nachdem bereits das Insolvenzverfahren über das Vermögen des E eröffnet worden ist. Hat K Eigentum erworben?
(1) Einigung E – K ist bei der Übergabe der Maschine konkludent erklärt.
(2) Übergabe i.S.d. § 929 S. 1 liegt vor.
(3) Berechtigter: E ist auch nach Eröffnung des Insolvenzverfahrens Eigentümer geblieben. Doch ist er nicht mehr zur Verfügung befugt. Der Eigentumsübergang scheitert an der Berechtigung des E, § 81 Abs. 1 InsO.
(4) Ein Erwerb vom Nichtberechtigten gemäß § 932 scheidet aus, weil E Eigentümer ist und § 932 nur das mangelnde Eigentum überwindet (vgl. den Wortlaut: „... nicht dem Veräußerer **gehört** ..."). Die Vorschrift kann auch nicht über § 135 Abs. 2 entsprechend angewandt werden. § 81 Abs. 1 InsO ordnet ausdrücklich die absolute Unwirksamkeit von Verfügungen des Schuldners an. K hat somit kein Eigentum erworben.

---

52 RGZ 83, 223 ff.
53 Zum Bonifatius-Fall vgl. die Besprechungen von Otte Jura 1993, 643 und umfassend Martinek/Röhrborn JuS 1994, 473 ff., 564 ff.
54 Haedicke JuS 2001, 969.

2. Der E hat ein Bild an den K verkauft. Die Übereignung soll nach Zahlung des Kaufpreises erfolgen. E verkauft bald darauf das Bild noch einmal an X. K erwirkt eine einstweilige Verfügung gegen E. Darin wird dem E untersagt, das Bild zu übereignen.

Der E ist zwar Eigentümer des Bildes. Er ist aber aufgrund des Veräußerungsverbots nicht mehr zur Eigentumsübertragung berechtigt. Nimmt der E dennoch die Übereignung an X vor, kann X im Falle der Gutgläubigkeit gemäß §§ 136, 135 Abs. 2 i.V.m. § 932 das Eigentum vom Nichtberechtigten erwerben. Um die Gutgläubigkeit auszuschalten, wird daher der K den X von der einstweiligen Verfügung verständigen.

4.2 Berechtigt ist auch der **Nichteigentümer**, sofern die **Verfügungsberechtigung kraft Gesetzes** auf ihn übertragen worden ist.

Der Insolvenzverwalter kann das Eigentum an den beweglichen Sachen, die seiner Verwaltung unterliegen, gemäß §§ 929 ff. i.V.m. § 80 Abs. 1 InsO auf einen anderen übertragen. Er ist zur Eigentumsübertragung berechtigt.

Dasselbe gilt gemäß § 1985 Abs. 1 für den Nachlassverwalter und gemäß § 2205 i.V.m. § 2211 für den Testamentsvollstrecker.

4.3 Fraglich ist, ob der **Nichteigentümer**, der mit **Zustimmung des Berechtigten** verfügt (§ 185), als Berechtigter verfügt.[55]

Dabei ist zwischen der vorherigen Zustimmung i.S.d. § 185 Abs. 1 und der nachträglichen Genehmigung i.S.d. § 185 Abs. 2 zu unterscheiden.

Für den Eigentumsübergang nach den §§ 929 ff. ist diese Differenzierung letztlich nicht entscheidend. Hat der Berechtigte seine Zustimmung erklärt, erlangt der Erwerber in jedem Fall Eigentum gemäß § 929 i.V.m. § 185 Abs. 1 oder § 185 Abs. 2, unabhängig davon, ob man den Verfügenden als Berechtigten oder Nichtberechtigten bezeichnet. Für einen Anspruch aus § 816 Abs. 1 ist jedoch entscheidend, wer Berechtigter ist, da diese Vorschrift die Verfügung eines Nichtberechtigten voraussetzt. Es empfiehlt sich, die für § 816 Abs. 1 geltenden Definitionen auch bei den §§ 929 ff. zu verwenden.

I) Verfügt der Nichteigentümer mit **vorheriger Zustimmung** (Einwilligung) des Berechtigten, ist die Verfügung als Verfügung des **Berechtigten** zu behandeln, § 816 Abs. 1 ist daher nicht anwendbar.

Nach dem Wortlaut des § 185 Abs. 1 ist die Verfügung des Nichtberechtigten zwar auch im Falle der vorherigen Zustimmung eine Verfügung des Nichtberechtigten, die dem Berechtigten gegenüber kraft der Einwilligung wirksam wird. Doch ist mit Rücksicht auf § 816 Abs. 1 eine Korrektur geboten: § 816 Abs. 1 gewährt eine Eingriffskondiktion, die einen widerrechtlichen Eingriff in fremde Rechtszuständigkeit voraussetzt. Daran fehlt es aber, wenn eine Befugnis zu dem Eingriff besteht.[56]

II) Wer ohne Einverständnis des Berechtigten eine Verfügung getroffen hat, ist **Nichtberechtigter**. Durch die **nachträgliche Zustimmung** (= Genehmigung) wird die Verfügung trotz der Rückwirkung nicht zu einer Verfügung des Berechtigten.[57] Demzufolge findet § 816 Abs. 1 hier Anwendung.

---

55 Ausführlich zur Verfügungsermächtigung nach § 185 auch Katzenstein Jura 2004, 1.
56 Vgl. OLG Hamm ZIP 1995, 50, 52@.
57 Palandt/Thomas § 816 Rdnr. 7 ff.

> **Definition:** Berechtigter i.S.d. § 929 ist der verfügungsberechtigte Eigentümer oder der Nichteigentümer, dem kraft Gesetzes das Verfügungsrecht zusteht oder der mit Einwilligung des Berechtigten i.S.d. § 185 Abs. 1 handelt.

2. Abschnitt: Die Übergabesurrogate gemäß §§ 929 S. 2, 930, 931

Die Eigentumsübertragung kann auch in der Weise erfolgen, dass sich die Parteien über den **Eigentumsübergang einigen** und anstelle der Übergabe ein **Übergabesurrogat** vereinbaren. Für die Vereinbarung gelten die Regeln über Rechtsgeschäfte. Die Erklärungen, die zum Zustandekommen der Vereinbarung abgegeben werden, sind **Willenserklärungen**.

- Ist der **Erwerber** bereits **Besitzer**, kann die Übereignung gemäß § 929 S. 2 erfolgen.
- **Will** oder **soll** der **Veräußerer** unmittelbarer (Mit-)**Besitzer** oder auch nur mittelbarer Besitzer bleiben, muss zwischen dem Veräußerer und Erwerber ein Besitzmittlungsverhältnis gemäß § 868 begründet werden – Übergabesurrogat gemäß § 930 –.
- Ist der **Veräußerer mittelbarer Besitzer**, kann er seinen Herausgabeanspruch gegen den unmittelbaren Besitzer abtreten, § 931.
- Ist der **Veräußerer mittelbarer Besitzer**, können der Veräußerer und Erwerber daher wählen, ob die Übereignung nach § 929 S. 1, nach § 930 oder nach § 931 erfolgen soll.

1. Die Übergabe „kurzer Hand" nach § 929 S. 2

Wenn der Erwerber schon im Besitz der Sache ist, dann genügt für die Übereignung die Einigung über den Eigentumsübergang; doch muss der Veräußerer wie im Falle der Übergabe jegliche besitzrechtliche Position verlieren.

1.1 Der Erwerber muss im Besitz der Sache sein

- Von wem er den Besitz erlangt hat, ist für den Eigentumserwerb nach § 929 S. 2 gleichgültig. Er kann also den Besitz vom Veräußerer oder von einem Dritten durch Übergabe oder durch einseitige Ergreifung erlangt haben.
- Auch **mittelbarer Besitz** des Erwerbers genügt, sofern ein Dritter den unmittelbaren Besitz für den Erwerber ausübt.[58]

---

[58] OLG Köln OLG-Report 2000, 261.

1.2 Der **Veräußerer** darf nach der Einigung **keinerlei besitzrechtliche Beziehung** mehr zur Sache haben. Das bedeutet:

▶ Ist der Veräußerer **mittelbarer Besitzer** und der Erwerber unmittelbarer Fremdbesitzer, geht das Eigentum nur dann gemäß § 929 S. 2 über, wenn der mittelbare Besitz des Veräußerers beendet wird und der Erwerber fortan für sich besitzt, also Eigenbesitz ausübt.

▶ Ist der Veräußerer **unmittelbarer Besitzer** (auch nur Mitbesitzer), greift § 929 S. 2 nicht ein.[59]

Beispiel: A will der Hausgehilfin B das Fahrrad, das diese bisher immer benutzt hat, übereignen.
(I) Nach § 929 S. 2 kann A der B das Eigentum an dem Fahrrad nur übertragen, wenn die B Besitzerin ist. Als Hausangestellte ist sie jedoch nur Besitzdienerin (§ 855), und der Geschäftsherr A ist Besitzer. Damit ist eine Übereignung nach § 929 S. 2 nicht möglich.[60]
(II) Die Einigung über den Eigentumsübergang kann jedoch gemäß § 929 S. 1 durch Übergabe vollzogen werden, indem der Übereignende A seine besitzrechtliche Beziehung zur Sache völlig aufgibt und die B Eigenbesitz begründet. Die Übergabe kann durch Übertragung des Besitzes nach § 854 Abs. 2 erfolgen.[61] Nach h.M. reicht auch die Aufhebung des gemäß § 855 bestehenden Herrschaftsverhältnisses.[62]

2. Der Ersatz der Übergabe durch ein Besitzkonstitut, § 930

Will oder **soll** der Veräußerer auch noch nach der Eigentumsübertragung **Besitzer bleiben**, kann er sein Eigentum gemäß §§ 929 S. 1, 930 durch Einigung über den Eigentumsübergang und Begründung eines Besitzmittlungsverhältnisses gemäß § 868 übertragen; der Veräußerer muss also seinen bisherigen Eigenbesitz in Fremdbesitz umwandeln.

Die Voraussetzungen des Besitzkonstituts gemäß § 930:

▶ Der **Veräußerer** muss **Besitzer** sein. Dies kann unmittelbarer oder mittelbarer Besitz sein. Auch Mitbesitz reicht aus.[63]

▶ Es muss ein **Besitzmittlungsverhältnis** i.S.d. § 868 zwischen Veräußerer und Erwerber vereinbart werden.

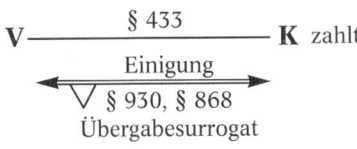

Beispiel: V verkauft einen im Schaufenster stehenden handgearbeiteten Bücherschrank für 9.000 € an K. Der Schrank soll bis zur Umdekorierung im Schaufenster bleiben und sodann auf Kosten des V an K versandt werden. K zahlt. Ist er Eigentümer geworden?

---

59 Vgl. schon oben das Beispiel auf S. 17.
60 Baur/Stürner § 51 Rdnr. 16–18, 20; Staudinger/Wiegand § 929 Rdnr. 125; a.A.: MünchKomm/Quack § 929 Rdnr. 158.
61 Palandt/Bassenge § 929 Rdnr. 16; Soergel/Henssler § 929 Rdnr. 56.
62 Baur/Stürner § 51 Rdnr. 14; Westermann/Westermann § 40 III 2.
63 Palandt/Bassenge § 930 Rdnr. 7; MünchKomm/Quack § 930 Rdnr. 22; Bamberger/Fritzsche § 930 Rdnr. 3.

(I) Einigung: Wird ein Einrichtungsgegenstand vom Käufer nach der Bezahlung absprachegemäß im Ausstellungsraum des Verkäufers stehen gelassen, so ist nach den Umständen eine konkludente Einigung über den Eigentumsübergang bereits im Zeitpunkt der Zahlung anzunehmen.[64]

Grundsätzlich sind die Pflichten aus einem Kaufvertrag nämlich Zug um Zug zu erfüllen, § 320. Bezahlt der Käufer, erwartet er, dass die im Gegenseitigkeitsverhältnis stehende Übereignung der Kaufsache ebenfalls sofort erfolgt. Gegenteilige Absprachen sind zwischen V und K nicht getroffen worden, sodass eine Einigung vorliegt.

(II) Übergabesurrogat gemäß § 930

(1) Der Veräußerer V ist Besitzer geblieben.

(2) Es ist ein Besitzmittlungsverhältnis zwischen V und K vereinbart worden.

(a) V sollte den Schrank bis zur Umdekorierung als Schaufensterdekoration behalten dürfen. Gleichzeitig sollte er den Schrank sorgfältig behandeln und vor Schaden bewahren. Ob man diese Vereinbarung wegen der Nutzung als Dekoration als Leihvertrag oder wegen der Aufbewahrungspflicht als Verwahrungsvertrag ansieht, ist nicht entscheidend. Jedenfalls ist V auf Zeit zum Besitz berechtigt. Es ist ein Rechtsverhältnis i.S.d. § 868 vereinbart worden.

(b) Aus diesem Vertrag ergab sich ein Herausgabeanspruch aus § 604 (Leihe) bzw. ein Rückforderungsanspruch aus § 695 (Verwahrung).

(c) V wollte für K besitzen. Er hatte den erforderlichen Fremdbesitzerwillen.

2.1 Die vorweggenommene Einigung, das vorweggenommene Besitzkonstitut

Ist der Veräußerer im Zeitpunkt der Abgabe der Einigungserklärung weder Eigentümer noch Besitzer der zu übereignenden Sache, dann kann der erstrebte Eigentumswechsel vom Veräußerer auf den Erwerber sich gemäß §§ 929, 930 erst dann vollziehen, wenn der **Veräußerer tatsächlich den Besitz erlangt hat.**

Wenn der Veräußerer die dem Erwerber verkaufte Sache selbst noch von einem Dritten erwerben muss und die vom Veräußerer gegenüber dem Erwerber geschuldete Übereignung sich durch vorweggenommene Einigung und durch ein vorweggenommenes Besitzkonstitut vollziehen soll, dann tritt ein **doppelter Eigentumswechsel** ein:

▶ Zunächst erwirbt der Veräußerer regelmäßig das Eigentum von dem Dritten gemäß § 929 S. 1 durch Einigung und Übergabe.

▶ Sodann erwirbt der Erwerber vom Veräußerer gemäß §§ 929 S. 1, 930 das Eigentum. Der Veräußerer wird also für eine juristische Sekunde Eigentümer. Es tritt ein **Durchgangserwerb** ein.

Fall 4: Oldtimer-Kauf

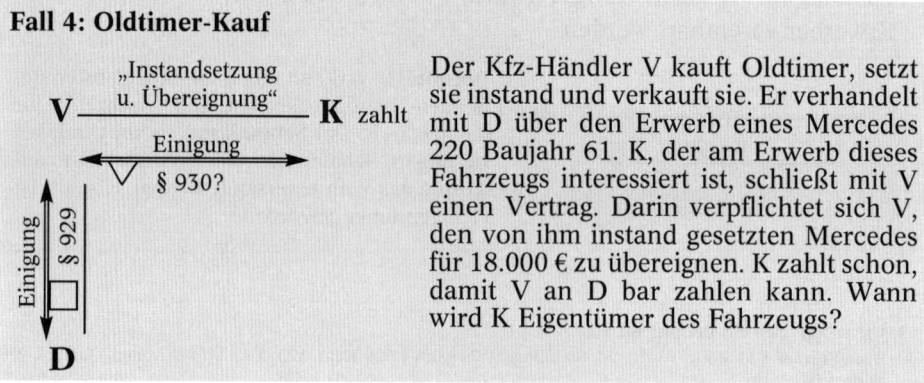

Der Kfz-Händler V kauft Oldtimer, setzt sie instand und verkauft sie. Er verhandelt mit D über den Erwerb eines Mercedes 220 Baujahr 61. K, der am Erwerb dieses Fahrzeugs interessiert ist, schließt mit V einen Vertrag. Darin verpflichtet sich V, den von ihm instand gesetzten Mercedes für 18.000 € zu übereignen. K zahlt schon, damit V an D bar zahlen kann. Wann wird K Eigentümer des Fahrzeugs?

---

[64] OLG Köln, Urt. v. 10.08.2004 – 22 U 73/04 = OLGR Köln 2004, 394 ff. = VuR 2005, 38.

(A) Nach dem Inhalt der abgegebenen Erklärungen sollte K das Eigentum von V und nicht von D erwerben.

(B) Eigentumserwerb K von V gemäß **§§ 929 S. 1, 930** im Zeitpunkt des Eigentumserwerbs durch V

(I) **Vorweggenommene Einigung** V – K: Die Parteien waren sich bei Kaufabschluss einig, dass K, der den Kaufpreis zahlte, zum frühestmöglichen Zeitpunkt – vor der Instandsetzung des Mercedes – das Eigentum erwerben sollte. Das war der Zeitpunkt des Erwerbs des Eigentums durch V.

(II) Die Übergabe ist durch ein **vorweggenommenes Besitzkonstitut** ersetzt worden.

    (1) Wenn D dem V das Fahrzeug aushändigt, wird der Veräußerer V Besitzer.

    (2) Zwischen V und K besteht im Zeitpunkt des Erwerbs durch V ein Besitzmittlungsverhältnis gemäß § 868.

        (a) Das Rechtsverhältnis ist vorweggenommen (antezipiert) vereinbart worden. V sollte nach dem Erwerb von D den Wagen für K instand setzen und danach an K aushändigen, also zeitlich begrenzt Fremdbesitzer für K sein.

        (b) Aus diesem Rechtsverhältnis ergab sich ein Herausgabeanspruch: V war verpflichtet, den Wagen nach Instandsetzung an K herauszugeben.

        (c) Der V hatte im Zeitpunkt der Besitzergreifung den Willen, für K zu besitzen – Fremdbesitzerwillen –.
Bei einem vorweggenommenen Besitzkonstitut wird vermutet, dass der bei Abschluss des Rechtsverhältnisses i.S.d. § 868 geäußerte Fremdbesitzerwille im Zeitpunkt der Besitzergreifung fortbesteht. Es ist also für die Wirksamkeit des vorweggenommenen Besitzkonstituts nicht erforderlich, dass noch eine besondere Ausführungshandlung vorgenommen wird.[65] Will der Veräußerer im Zeitpunkt der Besitzergreifung den Eigentumserwerb verhindern, muss er dieses zum Ausdruck bringen, also eine „negative" Ausführungshandlung vornehmen.[66]

(III) Wenn die Einigung vorweggenommen erklärt worden ist, müssen sich die Parteien auch bei einer Übereignung nach §§ 929, 930 **einig sein**. Die Einigung darf bis zu dem Zeitpunkt, in dem das Eigentum auf den Erwerber übergehen soll, nicht widerrufen worden sein. Doch ist auch hier erforderlich, dass der Widerruf dem Erwerber zugeht. Ein Widerruf des V ist nicht erfolgt, sodass die Einigung im Zeitpunkt der Besitzergreifung durch V fortbesteht.

---

[65] Staudinger/Wiegand § 930 Rdnr. 32.
[66] MünchKomm/Quack § 930 Rdnr. 34–37; Westermann/Westermann § 41 III.

(IV) Mit der Übereignung des D an V ist V verfügungsberechtigter Eigentümer geworden.

Damit ist im Zeitpunkt der Übergabe des Oldtimers von D an V auch der Eigentumswechsel von V auf K eingetreten.

– – –

2.2 Die Übereignung nach §§ 929 S. 1, 930 bei einem gesetzlichen Besitzmittlungsverhältnis

Eine Übereignung nach §§ 929, 930 kann auch ohne Vereinbarung eines besonderen Besitzmittlungsverhältnisses erfolgen, wenn zwischen Veräußerer und Erwerber ein **gesetzliches Besitzmittlungsverhältnis** besteht. Für eine nach § 930 erforderliche Vereinbarung genügt der übereinstimmende Parteiwille, dass der Veräußerer aufgrund des gesetzlichen Besitzmittlungsverhältnisses Besitzmittler sein soll.[67]

2.2.1 Besitzkonstitut kraft Gesetzes aufgrund ehelicher Lebensgemeinschaft

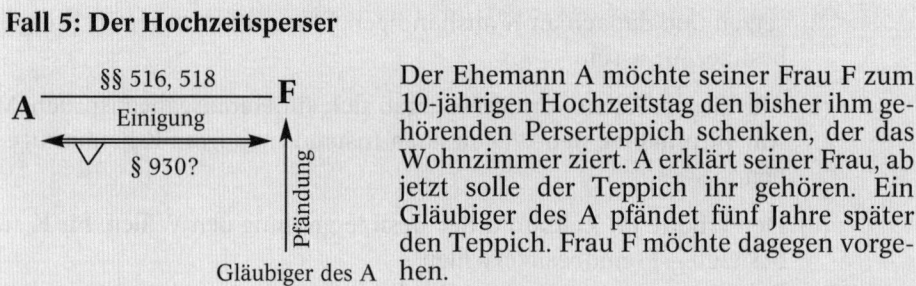

Fall 5: Der Hochzeitsperser

Der Ehemann A möchte seiner Frau F zum 10-jährigen Hochzeitstag den bisher ihm gehörenden Perserteppich schenken, der das Wohnzimmer ziert. A erklärt seiner Frau, ab jetzt solle der Teppich ihr gehören. Ein Gläubiger des A pfändet fünf Jahre später den Teppich. Frau F möchte dagegen vorgehen.

Frau F kann gemäß § 771 ZPO die **Drittwiderspruchsklage** erheben, wenn sie Eigentümerin des Teppichs und somit Inhaberin eines die Veräußerung hindernden Rechts ist.

(A) Eine Übereignung nach **§ 929 S. 1** kommt nicht in Betracht, da der Veräußerer A Besitzer des Teppichs bleibt und nicht, wie es für eine Übergabe erforderlich ist, den Besitz vollständig verliert. Beide Ehegatten sind nach der Verkehrsauffassung an Gegenständen der gemeinschaftlichen Wohnung Mitbesitzer und bleiben es auch, wenn Veräußerungsgeschäfte zwischen ihnen getätigt werden.[68]

(B) Das Eigentum kann die F gemäß §§ 929 S. 1, 930 vom Ehemann erworben haben.

(I) Eine Einigung über den Eigentumsübergang ist erzielt worden.

(II) Es muss ein Besitzkonstitut zwischen A und F vereinbart worden sein.

---

67 BGHZ 73, 253, 258[@]; BGH NJW 1998, 2542[@]; 1992, 1162.
68 BGHZ 73, 253, 256[@].

(1) Der Veräußerer A ist Besitzer des Teppichs. Der Mitbesitz ist für § 930 ausreichend.[69]

(2) Zwischen A und F muss ein Besitzmittlungsverhältnis vereinbart worden sein.

   (a) Einen Verwahrungsvertrag oder ein ähnliches Rechtsverhältnis haben die Eheleute nicht vereinbart. Doch aus dem Gebot der ehelichen Lebensgemeinschaft (§ 1353) ergibt sich die Pflicht der Ehegatten, sich gegenseitig die Benutzung der ehelichen Wohnung und des darin befindlichen Hausrats zu gestatten. Ferner muss der Ehegatte, der nicht Eigentümer ist, im Hinblick auf die Sachen, die dem anderen Ehegatten gehören, Sorgfaltspflichten beachten. Daher ist die kraft Gesetzes aufgrund der ehelichen Lebensgemeinschaft bestehende Rechtsbeziehung ein Rechtsverhältnis i.S.d. § 868.
   Für eine nach § 930 erforderliche Vereinbarung eines Besitzmittlungsverhältnisses genügt der übereinstimmende Parteiwille, dass der Veräußerer aufgrund eines gesetzlichen Besitzmittlungsverhältnisses Besitzmittler sein soll.[70]

   (b) Aus diesem Rechtsverhältnis ergibt sich nach Beendigung der Ehe ein Herausgabeanspruch.

   (c) Der Ehemann hat seinen Fremdbesitzerwillen geäußert.

(III) Die Ehefrau hat somit gemäß §§ 929 S. 1, 930 von dem veräußernden Mitbesitzer das Eigentum erworben.

(C) Der Eigentumserwerb liegt auch länger als vier Jahre zurück, sodass kein Anfechtungsrecht besteht, vgl. § 4 AnfechtungsG. Der F steht damit ein die Veräußerung hinderndes Recht i.S.v. § 771 ZPO zu, sodass die Drittwiderspruchsklage Erfolg haben wird.

– – –

2.2.2 Ein gesetzliches Besitzmittlungsverhältnis wird auch durch die elterliche Vermögenssorge begründet

Beispiel: Die Eltern wollen ihrem 10-jährigen Sohn K den im Wohnzimmer aufgestellten Computer übereignen.

Die Eigentumsübertragung erfolgt gemäß §§ 929 S. 1, 930.

(I) Für die Einigung bestehen zwei Möglichkeiten:
(1) Wird K an der Übereignung beteiligt, kann er das Einigungsangebot der Eltern konkludent annehmen. Die Erklärung des K ist gemäß § 107 wirksam, da die Übereignung für K lediglich rechtlich vorteilhaft ist.

---

[69] BGHZ 73, 253[@]; Palandt/Bassenge § 930 Rdnr. 7.
[70] BGHZ 73, 253, 257[@]; BGH NJW 1992, 1162; Palandt/Bassenge § 868 Rdnr. 9, § 854 Rdnr. 16–18; MünchKomm/Joost § 868 Rdnr. 43; a.A. Westermann/Westermann § 41 II 2, 3; Baur/Stürner § 51 Rdnr. 25. Danach soll die Konstruktion des Besitzmittlungsverhältnisses gezwungen sein und die bloße Einigung für den Eigentumswechsel genügen.

(2) Die Einigung kann auch vom gesetzlichen Vertreter durch In-sich-Geschäft getätigt werden. Die Vorschriften der §§ 1629 Abs. 2 S. 1, 1795 Abs. 2, 181 stehen dem nicht entgegen, weil das Rechtsgeschäft lediglich rechtlich vorteilhaft für K ist.

(II) Die Vereinbarung eines vertraglichen Besitzmittlungsverhältnisses ist nicht erforderlich, da zwischen Eltern und Kind ein gesetzliches Besitzmittlungsverhältnis besteht (§ 1626) und es dem Willen der Beteiligten entspricht, dass dieses Verhältnis sich auf die übereigneten Gegenstände erstreckt.[71] Die Eltern müssen allerdings ihren Willen, den bisherigen Eigenbesitz in Fremdbesitz umzuwandeln, nach außen hin erkennbar machen. Dies kann z.B. durch eine schriftliche Vereinbarung geschehen.

3. Der Ersatz der Übergabe durch Abtretung des Herausgabeanspruchs, § 931

Wenn ein **Dritter unmittelbarer** Besitzer ist, kann der Veräußerer sein Eigentum an dieser Sache in der Weise übertragen, dass er sich mit dem Erwerber über den Eigentumsübergang einigt und an ihn den Herausgabeanspruch gegen den Dritten abtritt.

Der Zweck des § 931 ist, das Bedürfnis nach Vereinfachung zu befriedigen, nämlich Sachen im Besitz dritter Personen ohne unnötiges Hin- und Hergeben übereignen zu können und auch dort die Übereignung zu ermöglichen, wo der Dritte die Sache im Augenblick noch nicht herauszugeben braucht (z.B., weil er sie vom Veräußerer für bestimmte Zeit gemietet hat) oder wo er freiwillig nicht zur Herausgabe bereit ist.

Welcher Herausgabeanspruch dem Erwerber abgetreten werden muss, richtet sich nach dem besitzrechtlichen Verhältnis zwischen Veräußerer und Dritten. Es ist zu unterscheiden:

3.1 Ist der **Veräußerer mittelbarer Besitzer**, kann die Übergabe durch die Abtretung des Herausgabeanspruchs erfolgen. Dabei genügt nach heute fast einhelliger Ansicht die Abtretung des aus dem Besitzmittlungsverhältnis folgenden Anspruchs.[72]

3.2 Ist der Veräußerer **nicht mittelbarer Besitzer**, hat er aber gegen den besitzenden Dritten einen sonstigen Herausgabeanspruch, ist dieser Anspruch abzutreten.[73]

Von einem Teil des Schrifttums[74] werden diese Ansprüche aus § 812, § 823 etc. nicht erörtert. Es werden nur zwei Gruppen von Fällen unterschieden: Der Veräußerer ist mittelbarer Besitzer, dann Übertragung des mittelbaren Besitzes durch Abtretung des Herausgabeanspruchs (§ 870), oder der Veräußerer ist nicht mittelbarer Besitzer (z.B. Verhältnis Eigentümer - Dieb), dann könne nur die Abtretung des Herausgabeanspruchs aus dem Eigentum in Betracht kommen (s. dazu im Folgenden).

---

71 BGH NJW 1989, 2042, 2043[@]; OLG Düsseldorf OLG-Report 1998, 190[@].
72 BGH NJW 1959, 1536 f.; Westermann/Westermann § 42 II 4 b; Baur/Stürner § 51 Rdnr. 36; Palandt/Bassenge § 931 Rdnr. 2, 3.
73 Erwähnt werden die Ansprüche aus § 812 (Westermann/Westermann § 42 II 4 b; Soergel/Henssler § 931 Rdnr. 8; Palandt/Bassenge § 931 Rdnr. 3) und aus § 823 (Palandt/Bassenge a.a.O.). In Betracht kommen weitere Ansprüche aus §§ 861 ff., 1007, 687 Abs. 2, 681 S. 2, 667.
74 Baur/Stürner § 51 Rdnr. 37.

3.3 Ist der Veräußerer nicht mittelbarer Besitzer und ist auch kein Anspruch aus § 812 oder § 823 etc. gegeben, sondern hat der **Veräußerer** gegen den Dritten **nur den Anspruch aus § 985**, ist umstritten, ob dieser Herausgabeanspruch aus § 985 abgetreten werden kann oder ob hier die bloße Einigung genügt.

Nach heute h.M. genügt die bloße Einigung, da der Anspruch aus § 985 grundsätzlich untrennbar mit dem Eigentum verbunden, quasi eine Folge des Eigentums sei, und deshalb für sich gesehen nicht abgetreten werden könne.[75]

4. Die Wahl des Übereignungstatbestandes, wenn der Veräußerer mittelbarer Besitzer ist

Ist der Veräußerer mittelbarer Besitzer der Sache, bestehen drei Möglichkeiten zur Eigentumsübertragung.

▶ Wenn der Veräußerer das Besitzmittlungsverhältnis mit dem unmittelbaren Besitzer beendet und auf seine Veranlassung ein Besitzmittlungsverhältnis zwischen dem Erwerber und dem unmittelbaren Besitzer vereinbart wird, liegt nach h.M. eine Übergabe i.S.d. § 929 S. 1 vor (vgl. oben S. 21).

▶ Der Veräußerer kann das Besitzmittlungsverhältnis mit dem unmittelbaren Besitzer bestehen lassen und seinerseits ein Besitzmittlungsverhältnis mit dem Erwerber vereinbaren. Es wird dann mehrstufiger mittelbarer Besitz begründet. Das Eigentum wird gemäß §§ 929 S. 1, 930 auf den Erwerber übertragen.

▶ Schließlich kann der Veräußerer seinen Herausgabeanspruch aus dem Besitzmittlungsverhältnis an den Erwerber abtreten und damit eine Übereignung nach §§ 929, 931 vornehmen.

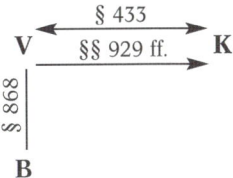

Beispiel: V ist Eigentümer einiger Kälber, die er dem Bauern B zur Aufzucht übergeben hat. V verkauft die Kälber an K. Wie kann V die Kälber an K übereignen, wenn sie bei dem B verbleiben sollen?

(A) Es kommt eine Übereignung nach § 929 S. 1 in Betracht.
(I) V und K müssen sich über den Eigentumsübergang einigen.
(II) Die Übergabe kann dadurch vorgenommen werden, dass V seinen Vertrag mit dem B auflöst und den B anweist, mit dem K einen Vertrag über die weitere Aufzucht der Kälber zu schließen.
(1) Der Erwerber K erwirbt den mittelbaren Besitz, wenn er den Vertrag mit dem B schließt.
(2) Dieser Besitzerwerb geschieht auf Veranlassung des Veräußerers.
(3) Mit Auflösung des Vertrags zwischen V und B verliert V jeglichen Besitz an den Kälbern.
(4) Einer Übergabe nach § 929 S. 1 steht nicht entgegen, dass B nach wie vor unmittelbarer Besitzer ist. Nach h.A. setzt die Übergabe keinen Wechsel des unmittelbaren Besitzes voraus (vgl. oben S. 21).

---

75 Vgl. z.B. BGH NJW 1959, 1536 f.; WM 1964, 426, 427[@]; Westermann/Westermann § 42 II 4 a; Baur/Stürner § 51 Rdnr. 37; Soergel/Henssler § 931 Rdnr. 8; Palandt/Bassenge § 931 Rdnr. 3.

(B) V kann die Kälber auch gemäß §§ 929 S. 1, 930 übereignen.
(I) V ist mittelbarer Besitzer der Kälber. Der Vertrag mit dem B über die Aufzucht der Kälber ist ein Rechtsverhältnis i.S.d. § 868; aus dem Vertrag hat V einen Herausgabeanspruch, und B besitzt mit Fremdbesitzerwillen.
(II) Das gemäß § 930 für den Eigentumserwerb des K erforderliche Besitzmittlungsverhältnis zwischen V und K kann in der Weise begründet werden, dass V und K ein Rechtsverhältnis i.S.d. § 868 vereinbaren, aufgrund dessen der V für den K als Fremdbesitzer besitzt und K gegen V einen Herausgabeanspruch hat. Es entsteht dann mehrstufiger mittelbarer Besitz.[76]
(C) Schließlich besteht auch die Möglichkeit der Übereignung nach §§ 929, 931. V muss dafür seinen Herausgabeanspruch gegen B aus dem Besitzmittlungsverhältnis an K abtreten.[77]

3. Abschnitt: Die Eigentumsübertragung unter Einschaltung eines Vertreters

Für den Veräußerer und Erwerber können bei der Eigentumsübertragung Vertreter tätig werden. Dabei ist zu beachten:

▶ Die **rechtsgeschäftliche** Einigungserklärung des Vertreters wird gemäß §§ 164 ff. dem Vertretenen zugerechnet. Die Offenkundigkeit – das Handeln im fremden Namen – ist nicht geboten, wenn es dem Veräußerer nicht darauf ankommt, wer das Eigentum erwirbt; wenn ein „Geschäft an den, den es angeht" vorliegt.

▶ Für den Vollzug der Einigung gilt:

– Bei der **Übergabe**, die eine **tatsächliche** Änderung der Besitzverhältnisse voraussetzt, gelten die §§ 164 ff. **nicht**, sondern die besitzrechtlichen Regeln der §§ 855 und 868. Der Vertreter wird als Hilfsperson, als **Besitzdiener** (§ 855) oder **Besitzmittler** (§ 868) tätig.

– Sofern der Besitz gemäß § 854 Abs. 2 durch bloße **Einigung** übertragen werden kann oder der Vollzug der Einigung durch **Vereinbarung** eines Übergabesurrogats gemäß §§ 930 und 931 erfolgt, gelten für diese **rechtsgeschäftlichen** Erklärungen die Regeln der Vertretung.

1. Der Vertreter handelt im Namen des Vertretenen – Veräußerers oder Erwerbers –

1.1 Handelt der Vertreter im Namen und mit Einverständnis des Veräußerers, vollzieht sich der Eigentumswechsel unmittelbar zwischen dem Veräußerer und dem Erwerber.

---

[76] BGH ZIP 1998, 2160@; Krüger JuS 1993, 12, 13.
[77] BGH ZIP 1998, 2160@.

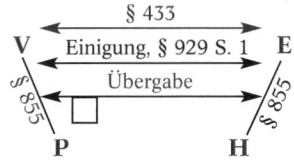

Beispiel: Der Verkäufer P der V-AG verkauft und überträgt an den Einkäufer H der E-GmbH einen Motor, den H auch in Empfang nimmt.

(I) Die von den Vertretern P und H abgegebenen Einigungserklärungen wirken für und gegen die Geschäftsherrn, sodass eine Einigung zwischen V und E zustande gekommen ist.

(II) Übergabe:

(1) Die E hat als Erwerberin den unmittelbaren Besitz erlangt, als H, der Besitzdiener der E, die tatsächliche Sachherrschaft ergriff (§ 855).

(2) Die Veräußerin V hat den Besitz in Vollziehung der Einigung auf die E übertragen, indem ihr Besitzdiener P mit ihrem Einverständnis die tatsächliche Sachherrschaft auf H übertragen hat.

1.2 Handeln des vertretungsberechtigten Vertreters ohne oder gegen den tatsächlichen Willen des Veräußerers

Fall 6: Der Antiquitätenhändler auf Weltreise

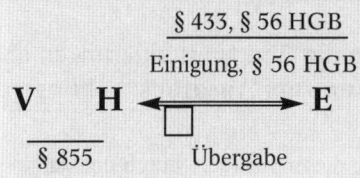

Der Antiquitätenhändler V ist im Besitz zweier Bilder, die er als Tizian-Kopien gekauft hat. Er hat seinen Ladenangestellten H angewiesen, diese Bilder nicht zu verkaufen, da er vermutet, dass sie echt sind. Als sich V auf einer Weltreise befindet, veräußert H eines der Bilder an den E, da H nicht an die Echtheit glaubt, und E einen für eine Kopie guten Preis bietet. Hat E das Eigentum erworben?

E kann das Eigentum nach § 929 S. 1 erworben haben.

(I) Eine Einigung zwischen V, vertreten durch H, und E ist wirksam zustande gekommen. H handelte konkludent im Namen des V. Nach § 56 HGB **gilt der Ladenangestellte als ermächtigt**, die gewöhnlichen Geschäfte zu tätigen. Die Veräußerung der im Geschäft des V vorhandenen Gegenstände stellt ein solches Geschäft dar. Daher hatte der H Vertretungsmacht, das Bild zu verkaufen und die Einigungserklärung abzugeben. Die entgegenstehende Weisung des V hat lediglich im Innenverhältnis V – H Bedeutung.

(II) Das Bild müsste dem E **übergeben** worden sein. E hat den unmittelbaren Besitz erworben. Dies müsste auf Veranlassung, d.h. **mit Willen des Veräußerers** V geschehen sein. Der V hat selbst die Besitzübertragung auf den E nicht veranlasst. Er hat den Besitzdiener H nicht angewiesen, den Besitz auf den E zu übertragen; vielmehr hat V den Besitz gegen seinen Willen verloren. Allerdings war der H als Ladenangestellter i.S.d. § 56 HGB zur Vertretung des V bei der Eigentumsübertragung befugt.

(1) Da es sich bei der Übergabe um einen Realakt handelt, sind die Vertretungsregeln auf sie nicht anwendbar.[78]

---

[78] Palandt/Bassenge § 929 Rdnr. 23; OLG Frankfurt NJW-RR 1986, 470.

(2) Eine Ausnahme ist jedoch zu machen, wenn der Vertreter berechtigt ist, ein Veräußerungsgeschäft zu tätigen, er also **Veräußerungsvollmacht** hat. In diesem Fall umfasst der rechtsgeschäftliche Wille den tatsächlichen Willen, sodass derjenige, der zur Veräußerung befugt ist, nicht nur den erforderlichen rechtsgeschäftlichen Willen, sondern auch den tatsächlichen Willen mit Wirkung für und gegen den Geschäftsherrn äußern kann.[79]

Demnach muss sich V die willentliche Besitzübertragung des H zurechnen lassen.

Die hier aufgezeigte Problematik wird häufig bei der Frage des Abhandenkommens i.S.d. § 935 erörtert.[80] Richtigerweise handelt es sich aber in den Fällen, in denen sich der Vertretungsberechtigte im Namen seines Geschäftsherrn einigt, nicht erst um die Frage des Abhandenkommens (§ 935), sondern es betrifft die notwendigerweise vorhergehende Frage, ob überhaupt eine Übergabe erfolgt ist.[81]

E hat also gemäß § 929 S. 1 das Eigentum erworben.

– – –

1.3 Der Vertreter gibt im Namen des Vertretenen die Einigungserklärungen ab, will aber **für sich erwerben, ohne** dies **nach außen zum Ausdruck** zu bringen.

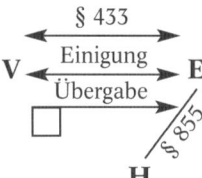

Beispiel: V verkauft dem E, dieser vertreten durch den Angestellten H, äußerst preisgünstig eine Computeranlage. Bereits bei den Verhandlungen mit V entschließt H sich, die Anlage für sich zu erwerben. Er nimmt die Anlage mit nach Hause. E verlangt sie nach § 985 heraus.

E kann die Anlage von H gemäß § 985 herausverlangen, wenn er Eigentümer geworden ist. Das Eigentum kann E von V nach § 929 S. 1 erworben haben.

(I) Einigung V – E? H ist im Namen und mit Vertretungsmacht des E aufgetreten und hat die Einigungserklärungen gegenüber V für E abgegeben. Sein innerer entgegenstehender Wille ist unbeachtlich.
(II) Übergabe?
(1) Der E hat den Besitz erlangt, als H als Besitzdiener die tatsächliche Sachherrschaft ergriff (§ 855). Dass H für sich und nicht für E die tatsächliche Sachherrschaft erwerben wollte, ist unbeachtlich.[82] Maßgebend ist, wie er nach außen aufgetreten ist.
(2) Der V hat als Veräußerer willentlich den Besitz verloren.

E hat das Eigentum vom Berechtigten V erworben.
Er kann von H nach § 985 die Herausgabe der Anlage verlangen.

---

79 Baur/Stürner § 52 Rdnr. 39; Westermann/Gursky § 49 I 6; Tiedtke Jura 1983, 460, 470; Hoffmann JuS 1970, 179, 180; Staudinger/Bund § 855 Rdnr. 28.
80 Vgl. Westermann/Gursky § 49 I 6.
81 Hoffmann JuS 1970, 179, 180 FN 4.
82 BGHZ 8, 130, 133; a.A. MünchKomm/Joost § 855 Rdnr. 13.

2. Der Eigentumswechsel bei der mittelbaren Vertretung

Wer nach außen nicht im fremden Namen, sondern im eigenen Namen handelt, ist nicht Vertreter i.S.d. §§ 164 ff. Will der im eigenen Namen Handelnde für seinen Geschäftsherrn – Veräußerer oder Erwerber – das Eigentum übertragen bzw. erwerben, ist er **mittelbarer** Vertreter. Für den Eigentumswechsel ist maßgebend,

▸ ob der mittelbare Vertreter für den **Veräußerer** handelt oder

▸ ob er das Eigentum für den **Geschäftsherrn erwerben** will.

2.1 Der mittelbare Vertreter handelt für den Veräußerer

Tätigt der mittelbare Vertreter im Einverständnis mit dem Veräußerer das Übereignungsgeschäft gemäß §§ 929 ff., dann geht das Eigentum **unmittelbar** vom Veräußerer auf den Erwerber gemäß §§ 929, 185 Abs. 1 über.

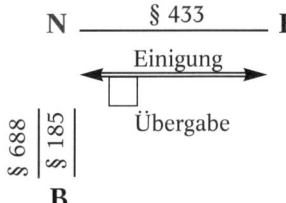

Beispiel: Der Kunsthändler N hat für den B einen wertvollen Teppich in Aufbewahrung. Als B in Geldschwierigkeiten gerät, beauftragt er den N, den Teppich zu veräußern. N verkauft und übergibt im eigenen Namen den Teppich an E für 32.000 €. Hat E Eigentum erworben?

(I) N, der im eigenen Namen handelt, und E haben sich über den Eigentumswechsel geeinigt. (II) Der Erwerber E hat von N den unmittelbaren Besitz erlangt. Der Veräußerer N war mit dieser Besitzübertragung einverstanden und hat jegliche besitzrechtliche Position verloren. (III) N war zwar Nichteigentümer, aber der Berechtigte B hat zugestimmt, sodass die Verfügung des N an E gemäß § 185 Abs. 1 wirksam ist.

2.2 Der mittelbare Vertreter wird für den Erwerber tätig

Will der mittelbare Vertreter das Eigentum nicht für sich, sondern für den Erwerber erlangen, kann sich der Eigentumswechsel vom Veräußerer auf den Erwerber wie folgt vollziehen:

▸ Ist es dem Veräußerer **gleichgültig**, wer Eigentümer wird, gibt er ein Einigungsangebot an den ab, **den es angeht**. Dieses Angebot nimmt der mittelbare Vertreter für den Erwerber an, sodass eine Einigung zwischen Veräußerer und Erwerber vorliegt und sich mit der Übergabe der Eigentumswechsel **unmittelbar** zwischen Erwerber und Veräußerer vollzieht.[83]

▸ Will der Veräußerer mit dem mittelbaren Vertreter, der im eigenen Namen auftritt, das Veräußerungsgeschäft tätigen, dann kommt die Einigung zwischen dem Veräußerer und mittelbaren Vertreter zustande; der Eigentums-

---

[83] Deswegen gehört diese Fallgruppe, die herkömmlich als mittelbare Stellvertretung bezeichnet wird, eigentlich zu den Fällen unmittelbarer Vertretung auf Erwerberseite, vgl. Bamberger/Kindl § 929 Rdnr. 13.

wechsel vollzieht sich mit der Übergabe der Sache an den mittelbaren Vertreter.

Das Eigentum kann vom mittelbaren Vertreter auf den Erwerber übertragen werden, indem die Einigung und das Besitzkonstitut **vorweggenommen** erklärt worden sind oder die Einigung und Übergabe später erfolgen, insbes. durch ein **In-sich-Geschäft** gemäß § 181 (siehe unten).

2.2.1 Die Übereignung durch ein Geschäft an den, den es angeht

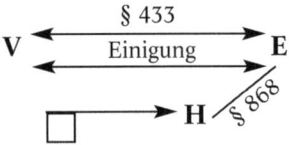

Beispiel: E bittet den H, für ihn ein Fahrrad zu kaufen, und übergibt ihm den Kaufpreis. H erwirbt bei V ein Fahrrad im eigenen Namen und erhält das Fahrrad ausgehändigt. Das Fahrrad wird bei H gepfändet. Kann E erfolgreich die Drittwiderspruchsklage gemäß § 771 ZPO erheben, weil er Eigentümer ist?

Eigentumserwerb des E gemäß §§ 929, 164, 868

(I) **Einigung** V – E: V, der den Kaufpreis bekommen hat, hat ein Einigungsangebot an den abgegeben, den es angeht. Es war ihm gleichgültig, ob der handelnde H oder ein Dritter Eigentümer wurde. Dieses Einigungsangebot hat H nicht für sich, sondern für E angenommen, weil er dem E gegenüber aufgrund des Auftrags zur Eigentumsübertragung verpflichtet war und für E erwerben wollte. H hat das Einigungsangebot mit Vollmacht des E angenommen.
Dass H nicht im fremden Namen die Annahme erklärt hat, ist unschädlich.
(II) Die **Übergabe** ist erfolgt: Der Erwerber E hat mit der Aushändigung des Fahrrads an H den mittelbaren Besitz gemäß § 868 erworben – der zwischen E und H bestehende Auftrag i.S.v. § 662 ist ein Rechtsverhältnis i.S.d. § 868. Daraus ergab sich ein Herausgabeanspruch. H hatte auch Fremdbesitzerwillen.[84]

Der Veräußerer V hat den Besitzerwerb durch Übertragung des unmittelbaren Besitzes an H veranlasst und damit jegliche Besitzposition willentlich verloren.

Da E Eigentum erworben hat, kann er erfolgreich Drittwiderspruchsklage gemäß § 771 ZPO erheben.

Beachte: Es findet ein **Direkterwerb** des E von V statt. H wird auch nicht für eine juristische Sekunde Eigentümer, da die Einigung unmittelbar zwischen V und E wirkt.

2.2.2 Der Veräußerer übereignet an den mittelbaren Stellvertreter

Übereignet der Veräußerer hingegen an den mittelbaren Vertreter, findet ein Direkterwerb des Vertretenen, für den der mittelbare Vertreter tätig wird, nicht statt, sodass der mittelbare Vertreter das Eigentum durch ein selbstständiges Rechtsgeschäft auf den Vertretenen übertragen muss. Diese Übereignung kann erfolgen

▶ aufgrund einer vorweggenommenen Einigung und eines vorweggenommenen Besitzmittlungsverhältnisses oder

▶ durch Vornahme eines In-sich-Geschäfts gemäß § 181.

---

84 Vgl. Weber JuS 1998, 577, 582.

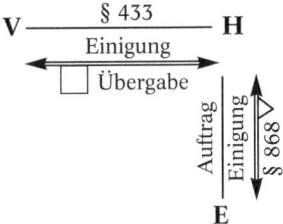

Beispiel: Der E beauftragt den ihm bekannten Kunsthändler H, für ihn einen bemalten Schrank für die Diele zu kaufen. E zahlt einen Vorschuss i.H.v. 8.000 €. H erwirbt bei V einen Schrank für 9.500 € und stellt ihn in seinem Lager unter.

Hat E schon vor der Benachrichtigung durch H das Eigentum erworben?

E kann das Eigentum nur von H gemäß §§ 929 ff. erworben haben (da E kein Angebot an den, den es angeht, abgegeben hat).

(I) **Einigung:** Bei der Auftragserteilung bestand bereits Einigkeit darüber, dass E das Eigentum an dem von H zu erwerbenden Schrank erhalten sollte, zumal der E dem H einen Vorschuss i.H.v. 8.000 € gezahlt hatte.

(II) **Übergabe** bzw. **Übergabesurrogat**
(1) Eine Übergabe nach § 929 ist nicht erfolgt, weil der Veräußerer H Besitzer geblieben ist.
(2) **Besitzkonstitut, § 930:** H ist im Besitz der Sache. Der Auftrag des E an H ist ein Rechtsverhältnis i.S.d. § 868, aus dem sich ein Herausgabeanspruch ergibt. Mit der Durchführung des Auftrags hat H zum Ausdruck gebracht, dass er für E besitzen will.

Beachte: Wenn auch das Rechtsverhältnis, dass das Besitzmittlungsverhältnis begründet, vorweggenommen werden kann, kommt das Besitzmittlungsverhältnis bezüglich der Sachen erst dann zustande, wenn der Besitzmittler an den Sachen Besitz ergreift.

Nach überwiegender Auffassung ist mit der Durchführung des Auftrags der Fremdbesitzerwille hinreichend zum Ausdruck gebracht. Eine besonders erkennbare Ausführungshandlung nach dem Besitzerwerb ist **nicht** erforderlich.[85]

Abwandlung des Beispielfalls: Der H ist von mehreren Kunden gebeten worden, einen bemalten Schrank für sie zu erwerben. Auf einer Geschäftsreise kauft H bei V einen Schrank und stellt diesen in seinem Lager unter, sodann verständigt er den E. Wann wird E Eigentümer?

Es bestehen zwei Möglichkeiten der Eigentumsübertragung:

(I) Übertragung gemäß §§ 929 S. 1, 930 durch In-sich-Geschäft des mittelbaren Vertreters.
(1) H einigt sich mit sich als Vertreter des E spätestens zu dem Zeitpunkt, als er den E verständigt (§ 181). Damit hat er zum Ausdruck gebracht, dass er den Schrank für E erwerben will. Dieses In-sich-Geschäft ist wirksam, weil dem H der Abschluss des Geschäfts gestattet war.
(2) H schließt als Vertreter des E mit sich ein Rechtsverhältnis i.S.d. § 868, nämlich einen Verwahrungsvertrag, aus dem sich ein Herausgabeanspruch ergibt.
Allerdings müssen sowohl die Einigungserklärung i.S.v. § 929 S. 1 als auch der Abschluss des Besitzmittlungsverhältnisses **nach außen erkennbar** sein.[86] Dies kann durch gesonderte Aufbewahrung, Kennzeichnung oder Anzeigen bzw. Vermerke geschehen.[87] Mit der Verständigung des E bringt H seinen Fremdbesitzerwillen nach außen erkennbar zum Ausdruck.
(II) Übertragung gemäß §§ 929 S. 1, 930 durch Vereinbarung zwischen mittelbarem Stellvertreter und Erwerber.
(1) H macht mit der Verständigung dem E ein Angebot zur Übereignung, das E dann spätestens mit dem Abholen des Schranks bei H annimmt.
(2) Mit der Verständigung des E macht H auch ein Angebot zum Abschluss des Verwahrungsvertrags. E nimmt dieses Angebot an. Aus dem Verwahrungsvertrag ergibt sich ein Herausgabeanspruch, und H will für E besitzen.

Welche dieser beiden Konstruktionen im Einzelfall gewollt ist, muss durch Auslegung ermittelt werden.

---

85 MünchKomm/Quack § 930 Rdnr. 34–37; Staudinger/Wiegand § 930 Rdnr. 32; Westermann/Westermann § 41 III 2; a.A. RGRK/Pikart § 930 Rdnr. 27.
86 Bamberger/Habermeier § 181 Rdnr. 43 f.
87 Staudinger/Wiegand § 930 Rdnr. 35.

Beachte: In beiden Konstellationen liegt kein Direkterwerb des Erwerbers vom Veräußerer vor. Vielmehr hat der mittelbare Stellvertreter jedenfalls für eine juristische Sekunde Eigentum erworben. Dieses kann daher in diesem Moment mit einem Pfandrecht belastet werden, in den Haftungsverband einer Hypothek fallen oder in ähnlicher Weise belastet auf den Erwerber übergehen.

4. Abschnitt: Die Eigentumsübertragung an den Ehegatten oder den Lebensgefährten

1. Die Eigentumsübertragung an den Ehegatten

Nach § 1357 Abs. 1 werden bei Geschäften zur angemessenen Deckung des Lebensbedarfs grundsätzlich beide Ehegatten berechtigt und verpflichtet. Diese Regelung hat allerdings nach heute ganz h.M. keine dingliche Wirkung. Der Eigentumserwerb der Eheleute erfolgt nach den §§ 929 ff. Dabei ist grds. davon auszugehen, dass die Eheleute Miteigentum zu gleichen Teilen erwerben.[88]

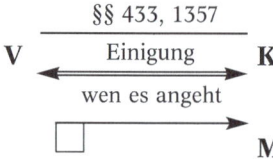

Beispiel: Frau K erwirbt mit ihrem Geld ein 6-teiliges Essservice für 1.100 €. Ein Gläubiger des Ehemannes M möchte den Miteigentumsanteil des M pfänden.

(A) Ein Erwerb des Miteigentums des M gemäß §§ 929 S. 1, 1357 scheidet aus, da § 1357 keine dingliche Wirkung hat.
(B) M könnte gemäß § 929 S. 1 Miteigentum erworben haben.
(I) Einigung?
(1) Bei Bargeschäften des täglichen Lebens wie hier bei dem bar bezahlten Erwerb von Haushaltsgegenständen ist es dem Veräußerer gleichgültig, wer von den Eheleuten das Eigentum erwirbt. Die Erklärung des Veräußerers ist deshalb dahin zu verstehen, dass er ein Übereignungsangebot an den abgibt, den es angeht.
(2) Die Annahme dieses Einigungsangebots durch K:
Mit der Entgegennahme des Geschirrs brachte die K konkludent zum Ausdruck, dass sie dieses Geschirr für den gemeinsamen Haushalt erwerben will, also nicht nur für sich, sondern unabhängig davon, mit welchen Mitteln der Hausrat bezahlt worden ist, für die Eheleute erwerben will.[89]
(II) Die Übergabe ist dadurch erfolgt, dass M auf Veranlassung des V Mitbesitz i.S.d. § 866 erlangt hat.
M hat gemäß § 929 S. 1 Miteigentum erworben.

 Beachte: Anders nach § 1370: Werden unbrauchbare Haushaltsgegenstände durch neue ersetzt, fallen sie in das Eigentum desjenigen Ehegatten, dem der ursprüngliche Haushaltsgegenstand gehörte (dingliche Surrogation).

---

88 BGHZ 114, 74[@]; OLG Köln NJW-RR 1996, 904; MünchKomm/Wacke § 1357 Rdnr. 37; Palandt/Brudermüller § 1357 Rdnr. 20; a.A. Lüke JR 1992, 287, 288; Brötel Jura 1992, 470, 473; Gursky JZ 1997, 1094, 109.
89 BGHZ 114, 74, 80[@]; OLG Koblenz FamRZ 1992, 1303, 1304[@]; a.A. Brötel Jura 1992, 470, 475; Kick JZ 1992, 219, 220; Lüke JR 1992, 287, 288; Gursky JZ 1997, 1094, 1099; MünchKomm/Wacke § 1357 Rdnr. 37: Danach erwirbt der handelnde Ehegatte Alleineigentum, wenn er die Sache mit eigenen Mitteln bezahlt.

2. Der Eigentumserwerb von Haushaltsgegenständen in einer nichtehelichen Lebensgemeinschaft

Nach der Rechtsprechung gelten die allgemeinen Regeln der §§ 929 ff. Ein Erwerb nach den Grundsätzen des Geschäfts, wen es angeht, setzt auf der Erwerberseite den entsprechenden Erwerbswillen voraus. Streitig ist dabei, ob der Partner, der die Gegenstände mit eigenen Mitteln anschafft, im Zweifel Alleineigentum erwerben will.[90]

5. Abschnitt: Das Verhältnis des Verpflichtungs- zum Verfügungsgeschäft

Das Verpflichtungs- und das Verfügungsgeschäft bilden eine wirtschaftliche Einheit.

Verpflichtungsgeschäfte sind alle Rechtsgeschäfte, die ein Schuldverhältnis begründen, die also mindestens einen Anspruch des Gläubigers auf ein Tun oder Unterlassen des Schuldners begründen.

Verfügungsgeschäfte sind alle Rechtsgeschäfte, die auf eine Rechtsänderung gerichtet sind.

Die Trennung zwischen Verpflichtungsgeschäft und Verfügungsgeschäft ist eines der wesentlichen Prinzipien des deutschen Zivilrechts (Trennungsprinzip). Im unmittelbaren Zusammenhang damit steht die Unabhängigkeit des Verfügungsgeschäfts von der Wirksamkeit des Verpflichtungsgeschäfts (Abstraktionsprinzip).

Erst mit der wirksamen Vornahme **beider** Rechtsgeschäfte, dem **Veräußerungsgeschäft**, tritt der vom Erwerber erstrebte wirtschaftliche Erfolg, nämlich das Eigentum an der Sache behalten zu dürfen, ein.

Anm.: Umstritten ist, ob das Kausalgeschäft mit dem Erfüllungsgeschäft durch Vereinbarung zu einem **einheitlichen Rechtsgeschäft i.S.d. § 139** zusammengefasst werden kann, mit der Folge, dass die Nichtigkeit des Grundgeschäfts die Nichtigkeit des Verfügungsgeschäfts nach sich zieht. Die h.M. bejaht dies (siehe schon oben S. 3).

---

90 OLG Hamm NJW 1989, 909[@]; OLG Köln MDR 1995, 1235; Palandt/Brudermüller Einl. v. § 1297 Rdnr. 20; a.A. OLG Düsseldorf NJW 1992, 1706, 1707[@], wonach es auf die Umstände des Einzelfalles ankomme.

Die Eigentumsübertragung gemäß §§ 929–931

I. Einigung	Konkludente Einigung	Bestimmtheitsgrundsatz	Für das Zustandekommen gelten die allgemeinen Regeln, §§ 104 ff.
Veräußerer muss Eigentumsübertragungswillen, Erwerber muss Eigentumserwerbswillen zum Ausdruck bringen – Vertretung zulässig –	Auslegung, §§ 133, 157 ▶ bei Übergabe ▶ bei Zahlung vor Übergabe ▶ bei Abschluss des Verpflichtungsgeschäfts, wenn Eigentumswechsel mit Übergabe erstrebt ▶ Realofferte bei unbestelltem Zusenden u. öff. Anbieten	Nach dem Inhalt der Einigung muss feststehen, an welchen Sachen sich im Zeitpunkt der Vollendung des Rechtserwerbs der Eigentumswechsel vollzieht	
II. Vollziehung der Einigung	Übergabe, § 929 S. 1 ▶ Erwerber oder Geheißperson muss Besitz erlangen ▶ Veräußerer muss Besitzerwerb veranlassen (keine Vertretung) ▶ keine besitzrechtl. Position mehr beim Veräußerer	Besitzkonstitut, § 930 ▶ Veräußerer bleibt Besitzer ▶ Erwerber wird mittelbarer Besitzer (§ 868); gesetzliches BMV ausreichend ▶ bei vorweggenommenem RechtsV keine Ausführungshandlung erforderl.; anders bei In-sich-Geschäft	Abtretung des Herausgabeanspruchs, § 931 ▶ Herausgabeanspruch aus BMV o. §§ 812, 823 usw. ▶ Ist der Veräußerer besitzlos und hat er nur Anspruch aus § 985, so genügt die bloße Einigung
III. Einigsein muss bei vorweggenommener Einigung im Zeitpunkt der Übergabe bzw. des Übergabesurrogats noch gegeben sein	Widerruf der vorweggenommenen Einigung ▶ durch Veräußerer ist möglich (arg. ex §§ 873 Abs. 2, 956 Abs. 1; str.) ▶ muss zugehen		
IV. Berechtigung des Veräußerers Grds.: der verfügungsberechtigte Eigentümer	Eigentümer ist nicht verfügungsberechtigt, wenn ▶ absolute Verfügungsbeschränkungen (z.B. § 81 InsO) ▶ relative Verfügungsbeschränkungen (§§ 135, 136)	Nichteigentümer ist verfügungsberechtigt bei Verwaltung kraft Gesetzes ▶ Insolvenzverwalter ▶ Nachlassverwalter ▶ Testamentsvollstrecker	Nichteigentümer verfügt als Berechtigter, wenn er mit Einwilligung des Berechtigten handelt, § 185 Abs. 1

2. Teil: Der Erwerb vom Nichtberechtigten sowie der lastenfreie Erwerb

Der Erwerber kann i.d.R. nicht überprüfen, ob der Veräußerer **zur Eigentumsübertragung berechtigt** ist. Wäre nur der Erwerb vom verfügungsberechtigten Eigentümer möglich, würde die Sicherheit und Leichtigkeit des Rechtsverkehrs nicht unerheblich beeinträchtigt, weil der Erwerber befürchten müsste, dass er für seine erbrachte Gegenleistung das Eigentum nicht erwirbt. Andererseits soll nicht der Effekt eintreten, dass der Eigentümer durch die Verfügung eines Nichtberechtigten in jedem Falle sein Eigentum verliert. Ist der Veräußerer nicht selbst Eigentümer der Sache oder nicht verfügungsbefugt, so kollidiert das Interesse des Eigentümers, sein Eigentum nicht zu verlieren (Beharrungsinteresse), mit dem Interesse des gutgläubigen Erwerbers (Erwerbsinteresse).

Der Gesetzgeber hat diese Interessenkollision in den §§ 932 ff. so geregelt, dass das Erwerbsinteresse des Dritten in der Regel dann überwiegt, wenn der Eigentümer die Sache selbst aus der Hand gegeben hat. Der Eigentümer ist nicht schutzwürdig, wenn er den unmittelbaren Besitz auf einen Dritten übertragen hat, der somit den Eindruck erwecken kann, selbst Eigentümer zu sein. Ein gutgläubiger Dritter soll sich in diesem Fall darauf verlassen können, dass der Besitzer auch Eigentümer ist.

Anders verhält es sich hingegen, wenn dem Eigentümer insoweit kein „Vorwurf" zu machen ist, er den Rechtsschein des Besitzes bei dem Dritten selbst nicht veranlasst hat. Deshalb überwiegt in Fällen, in denen der Eigentümer den Besitz nicht willentlich aufgegeben hat, sein Beharrungsinteresse (§ 935).[91]

- Nach den **§§ 932 ff.** ist ein Erwerb des Eigentums vom Nichteigentümer daher möglich, wenn der Erwerber **gutgläubig bezüglich des Eigentums** des Veräußerers ist.

- **§ 366 HGB** ermöglicht darüber hinaus einen gutgläubigen Erwerb vom Nichteigentümer, wenn der Erwerber **gutgläubig bezüglich der Verfügungsbefugnis** des Veräußerers ist.

- Ist der Veräußerer Eigentümer, aber in seiner **Verfügungsmacht beschränkt**, kann in den gesetzlich bestimmten Fällen entsprechend §§ 932 ff. ein Erwerb vom Nichtberechtigten eintreten.

- Ist der Veräußerer Eigentümer, aber ist dieses Eigentum mit dem Recht eines Dritten belastet, ist gemäß § 936 ein **lastenfreier** Eigentumserwerb möglich.

- Ist dem Eigentümer die Sache abhanden gekommen, scheidet ein gutgläubiger (lastenfreier) Erwerb aus, § 935.

---

91 Vgl. dazu auch Schreiber Jura 2004, 238, 239.

1. Abschnitt: Gutgläubiger Erwerb nach den §§ 932 ff.

Die §§ 932 ff. enthalten – entsprechend den Übereignungsmöglichkeiten – fünf Tatbestände des gutgläubigen Erwerbs vom Nichteigentümer:

- §§ 929 S. 1, 932 Abs. 1 S. 1: Übereignung durch **Übergabe** – Gutglaubenserwerb durch Besitzerlangung
- §§ 929 S. 2, 932 Abs. 1 S. 2: Übereignung „**kurzer Hand**" – Gutglaubenserwerb durch **vorherige Besitzerlangung** von dem Veräußerer
- §§ 929, 930, 933: Übereignung durch **Besitzkonstitut** – Gutglaubenserwerb im Zeitpunkt der **unmittelbaren Besitzerlangung von dem Veräußerer**
- §§ 929, 931, 934, 1. Alt.: Übereignung durch **Abtretung des Herausgabeanspruchs** – Gutglaubenserwerb im Zeitpunkt der **Abtretung**, wenn Veräußerer tatsächlich mittelbarer Besitzer ist
- §§ 929, 931, 934, 2. Alt.: Übereignung durch **Abtretung des Herausgabeanspruchs** – Gutglaubenserwerb im Zeitpunkt der **Herausgabe** der Sache durch den Dritten

Diesen Tatbeständen ist gemeinsam, dass zunächst die normalen Erwerbsvoraussetzungen mit Ausnahme der Berechtigung des Veräußerers gegeben sein müssen. Es muss eine Einigung vorliegen, diese muss durch Übergabe oder die Vereinbarung eines entsprechenden Übergabesurrogats vollzogen sein und die Parteien müssen sich im Zeitpunkt der Übergabe bzw. des Übergabesurrogats noch einig sein.[92]

Weiterhin müssen die besonderen Voraussetzungen gegeben sein, die das Gesetz in den §§ 932–935 an die Überwindung des fehlenden Eigentums stellt.

Liegen die Voraussetzungen für einen gutgläubigen Erwerb vor, erlangt der Erwerber durch die Verfügung des Nichtberechtigten das Eigentum. Umstritten ist die Frage, ob bei einer Rückabwicklung des Geschäfts der (vormals) Nichtberechtigte das Eigentum von dem gutgläubigen Erwerber erhält.

1. Die Einigung gemäß § 929 S. 1

Der Erwerber und der Veräußerer müssen sich wirksam über den Eigentumswechsel einigen. Hinsichtlich des Inhalts der Einigung und der Art und Weise ihres Zustandekommens gelten, wie bei der Einigung des Berechtigten mit dem Erwerber, die Regeln über Rechtsgeschäfte.

---

[92] Palandt/Bassenge § 932 Rdnr. 2, § 933 Rdnr. 2, § 934 Rdnr. 2.

Durch die §§ 932 ff. wird **nur** der **Mangel** des **Eigentums** überwunden. Auch der nichtberechtigte Veräußerer muss seinen Eigentumsübertragungswillen dem Erwerber gegenüber äußern. Für die Einigungserklärungen gelten die Regeln über Rechtsgeschäfte, §§ 104 ff.

Wird für eine Partei ein nicht vertretungsberechtigter Vertreter tätig, sind die Einigungserklärungen schwebend unwirksam (§§ 177 ff.). Der Mangel der Vertretungsmacht wird nicht nach den Regeln der §§ 932 ff. geheilt.

Umstritten ist, ob ein gutgläubiger Eigentumserwerb von einem **Minderjährigen** möglich ist. Verfügt ein Minderjähriger über eine ihm gehörende Sache, ist die Verfügung wegen ihrer rechtlichen Nachteile gemäß § 107 schwebend unwirksam. Verfügt ein Minderjähriger über eine fremde Sache, liegt für ihn ein **neutrales** Geschäft vor, sodass nach h.M. ein Gutglaubenserwerb möglich sein soll.[93] Dies wird von namhaften Vertretern der Literatur kritisiert: Die §§ 932 ff. sollen nur das fehlende Eigentum überwinden. Stellt sich der Erwerber aber vor, die veräußerte Sache stehe im Eigentum des Minderjährigen, wäre die Verfügung gemäß § 107 schwebend unwirksam. Daher sei die Möglichkeit eines redlichen Erwerbs auf die Fälle zu begrenzen, in denen der Gutgläubige auch vom Berechtigten Eigentum erworben hätte; anderenfalls sei er nicht schutzwürdig.[94]

2. Übergabe bzw. Übergabesurrogate

Wie beim Erwerb vom Berechtigten muss eine Übergabe bzw. die Vereinbarung eines Übergabesurrogats vorliegen. Eine Besonderheit gilt allerdings für den gutgläubigen Erwerb gemäß §§ 929, 931, 934, 2. Alt. Anders als bei dem Erwerb vom Berechtigten gemäß §§ 929, 931 reicht für den gutgläubigen Erwerb gemäß §§ 929, 931, 934, 2. Alt. die Abtretung eines vermeintlichen Herausgabeanspruchs.[95]

3. Einigsein

Die Tatbestände des gutgläubigen Erwerbs vom Nichteigentümer setzen ebenso wie die des Erwerbs vom Berechtigten ein Einigsein im Zeitpunkt der Übergabe bzw. der Vereinbarung des Übergabesurrogats voraus. Eine vorweggenommene Einigung darf nicht widerrufen worden sein.

4. Die Überwindung des fehlenden Eigentums des Veräußerers

Das mangelnde Eigentum des Veräußerers kann nach den §§ 932 ff. unter folgenden Voraussetzungen überwunden werden:

▶ Es muss ein **rechtsgeschäftlicher Erwerb** vorliegen, und bei diesem Rechtsgeschäft muss es sich um ein **Verkehrsgeschäft** handeln.

▶ Der Veräußerer muss durch den **Rechtsschein des Besitzes** – nach Maßgabe der fünf Gutglaubenserwerbstatbestände der §§ 932 ff. – legitimiert sein.

---

[93] Erman/Michalski § 932 Rdnr. 1.
[94] Bamberger/Kindl § 932 Rdnr. 5; MünchKomm/Quack § 932 Rdnr. 6, 10; Medicus BR Rdnr. 540 ff.; ähnlich Braun Jura 1993, 459 ff.; Staudinger/Wiegand § 932 Rdnr. 10, 11.
[95] BGH NJW 1978, 696, 697; Soergel/Mühl § 934 Rdnr. 3.

▶ Der Erwerber muss **gutgläubig** bzgl. des Eigentums des Veräußerers sein.

▶ Die Sache darf dem Berechtigten nicht i.S.d. **§ 935** abhanden gekommen sein.

4.1 Rechtsgeschäft im Sinne eines Verkehrsgeschäfts

Die §§ 932 ff. sind nur anwendbar, wenn ein **rechtsgeschäftlicher** Erwerb erstrebt wird und es sich bei diesem Rechtsgeschäft um ein **Verkehrsgeschäft** handelt.

4.1.1 Keine Anwendung der §§ 932 ff. beim gesetzlichen Erwerb

Sinn und Zweck der Gutglaubensvorschriften ist der Schutz der Sicherheit und Leichtigkeit des Rechtsverkehrs. Daher kommt ein Gutglaubenserwerb grundsätzlich nur bei einem rechtsgeschäftlichen und nicht bei einem gesetzlichen Erwerb in Betracht.[96]

Ein gesetzlicher Erwerb ist insbesondere beim Erwerb im Wege der Universalsukzession gemäß § 1922 gegeben. Der Erbe kann nur an den Sachen Eigentum erwerben, die dem Erblasser gehörten. Beim Erwerb gemäß § 1922 handelt es sich auch dann um einen gesetzlichen Erwerb, wenn der Erblasser durch Verfügung von Todes wegen – Rechtsgeschäft – den Erben bestimmt hat.[97]

Beispiel: Der E hat seine Söhne durch Testament zu Erben eingesetzt. Nach dem Tode meldet sich X und verlangt von den Erben ein wertvolles Gemälde heraus, das X dem E geliehen hatte. Auch wenn die Erben den E gutgläubig für den Eigentümer gehalten haben, sind sie nicht Eigentümer geworden, weil sie gemäß § 1922 nur an den dem Erblasser gehörenden Sachen Eigentum erworben haben.

Ferner findet ein gutgläubiger Erwerb nicht statt beim Erwerb kraft Hoheitsakts oder bei den Erwerbstatbeständen der §§ 937 ff., 946 ff., 953 ff.

4.1.2 Verkehrsgeschäft

Nach dem Normzweck der §§ 932 ff. muss es sich bei dem Rechtsgeschäft um ein **Verkehrsgeschäft** handeln. Ein Verkehrsgeschäft liegt nicht vor bei

▶ Rechtsgeschäften, die eine Vorwegnahme der Erbfolge darstellen;

▶ (wirtschaftlicher) Personenidentität auf Veräußerer- und Erwerberseite.

A) Vorweggenomme Erbfolge

Der rechtsgeschäftliche Erwerb im Wege einer vorweggenommenen Erbfolge[98] oder einer Erbauseinandersetzung ist wie der Erwerb im Wege der Universalsukzession zu behandeln, sodass ein gutgläubiger Erwerb gem. § 932 ausscheidet.[99]

---

[96] Zeranski JuS 2002, 340.
[97] Staudinger/Gursky § 892 Rdnr. 64.
[98] Medicus BR Rdnr. 549.
[99] MünchKomm/Wacke § 892 Rdnr. 37 u. 41.

Wenn im vorhergehenden Beispiel der E im Wege einer vorweggenommenen Erbfolge das gesamte Vermögen auf einen seiner Söhne übertragen hätte, hätte dieser nicht gemäß § 932 das Eigentum an dem Gemälde erworben. Ein gutgläubiger Erwerb nach §§ 929, 932 schiede auch dann aus, wenn die Söhne als Miterben die Erbauseinandersetzung durchgeführt hätten und einem von ihnen das Eigentum an dem Gemälde zugewiesen worden wäre.

B) Personenidentität

Ein Verkehrsgeschäft liegt nur dann vor, wenn Veräußerer und Erwerber nicht nur bei rechtlicher, sondern auch bei wirtschaftlicher Betrachtungsweise **personenverschieden** sind. Es muss also mit dem Rechtsgeschäft ein Rechtssubjektswechsel erstrebt werden. Daran fehlt es, wenn auf der Erwerberseite nur Personen stehen, die, wirtschaftlich betrachtet, zugleich auch Veräußerer sind.[100]

Beispiel: Die A-GmbH hat Maschinen unter Eigentumsvorbehalt erworben. Der Geschäftsführer V veräußert diese dem alleinigen Gesellschafter der GmbH, dem A.

Mangels eines Verkehrsgeschäfts hat A nicht gutgläubig Eigentum an den Maschinen erworben, selbst wenn die Voraussetzungen des § 932 im Übrigen vorliegen sollten. Etwas anderes gilt allerdings dann, wenn auf der Erwerberseite noch eine weitere Person – wenn auch nur mit einem verhältnismäßig geringfügigen Anteil – beteiligt ist.[101]

4.2 Der erforderliche Rechtsschein des Besitzes

Die Tatbestände der §§ 932 ff. stellen weitere verschiedene Anforderungen an einen gutgläubigen Erwerb. Diesen weiteren Voraussetzungen liegt aber das gemeinsame Prinzip zugrunde, dass der Veräußerer grundsätzlich durch den **Rechtsschein des Besitzes** legitimiert sein muss. Damit ist allerdings nicht eine Besitzlage beim Veräußerer gemeint. Entscheidend ist vielmehr die Rechtsmacht des Verfügenden, dem Erwerber den Besitz zu verschaffen – **Besitzverschaffungsmacht**.[102]

▸ Im Falle des gutgläubigen Erwerbs gemäß §§ 929 S. 1, 932 Abs. 1 S. 1 reicht insoweit die Übergabe.

▸ Bei §§ 929 S. 2, 932 Abs. 1 S. 2 muss der Erwerber den Besitz vom Veräußerer erlangt haben.

▸ Für den gutgläubigen Erwerb nach §§ 929, 930, 933 ist eine Übergabe erforderlich.

▸ Bei §§ 929, 931, 934, 1. Alt. ist die Abtretung eines Anspruchs aus einem bestehenden Besitzmittlungsverhältnis notwendig.

▸ Die §§ 929, 931, 934, 2. Alt. setzen die Besitzerlangung von dem Dritten voraus.

---

[100] Medicus BR Rdnr. 548; Musielak JuS 1992, 713, 714; Schreiber/Burbulla Jura 1999, 150, 152; Zeranski JuS 2002, 341.
[101] Staudinger/Gursky § 892 Rdnr. 88 f.
[102] BGHZ 56, 123, 129 f.; Baur/Stürner § 52 Rdnr. 3; Westermann/Gursky § 45 III 1; MünchKomm/Quack § 932 Rdnr. 16; Martinek AcP 188, 573, 629; Schreiber/Burbulla Jura 1999, 150, 152.

4.2.1 Der Rechtsschein des Besitzes bei einer Übergabe gemäß §§ 929 S. 1, 932 Abs. 1 S. 1

Die Übergabe nach § 929 S. 1 setzt voraus, dass der Erwerber den Besitz auf Veranlassung des Veräußerers erlangt. Wenn aber der Veräußerer durch sein Veranlassen dem Erwerber den Besitz verschaffen kann, beweist er seine Besitzverschaffungsmacht schon dadurch, dass er in der Lage ist, eine Übergabe i.S.d. § 929 S. 1 vorzunehmen. Es fragt sich daher, ob im Rahmen des § 932 Abs. 1 S. 1 eine besondere Prüfung des Rechtsscheins des Besitzes (d.h. der Besitzverschaffungsmacht) überhaupt erforderlich ist.

▸ Überwiegend wird im Rahmen des § 932 Abs. 1 S. 1 eine besondere Prüfung des Rechtsscheins des Besitzes nicht für erforderlich gehalten. Wenn der Veräußerer zur Übergabe nach § 929 S. 1 in der Lage sei, legitimiere ihn in jedem Fall der dadurch bestehende Rechtsschein.[103]

▸ Nach der Gegenansicht ist bei § 932 Abs. 1 S. 1 das Merkmal des Rechtsscheins des Besitzes gesondert zu prüfen. Der Begriff der Übergabe habe beim Gutglaubenserwerb einen erweiterten Aufgabenbereich – zur reinen Übertragungsfunktion komme die Rechtsscheinsfunktion hinzu.[104]

▸ Für die h.M. spricht der Wortlaut des Gesetzes. Anders als § 932 Abs. 1 S. 2 (mit der Besitzerlangung vom Veräußerer), § 933 (Übergabe) oder § 934, 2. Alt. (Besitzerlangung vom Dritten) enthält § 932 Abs. 1 S. 1 keine zusätzlichen Voraussetzungen, die auf das Prinzip des Rechtsscheins des Besitzes zurückzuführen sind. Seine Besitzverschaffungsmacht dokumentiert der Veräußerer dadurch, dass er eine Übergabe i.S.d. § 929 S. 1 vornimmt.

A) Gutgläubiger Geheißerwerb

Da der Veräußerer seine Besitzverschaffungsmacht auch dadurch beweist, dass er den Besitz auf seine Weisung hin durch eine Geheißperson überträgt, reicht auch die Übertragung durch Geheißpersonen des Veräußerers für den gutgläubigen Eigentumserwerb gemäß §§ 929 S. 1, 932 Abs. 1 S. 1.[105]

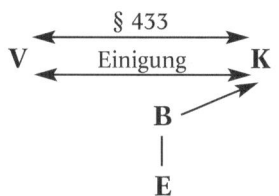

Beispiel: V hat an K ein wertvolles Bild verkauft, das B vom Eigentümer E zur Aufbewahrung erhalten hat. K hatte zuvor bei B das Bild besichtigt. B, der die Veräußerung des V billigt, überbringt das Bild dem K, nachdem dieser den Kaufpreis an V überwiesen und V daraufhin um Überbringung gebeten hatte.

K hat gemäß §§ 929 S. 1, 932 Abs. 1 S. 1 gutgläubig das Eigentum am Bild erworben.

---

103 MünchKomm/Quack § 932 Rdnr. 16; Baur/Stürner § 52 Rdnr. 13; Wieling § 10 III 1; Martinek AcP 188, 573, 628; Weber JuS 1999, 1, 2; Schreiber/Burbulla Jura 1999, 150, 153.
104 Westermann/Gursky § 47 I 1; Musielak JuS 1992, 713, 717.
105 Musielak JuS 1992, 713, 716; v.Caemmerer JZ 1963, 586 ff.; Medicus BR Rdnr. 563; Wadle JZ 1974, 689, 694; BGHZ 36, 56, 60/61@ a.E.; Medicus Jura 2001, 295.

B) Gutgläubiger Scheingeheißerwerb

Zweifelhaft ist, ob eine Übergabe auch dann vorliegt, wenn der besitzende Dritte dem Erwerber **nicht** auf Geheiß des Veräußerers die Sache ausgehändigt hat, der Erwerber jedoch gutgläubig annimmt, der besitzende Dritte sei Geheißperson des Veräußerers, wenn der Dritte also **Scheingeheißperson** ist.

Fall 7: Hemdenlieferung

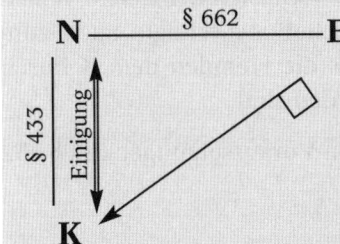

E stellt Hemden her. Er bittet den N, für ihn Hemden zu veräußern. N verkauft in eigenem Namen einen größeren Posten Hemden an K. K holt die Hemden bei E ab. Dabei geht E davon aus, dass N die Hemden in seinem Namen – des E – verkauft hat. K zahlt den Kaufpreis an N. Später verlangt E Zahlung von K oder Herausgabe der Hemden (nachgebildet BGH NJW 1974, 1132@).

(A) Anspruch des E gegen K auf Zahlung aus § 433 Abs. 2?

Da N den Kaufvertrag in eigenem Namen und nicht im Namen des E abgeschlossen hat, ist zwischen E und K kein Kaufvertrag zustande gekommen.

(B) Anspruch des E gegen K auf Herausgabe der Hemden gemäß § 985?

Der E hat sein Eigentum an den Hemden verloren, wenn N als Nichtberechtigter die Hemden gemäß §§ 929 S. 1, 932 Abs. 1 S. 1 wirksam an K übereignet hat.

(I) Die **Einigung** zwischen N und K über den Eigentumswechsel ist bereits anlässlich des Abschlusses des Kaufvertrags K – N zustande gekommen. Der N hat sich verpflichtet, unbedingtes Eigentum an den Hemden zu übertragen. Um dieser Eigentumsübertragungspflicht nachzukommen, sollte K in der Weise mitwirken, dass er die Hemden von E abholte. Die Übereignung sollte sich also mit der tatsächlichen Auslieferung – der Übergabe – vollziehen, ohne dass sich die Parteien nochmals einigen wollten.

(II) Die Hemden müssten dem K von N **übergeben** worden sein. K hat den unmittelbaren Besitz erlangt, und N hat keinerlei Besitz mehr an den Hemden. Fraglich ist aber, ob K den Besitz auf Veranlassung des Veräußerers N erlangt hat.

(1) Nach seiner eigenen Vorstellung hat der E dem K nicht auf Geheiß des N den Besitz übertragen. E wollte mit der Auslieferung der Hemden eine vermeintlich eigene Verpflichtung gegenüber K erfüllen. Nach der überwiegend in der Lit. vertretenen Auffassung hat der Veräußerer den Besitzerwerb aber nur dann veranlasst, wenn sich die Geheißperson tatsächlich und bewusst dem Willen des Veräußerers unterordnet. Wenn der Übertragende nur als Geheißperson erscheint **(Scheingeheißperson)**, liegt keine Übergabe i.S.d. § 929 S. 1 vor.[106]

(2) Nach der Rechtsprechung ist allerdings nicht der innere Wille des Übertragenden entscheidend, sondern der Empfängerhorizont des Erwerbers. Aus der Sicht des K hat E die Zuwendung der Hemden vorgenommen, damit die Eigentumsübertragungspflicht des N ihm gegenüber erfüllt werde. Vom Empfängerhorizont des K aus war der E Geheißperson des N. Eine von N veranlasste Übergabe ist danach zu bejahen.[107]

Für diese Ansicht spricht, dass rein tatsächlich der N die Übertragung des Besitzes auf den K veranlasst hat, auch wenn sich der E dem Willen des N nicht unterordnete. Die Besitzverschaffung erfolgte auch zum Zwecke der Eigentumsübertragung, sodass die Hemden dem K durch eine „Scheingeheißperson" übergeben worden sind.

(III) Die fehlende Berechtigung des N wird unter den Voraussetzungen des § 932 Abs. 1 S. 1 überwunden.

(1) Ein Verkehrsgeschäft liegt vor.

(2) Fraglich ist, ob der Rechtsschein des Besitzes zu prüfen und ob er ggf. zu bejahen ist.

(a) Nach der h.M. ist eine gesonderte Prüfung des Rechtsscheins des Besitzes im Rahmen des § 932 Abs. 1 S. 1 nicht erforderlich. Der Veräußerer beweist seine Besitzverschaffungsmacht dadurch, dass er eine Übergabe i.S.d. § 929 S. 1 vornimmt.

Danach hat man bei einer Bejahung der Übergabe zugleich den erforderlichen Rechtsschein bejaht und muss ihn im Rahmen des § 932 Abs. 1 S. 1 nicht mehr prüfen. Hat man dagegen die Übergabe verneint, ist die Prüfung bereits bei § 929 S. 1 beendet, der gute Glaube an das Vorliegen der Übergabe ist nicht geschützt.[108]

(b) Nach der Gegenansicht hat die Übergabe neben der Übertragungsfunktion noch eine Rechtsscheinsfunktion, was eine gesonderte Prüfung des Rechtsscheins bei § 932 Abs. 1 S. 1 erforderlich macht. Dabei wird überwiegend angenommen, dass die Übertragung durch eine Scheingeheißperson den Rechtsschein des Besitzes (d.h. der Besitzverschaffungsmacht) für den Veräußerer begründet.[109]

(3) Der K war im Zeitpunkt der Besitzergreifung gutgläubig, sodass der Eigentumserwerb gemäß §§ 929 S. 1, 932 Abs. 1 S. 1 eingetreten ist. Ein Anspruch aus § 985 scheidet aus.

---

[106] MünchKomm/Quack § 929 Rdnr. 145; Palandt/Bassenge § 932 Rdnr. 4; Jauernig § 932 Rdnr. 15; Tiedtke Jura 1983, 460, 464; Martinek AcP 188, 573, 606; Medicus BR Rdnr. 564; Schreiber/Burbulla Jura 1999, 150, 153.
[107] BGHZ 36, 56, 60, 61[@]; BGH NJW 1974, 1132, 1134[@]; Wieling Jura 1980, 322, 326.
[108] Schreiber/Burbulla Jura 1999, 150, 153; Medicus BR Rdnr. 564.
[109] BGHZ 36, 56, 60, 61[@]; BGH NJW 1974, 1132, 1134[@]; Westermann/Gursky § 47 I 1 a; Musielak JuS 1992, 713, 717 f.; a.A. Westermann BGB-Sachenrecht Rdnr. 194 f.

(C) E kann vom K auch nicht gemäß § 812 Abs. 1 S. 1, 1. Alt. Herausgabe der Hemden verlangen, weil K diese Hemden durch Leistung des N erlangt hat.[110]

– – –

4.2.2 Der gutgläubige Eigentumserwerb gemäß §§ 929 S. 2, 932 Abs. 1 S. 2

Ist der **Erwerber bereits im Besitz** der Sache und erfolgt die Veräußerung nach § 929 S. 2 durch **bloße Einigung**, dann hat der Erwerb vom Nichtberechtigten – außer dem normalen Erwerbstatbestand des § 929 S. 2 – zur Voraussetzung, dass „der Erwerber den Besitz von dem Veräußerer erlangt hatte" und im Augenblick der Einigung noch gutgläubig ist (§ 932 Abs. 1 S. 2).

§ 932 Abs. 1 S. 2 erfordert, dass der Erwerber den Besitz „von dem Veräußerer" erlangt hatte. Die Vorschrift setzt somit eine Besitzlage voraus, die das Vertrauen des Erwerbers auf das Eigentum des Veräußerers rechtfertigt. Erforderlich ist damit also, dass der Erwerber den Besitz durch eine „Übergabe" i.S.v. § 929 S. 1 erlangt hat: entweder unmittelbar durch den Veräußerer oder durch eine (Schein-)Geheißperson.[111]

Beispiel: (Abwandlung des Hemdenfalles – oben Fall 7)
E, der Hemden herstellt, bittet N, für ihn Hemden zu verkaufen. N nimmt Kontakt mit K auf. Dieser möchte vor Abschluss des Kaufvertrags einen Posten Hemden begutachten. N veranlasst E, dem K Hemden zur Ansicht zu liefern. K gefallen die Hemden. Er ruft N an und schließt mit diesem einen entsprechenden Kaufvertrag über die bereits angelieferten Hemden.

Hier erfolgt die Einigung über den Eigentumsübergang gemäß § 929 S. 2 zwischen N und K anlässlich des Telefonats. K ist bereits im Besitz der Hemden. N ist Nichtberechtigter, sodass die fehlende Verfügungsbefugnis nach § 932 Abs. 1 S. 2 überwunden werden kann. Dazu ist erforderlich, dass K den Besitz „von dem Veräußerer" N erlangt hat. K hat unmittelbaren Besitz erlangt und N keinerlei Besitz mehr an den Hemden. Auch wenn K den Besitz unmittelbar von E erlangt hat, so geschah dies jedoch „auf Veranlassung des N". Eine Besitzerlangung von N als Veräußerer liegt also auch hier vor.

4.2.3 Der gutgläubige Eigentumserwerb gemäß §§ 929 S. 1, 930, 933

A) Die erforderliche Übergabe gemäß § 933

Nach § 933 genügen der normale Erwerbstatbestand des § 930 und die Gutgläubigkeit nicht für den Eigentumserwerb, sondern es ist zudem erforderlich, dass die **Übergabe** der Sache an den Erwerber erfolgt. Der Begriff der Übergabe in § 933 ist mit dem des § 929 S. 1 identisch.[112]

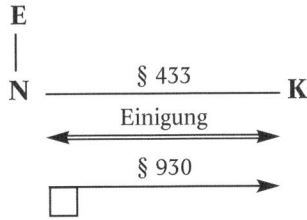

Beispiel: N verkauft dem K einen wertvollen Orientteppich, der dem E gehört. K zahlt und bittet den N, den Teppich für ihn bis zum Einzug in eine neue Wohnung aufzubewahren. Später streiten K und E um das Eigentum.

---

110 Alternativität der Kondiktionen, BGHZ 40, 272, 278.
111 Bamberger/Kindl § 932 Rdnr. 10.
112 BGH NJW 1996, 2654, 2655@; Palandt/Bassenge § 933 Rdnr. 4.

Der E hat sein Eigentum im Falle der wirksamen Übereignung des Teppichs durch N an K gemäß §§ 929 S. 1, 930, 933 verloren.

(I) N und K haben sich konkludent über den Eigentumsübergang bei der Zahlung geeinigt und mit Abschluss des Verwahrungsvertrags ein Besitzkonstitut gemäß § 930 begründet.
(II) Der gutgläubige K hat von dem Nichteigentümer N gemäß § 933 das Eigentum erworben, wenn ihm die Sache **übergeben** worden ist. Eine Übergabe liegt hier nicht vor, weil der Veräußerer N weiterhin Besitzer geblieben ist.[113]

B) Die Besitzergreifung ohne Willen des Veräußerers aufgrund einer zuvor erteilten Ermächtigung zur Besitzbegründung

Nach der Rspr.[114] reicht für die Übergabe i.S.d. § 933 die **einseitige Wegnahme** der Sache durch den Erwerber ohne Wissen des nichtberechtigten Veräußerers auch dann nicht aus, wenn der Veräußerer den Erwerber zuvor zur Wegnahme der Sache ermächtigt hatte.[115]

Beispiel: N übereignet dem K zur Sicherung von Forderungen drei Kompressoren des E und ermächtigt den K, diese Kompressoren an sich zu nehmen, falls N in Zahlungsverzug gerät. Da N nicht zahlt, nimmt K die Kompressoren ohne Wissen des N an sich. Der E verlangt von K die Kompressoren heraus.

Anspruch aus § 985, wenn E noch Eigentümer ist.
E kann sein Eigentum durch das Veräußerungsgeschäft N an K verloren haben.
(I) N–K haben sich über den Eigentumswechsel geeinigt und mit Abschluss des Sicherungsvertrags ein Besitzkonstitut begründet.
(II) Da N nicht Eigentümer war, hat der gutgläubige K das Eigentum nur dann erworben, wenn N ihm die Kompressoren **übergeben** hat. Nach dem BGH fehlt es an der Übergabe, weil N dem K den Besitz nicht willentlich übertragen hat und die einseitige Besitzergreifung aufgrund der Ermächtigung nicht ausreichend ist.

4.2.4 Der gutgläubige Eigentumserwerb gemäß §§ 929 S. 1, 931, 934

Veräußert der Nichtberechtigte die Sache an einen Gutgläubigen mittels Abtretung eines Herausgabeanspruchs, unterscheidet § 934 danach, ob der Veräußerer mittelbarer Besitzer war oder nicht.

A) Hatte der **Veräußerer mittelbaren Besitz**, geht unmittelbar mit der Einigung und Abtretung des Herausgabeanspruchs das Eigentum auf den Gutgläubigen über, § 934, 1. Alt.

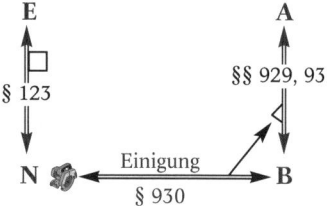

Beispiel: E hat eine Motorsäge an N übereignet, die Übereignung aber wegen arglistiger Täuschung angefochten. N übereignet die Säge zur Sicherheit an B und B überträgt diese zur Erfüllung einer Kaufverpflichtung an A, indem er (B) den Herausgabeanspruch aus dem Sicherungsvertrag mit N an A abtritt. Hat A das Eigentum erworben?

---

113 Vgl. auch OLG Saarbrücken OLG-Report 1997, 227, 228@.
114 BGHZ 67, 207, 209@.
115 Dazu Damrau JuS 1978, 519 ff.; Deutsch JZ 1978, 385 ff.; Staudinger/Wiegand § 933 Rdnr. 21 f.; Musielak JuS 1992, 713, 718. Danach genügt es für die Übergabe, wenn die Besitzergreifung aufgrund einer Ermächtigung des Veräußerers erfolgt.

Eigentumserwerb des A von B gemäß §§ 929 S. 1, 931, 934, 1. Alt.?

(I) B und A haben sich über den Eigentumswechsel geeinigt, und B hat seinen Herausgabeanspruch aus dem Sicherungsvertrag an A abgetreten.
(II) Der B war jedoch nicht Eigentümer. Er hat kein Eigentum vom N gemäß §§ 929 S. 1, 930, 933 erworben, weil N aufgrund des Sicherungsvertrags weiterhin im Besitz der Sache geblieben ist und daher keine Übergabe i.S.d. § 933 erfolgt ist.
(III) Der A hat jedoch vom Nichtberechtigten B das Eigentum gemäß § 934, 1. Alt. erworben, weil ihm ein wirksamer Herausgabeanspruch des B gegen N abgetreten worden ist und A gutgläubig war.
Vergleicht man die beiden Übereignungsvorgänge N an B und B an A, ergeben sich gegen dieses Ergebnis Bedenken, weil in beiden Fällen die Erwerber nur mittelbaren Besitz erlangen, sie aber unterschiedlich behandelt werden. Denn nur der A und nicht der B hat das Eigentum erlangt.
(1) Daher wird z.T. gefordert, diese Inkonsequenz zwischen § 933 und § 934, 1. Alt. durch eine einschränkende Auslegung des § 934, 1. Alt. zu beseitigen.[116]
(2) Nach h.M. ist dagegen eine einschränkende Auslegung des § 934, 1. Alt. gesetzwidrig.[117] Die unterschiedliche Behandlung des mittelbaren Besitzes beim gutgläubigen Erwerb in § 933 und in § 934, 1. Alt. rechtfertige sich daraus, dass von der Sache her Unterschiede bestünden: Im Falle der Übertragung gemäß §§ 929, 930, 933 bleibe der Veräußerer Besitzer, während im Falle der Übertragung gemäß §§ 929, 931, 934, 1. Alt. der Veräußerer jede besitzrechtliche Position zur Sache verliere.
Da der Veräußerer B mit der Abtretung des Herausgabeanspruchs aus dem Besitzmittlungsverhältnis mit dem N jede besitzrechtliche Position an der Sache verliert, hat A gemäß §§ 929, 931, 934, 1. Alt. gutgläubig das Eigentum erworben.

B) Der gutgläubige Erwerb nach § 934, 2. Alt.

Von der Vorschrift werden einmal die Fälle erfasst, in denen kein Besitzmittlungsverhältnis, sondern nur ein Herausgabeanspruch (z.B. §§ 812, 823) besteht. Ausreichend für den Erwerb ist aber auch die Abtretung eines behaupteten Herausgabeanspruchs.[118]

§ 934, 2. Alt. setzt voraus, dass der Erwerber „**den Besitz der Sache von dem Dritten erlangt**". Dabei reicht auch der Erwerb des **mittelbaren Besitzes**.[119] Der Dritte muss dem Erwerber den Besitz aber gerade aufgrund der Veräußerung verschafft haben; er darf nicht auf einem anderen Rechtsgrund beruhen, z.B. Leihe, oder eigenmächtig sein.

Erlangt der Erwerber mittelbaren Besitz, besteht aber gleichzeitig noch ein Besitzmittlungsverhältnis mit dem ursprünglichen Eigentümer, ist umstritten, ob dadurch „Nebenbesitz" entsteht und ob dessen Erlangung für § 934, 2. Alt. ausreicht.

I) Steht dem Veräußerer kein Herausgabeanspruch aus einem behaupteten und nicht bestehenden Besitzmittlungsverhältnis zu, dann wird der Erwerber Eigentümer, wenn er den unmittelbaren oder mittelbaren Besitz vom Dritten erlangt.[120]

---

[116] Picker AcP 188 (1988), 511, 567 ff.; Musielak JuS 1992, 713, 722; Weber JuS 1999, 1, 5.
[117] BGHZ 50, 45, 51 f.; Lange JuS 1969, 162, 165 ff.
[118] BGH NJW 1978, 696; Palandt/Bassenge § 934 Rdnr. 4.
[119] BGH NJW 1978, 696, 697; Baur/Stürner § 52 Rdnr. 22; Westermann/Gursky § 48 II 3.
[120] Palandt/Heinrichs § 934 Rdnr. 4.

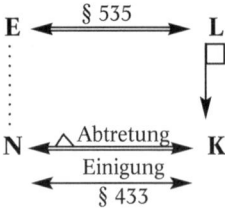

Beispiel: E hat seinen Trecker an L vermietet. N, der Sohn des E, ist in Geldverlegenheit und veräußert den Trecker an K unter Abtretung „seines" Herausgabeanspruchs aus Miete gegen L. L gibt den Trecker an K heraus. Hat K das Eigentum von N erworben?

Eigentumserwerb des K von N gemäß §§ 929, 931, 934, 2. Alt.?

(I) Die Einigung N–K ist erzielt.

(II) N hat sich mit K über die Abtretung eines Herausgabeanspruchs aus Miete geeinigt. Tatsächlich bestand dieser Anspruch nicht, da N nicht der Vermieter war. Für den Tatbestand des §§ 929, 931, 934, 2. Alt. reicht jedoch die Abtretung eines angeblichen Herausgabeanspruchs.[121]

(III) N war nicht Eigentümer. K hat aber unter den Voraussetzungen des § 934, 2. Alt. gutgläubig das Eigentum erworben.

(1) § 934, 2. Alt. setzt voraus, dass der Erwerber von dem Dritten den Besitz erlangt. L hat den Trecker an K übergeben.

(2) Da K gutgläubig war und der Trecker dem E nicht abhanden gekommen ist, hat K von N das Eigentum gemäß §§ 929, 931, 934, 2. Alt. erworben.

II) Die Erlangung mittelbaren Besitzes, wenn **mehrere Besitzmittlungsverhältnisse** bestehen

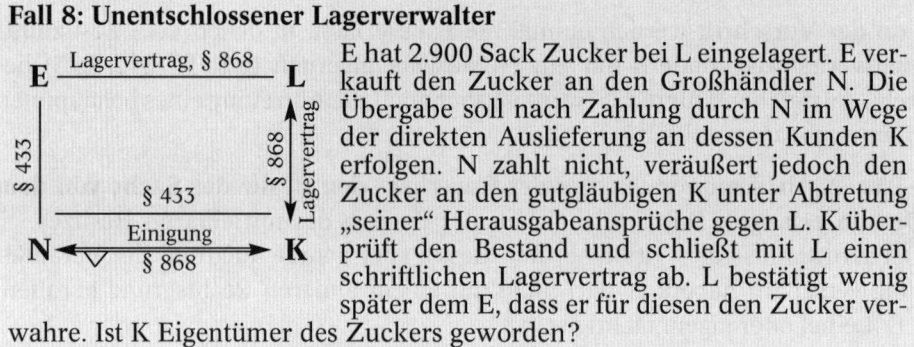

Fall 8: Unentschlossener Lagerverwalter

E hat 2.900 Sack Zucker bei L eingelagert. E verkauft den Zucker an den Großhändler N. Die Übergabe soll nach Zahlung durch N im Wege der direkten Auslieferung an dessen Kunden K erfolgen. N zahlt nicht, veräußert jedoch den Zucker an den gutgläubigen K unter Abtretung „seiner" Herausgabeansprüche gegen L. K überprüft den Bestand und schließt mit L einen schriftlichen Lagervertrag ab. L bestätigt wenig später dem E, dass er für diesen den Zucker verwahre. Ist K Eigentümer des Zuckers geworden?

Eigentumserwerb des K vom N gemäß §§ 929, 931, 934, 2. Alt.

(I) Die Einigung zwischen K und N ist gegeben.

(II) K und N haben sich über die Abtretung eines Herausgabeanspruchs des N gegen L geeinigt. Zwar hatte N keinen Herausgabeanspruch gegen L, für den gutgläubigen Erwerb nach §§ 929, 931, 934, 2. Alt. reicht jedoch die Abtretung eines vermeintlichen Herausgabeanspruchs.

(III) Die Voraussetzungen des § 934, 2. Alt. müssen vorliegen.

(1) Der Erwerber K muss den Besitz von dem Dritten erlangt haben. K und L haben einen Lagervertrag geschlossen; K könnte dadurch mittelbarer

---

121 BGH NJW 1978, 696; Palandt/Bassenge § 934 Rdnr. 4; MünchKomm/Quack § 934 Rdnr. 14.

Besitzer geworden sein. Bedenken bestehen allerdings deshalb, weil der Lagervertrag zwischen dem E und dem L fortbesteht.

(a) In der Literatur wird z.T. vertreten, dass in den Fällen, in denen der Besitzmittler den Besitz in zweifacher Richtung mittle, der bisherige mittelbare Besitzer und der Erwerber gleichstufigen mittelbaren **Nebenbesitz** erlangen. Dies gelte jedenfalls dann, wenn der Besitzmittler seine besitzrechtliche Beziehung zum bisherigen mittelbaren Besitzer nicht eindeutig aufgegeben habe, sich also doppeldeutig verhalte.[122]

Die Erlangung von Nebenbesitz soll aber für § 934, 2. Alt. nicht ausreichend sein, vor allem dann nicht, wenn es sich um Nebenbesitz mit dem tatsächlich Berechtigten handele. Solange der Eigentümer wenigstens im mittelbaren Besitz der Sache sei, könne er nach dem Rechtsgedanken des § 936 Abs. 3 sein Recht nicht verlieren.[123]

(b) Die h.M. erkennt die Figur des Nebenbesitzes nicht an. Sowohl die Eigentumsvermutung (§ 1006) als auch der Eigentumserwerb durch Ersitzung (§ 937) könnten sinnvollerweise nur auf eine Person bezogen werden. Beim Nebenbesitz würde diese klare Zuordnung aber fehlen. Mit der Begründung eines neuen Besitzmittlungsverhältnisses erlischt daher das bisherige Besitzmittlungsverhältnis. Ein etwaiger, davon abweichender innerer und nach diesem Zeitpunkt geäußerter Wille des Besitzmittlers ist unbeachtlich.[124]

Durch den Abschluss des Lagervertrags mit dem L hat K den Besitz erlangt. Ein Besitzrecht des Eigentümers E besteht nicht mehr.

(2) Da K gutgläubig war und die Sache dem E nicht abhanden gekommen ist, hat K das Eigentum gemäß §§ 929, 931, 934, 2. Alt. erworben.

– – –

4.3 Die Gutgläubigkeit des Erwerbers

Der Erwerber muss im Zeitpunkt der **Vollendung** des Rechtserwerbs gutgläubig sein.

Das ergibt sich aus einem Vergleich der §§ 932, 933, 934. In § 932 wird ausdrücklich von „der Zeit, zu der er ... das Eigentum erlangen würde" gesprochen. In §§ 933, 934 sind die Zeitpunkte der Übergabe bzw. der Abtretung oder Besitzerlangung maßgebend. Diese sind immer zugleich die letzten Erwerbsakte.

---

122 Baur/Stürner § 52 Rdnr. 24; MünchKomm/Quack § 934 Rdnr. 15; Medicus BR Rdnr. 558; Lange JuS 1969, 162, 164; Weber JuS 1999, 1, 4.
123 Wieling § 10 III 4; Bamberger/Kindl § 934 Rdnr. 3.
124 BGH NJW 1979, 2037, 2038; Tiedtke Jura 1983, 460, 465, 468; Westermann/Gursky § 48 II 3; RGZ 135, 75, 79; 138, 265, 267; Schreiber Jura 2003, 684.

Das Gesetz bestimmt in § 932 Abs. 2 die Gutgläubigkeit negativ: Bösgläubig ist derjenige, der positive Kenntnis oder grob fahrlässige Unkenntnis vom Nichteigentum des Veräußerers hat.

Nach der Formulierung des § 932 Abs. 1 S. 1 „... es sei denn ..." spricht eine Vermutung dafür, dass der Erwerber gutgläubig war. Derjenige, der sich darauf beruft, dass der Erwerber nicht gutgläubig gewesen sei und damit das Eigentum nicht erlangt habe, muss die Bösgläubigkeit beweisen.

Der gute Glaube in §§ 932 ff. bezieht sich nur auf die Eigentumsverhältnisse, nicht auch auf etwaige, auf die Sache bezogene Verpflichtungen, sodass der Erwerber nicht schon dann bösgläubig ist, wenn er weiß, dass der Veräußerer die Sache bereits an einen anderen verkauft hat.

4.3.1 Grob fahrlässige Unkenntnis des Erwerbers liegt vor, wenn er die im Verkehr erforderliche Sorgfalt in ungewöhnlich hohem Maße verletzt und das unbeachtet lässt, was im gegebenen Fall jedem hätte einleuchten müssen.[125] Über das gebotene Maß an Sorgfalt entscheiden immer die Umstände des Einzelfalles.[126]

▶ Der Erwerber ist grundsätzlich nicht verpflichtet, Erkundigungen hinsichtlich der Berechtigung des Veräußerers einzuziehen; eine **allgemeine Nachforschungspflicht besteht nicht**.[127]

▶ Es besteht auch **kein Erfahrungssatz**, dass bestimmte Waren regelmäßig als Kreditunterlage sicherungsübereignet sind.[128]

Wenn sich jedoch dem Erwerber Verdachtsgründe bezüglich der fehlenden Berechtigung des Veräußerers aufdrängen, muss er diesen nachgehen.

▶ Beim Erwerb hochwertiger Investitions- oder Konsumgüter ist mit einem Eigentumsvorbehalt des Vorlieferanten bzw. einer Sicherungsübereignung an ein Finanzierungsinstitut zu rechnen, wenn die Gegenstände vor Ablauf ihrer üblichen Finanzierungsdauer veräußert werden.[129]

▶ Erhöhte Anforderungen an die Gutgläubigkeit des Erwerbers ergeben sich, wenn der Veräußerer erkennbar außerhalb seines Geschäftskreises tätig wird.[130]

▶ Beim Kauf eines **Gebrauchtwagens** ist grobe Fahrlässigkeit anzunehmen, wenn sich der Erwerber den Kfz-Brief nicht vorlegen lässt oder der Kfz-Brief keinen bzw. einen vom Veräußerer verschiedenen Halter ausweist und der Erwerber keine Nachforschungen über die Berechtigung des Veräußerers an-

---

125 BGH NJW 1994, 2022, 2023@; BGH ZIP 2000, 146 ff.@.
126 Baur/Stürner § 52 Rdnr. 26.
127 BGH NJW 1966, 1959, 1960@; OLG Koblenz OLG Report 1998, 19; Palandt/Bassenge § 932 Rdnr. 10; Musielak JuS 1992, 713, 715.
128 BGH BB 1970, 150.
129 BGH WM 1980, 1349; BGH NJW 1999, 425 ff.; OLG Düsseldorf MDR 1994, 473@; vgl. auch Wolff/Raiser § 69 II 1; einschränkend Westermann/Gursky § 46, 2 c: Nachforschungspflicht nur dann, wenn Übersehen besonderer Umstände grob fahrlässig wäre.
130 BGH DB 1999, 428@; Medicus EWiR 1999, 215.

stellt.[131] Grob fahrlässig handelt auch, wer bei zureichender Prüfung hätte erkennen können, dass der Fahrzeugbrief gefälscht war.[132]

▸ Beim Erwerb eines Neuwagens von einem autorisierten Vertragshändler darf der Käufer regelmäßig darauf vertrauen, dass der Händler zumindest verfügungsbefugt ist.[133]

▸ Auch ein **auffälliges Missverhältnis zwischen Verkehrswert und Kaufpreis** kann eine Nachforschungspflicht des Erwerbers begründen.[134]

▸ Ebenso können es die **Umstände des Geschäftsabschlusses**, z.B. die Unüblichkeit des Ortes für einen Handel mit derartigen Sachen, erfordern, sich zusätzlich die Befugnis des Veräußerers glaubhaft machen zu lassen. Wird ein hochwertiges Musikinstrument deutlich unter Verkehrswert an einem Ort erworben, an dem üblicherweise kein Handel mit solchen Gegenständen stattfindet, kann sich der Erwerber nicht auf den guten Glauben berufen, wenn die Legitimität des Veräußerers nicht glaubhaft gemacht wurde. An die Glaubhaftmachung sind in einem solchen Fall hohe Anforderungen zu stellen.[135]

4.3.2 Bezugspunkt des guten Glaubens ist grundsätzlich das **Eigentum** des Veräußerers.[136] Eine Ausnahme besteht gem. § 142 Abs. 2: Wer die Anfechtbarkeit eines Rechtsgeschäfts kannte oder kennen musste, muss sich so behandeln lassen, als hätte er dessen Nichtigkeit gekannt.

Beispiel: K droht dem A mit einer Vergiftung seines Hundes, falls dieser ihm nicht sein Auto zu einem Sonderpreis verkauft und übereignet. In Sorge um seinen Hund leistet A der Drohung des K Folge. Wenige Tage später verkauft und übereignet K den Wagen seinem Bruder B, der von der Drohung des K weiß. Wie ist die Eigentumslage, wenn A Kaufvertrag und Übereignung wenig später erfolgreich anficht?

(I) Ursprünglich war A Eigentümer. Er hat das Eigentum an dem Wagen gem. § 929 auf K übertragen. A hat die Übereignung jedoch gem. § 123 Abs. 1 wirksam angefochten, sodass sie gem. § 142 Abs. 1 von Anfang an unwirksam ist. A ist damit zunächst Eigentümer geblieben.
(II) B könnte Eigentum von K erlangt haben, § 929. K und B haben sich über den Eigentumsübergang geeinigt, und K hat B den Wagen sofort übergeben. Allerdings war K nicht verfügungsberechtigt, da sein Eigentum in Folge der Anfechtung durch A ex tunc entfallen ist.
(III) B könnte unter den Voraussetzungen des § 932 gutgläubig Eigentum erworben haben. Im Zeitpunkt der Übereignung hielt B den K noch für den Eigentümer, da die Anfechtung durch A noch nicht erfolgt war. Allerdings wusste B, dass K dem A gedroht hatte, und kannte daher die Anfechtbarkeit der Übereignung. Gem. § 142 Abs. 2 muss sich derjenige, der die Anfechtbarkeit eines Rechtsgeschäfts kannte, so behandeln lassen, als hätte er dessen Nichtigkeit gekannt. Unterstellt, B hätte die Nichtigkeit der Übereignung gekannt, hätte er gewusst, dass K nicht Eigentümer des Wagens war. B war daher nicht gutgläubig i.S.v. § 932 Abs. 2.

A ist Eigentümer des Wagens geblieben.

---

131 BGH NJW 1996, 314@; 1994, 2022, 2023@; Gursky JZ 1997, 1094, 1100; Medicus Jura 2001, 296.
132 KG MDR 2003, 1350.
133 OLG Frankfurt NJW-RR 1999, 927; LG München EWiR 2004, 649 f.; vgl. zu den Erweiterungen des Gutglaubenserwerbs unten 2. Abschnitt.
134 BGH NJW 1996, 314@.
135 OLG München NJW 2003, 673.
136 Zu Erweiterungen des Gutglaubensschutzes siehe unten 2. Abschnitt.

4.3.3 Wenn bei der **Einigung** für den Erwerber ein **Vertreter** handelt, kommt es auf die Gutgläubigkeit des Vertreters an, § 166 Abs. 1.[137]

Handeln **mehrere** Vertreter, schadet bereits die Bösgläubigkeit eines Vertreters. (Beliebter Merksatz: „Ein faules Ei verdirbt den Brei.")

Wenn der Vertreter jedoch nach bestimmten **Weisungen** handelt, ist bei der rechtsgeschäftlichen Vertretung sowohl die Gutgläubigkeit des Vertretenen als auch die des Vertreters erforderlich, § 166 Abs. 2. Der Begriff der Weisungen ist weit auszulegen. Für die Anwendung des § 166 Abs. 2 reicht es aus, wenn der Bevollmächtigte im Rahmen der Vollmacht zu einem bestimmten Rechtsakt schreitet, zu dessen Vornahme ihn der Vollmachtgeber veranlassen wollte.[138]

Auf die **gesetzliche Vertretung** ist § 166 Abs. 2 grundsätzlich nicht anwendbar, weil der Vertretene nicht weisungsberechtigt ist.[139] Ausnahmsweise ist § 166 Abs. 2 aber auch auf die gesetzliche Vertretung entsprechend anzuwenden, wenn nach Sinn und Zweck des Gesetzes eine gleiche Behandlung dieser Fälle mit denen der rechtsgeschäftlichen Vertretung geboten ist.[140]

Beim Erwerb durch eine **juristische Person** ist deren Bösgläubigkeit schon dann anzunehmen, wenn ein Organ die Nichtberechtigung des Veräußerers kennt. Darauf, ob die handelnde Organperson bösgläubig ist, kommt es nicht an.[141]

4.3.4 Werden für den Erwerber **beim Besitzerwerb** Hilfspersonen tätig, ist nach h.A. deren Gut- oder Bösgläubigkeit ohne Belang. Diesen obliegt auch keine Erkundungspflicht.[142]

4.3.5 Handelt der Erwerber nur **leicht fahrlässig**, ist er nach § 932 Abs. 2 nicht bösgläubig, sodass ein gutgläubiger Eigentumserwerb in Betracht kommt. Der Erwerber ist dann auch vor Schadensersatzansprüchen des früheren Eigentümers aus §§ 823, 249 geschützt. Teilweise wird angenommen, dass bereits keine tatbestandsmäßige Eigentumsverletzung i.S.v. § 823 vorliege.[143] Soweit dies bejaht wird, wird den §§ 932 ff. als spezialgesetzlicher Regelung jedoch der Vorrang eingeräumt.[144] Andernfalls wäre die Begrenzung der Bösgläubigkeit in § 932 Abs. 2 auf Vorsatz und grobe Fahrlässigkeit ohne Sinn, da dann im Ergebnis der Erwerber auch bei leichter Fahrlässigkeit zur Rückübereignung nach §§ 823, 249 verpflichtet wäre.

4.4 Der Ausschluss des Erwerbs vom Nichtberechtigten gemäß § 935

Der Eigentümer soll sein Eigentum grundsätzlich nur dann verlieren, wenn er den **Rechtsschein** des Besitzes aufseiten des nichtberechtigten Veräußerers zurechenbar gesetzt hat. Denn nur dann ist es gerechtfertigt, den Erwerber – durch

---

137 BGH NJW 1999, 425, 426@; 1982, 38, 39; Staudinger/Wiegand § 932 Rdnr. 97; Soergel/Henssler § 932 Rdnr. 31.
138 BGHZ 38, 65, 68@; 50, 364, 368; 51, 141, 147; Baur/Stürner § 52 Rdnr. 32.
139 Staudinger/Wiegand § 932 Rdnr. 97; Staudinger/Schilken § 166 Rdnr. 30.
140 BGHZ 38, 65, 67@.
141 Westermann/Gursky § 46 III b.
142 Staudinger/Wiegand § 932 Rdnr. 98; Erman/Michalski § 932 Rdnr. 7.
143 Palandt/Thomas § 823 Rdnr. 10.
144 Bamberger/Kindl § 932 Rdnr. 8.

Eigentumserwerb – mehr zu schützen als den Eigentümer, der in diesem Fall sein Eigentum verliert.[145]

Zurechenbar ist der Rechtsschein dann gesetzt, wenn der Eigentümer die Sache **willentlich** aus der Hand gegeben hat. Unter Berücksichtigung dieses Grundsatzes ist das Merkmal „abhanden kommen" zu interpretieren. Danach bedeutet es: **unfreiwilliger Verlust des unmittelbaren Besitzes beim Eigentümer**. Unfreiwillig ist der Verlust schon, wenn er sich **ohne den Willen des Besitzers** vollzieht; ein Besitzverlust gegen seinen Willen ist nicht erforderlich. Anknüpfungspunkt ist aber stets der unmittelbare Besitz: Falls der Eigentümer lediglich mittelbarer Besitzer ist, ist erforderlich, dass dem unmittelbaren Besitzer der Besitz ohne seinen Willen entzogen worden ist, § 935 Abs. 1 S. 2.[146]

4.4.1 Wenn ein vertretungsberechtigtes Organ einer juristischen Person den Besitz unbefugt weggibt, liegt kein Abhandenkommen vor.[147]

Die juristische Person übt den Besitz durch ihre Organe aus. Wenn die Organe die tatsächliche Sachherrschaft innehaben, ist die juristische Person Besitzer (sog. Organbesitz); die juristische Person erwirbt durch ihre Organe selbst Besitz, ohne dass die Organe Besitzdiener oder Besitzmittler sind.[148]

4.4.2 Umstritten ist, ob ein Abhandenkommen gegeben ist, wenn der **Besitzdiener** die Sache ohne Einverständnis des Geschäftsherrn in eigenem Namen weggibt, aber nach den gesamten Umständen vom Erwerber als unmittelbarer Besitzer der Sache angesehen werden darf. Die h.M. behandelt die Veruntreuung durch den Besitzdiener als **unfreiwilligen Besitzverlust** des unmittelbaren Besitzers und damit als Abhandenkommen.[149]

Begründung: Das Gesetz stelle bei der Ermittlung der wahren Besitzlage nirgends darauf ab, ob man im Rechtsverkehr jemanden nach dem äußeren Anschein für den Besitzer halten könne; es komme immer auf die **objektive Besitzlage** an.

Ein Teil der Literatur geht hingegen davon aus, dass ein Abhandenkommen im Falle der Veruntreuung der Sache durch den Besitzdiener nicht vorliege, wenn der Besitzdiener nach außen durch nichts von einem Besitzer zu unterscheiden sei und tatsächlich auf die Sache einwirken könne. In diesem Falle stehe der Besitzdiener dem Besitzmittler gleich. Wenn der Besitzmittler als unmittelbarer Besitzer den Besitz willentlich aufgebe, sei dem Eigentümer die Sache nicht abhanden gekommen. Dasselbe müsse für den Besitzdiener gelten, wenn er wie ein Besitzmittler aufgetreten sei.[150]

---

145 Ausführlich zu § 935: Schreiber Jura 2004, 238 ff.
146 Baur/Stürner § 52 Rdnr. 37; Staudinger/Wiegand § 935 Rdnr. 4; Medicus Jura 2001, 296.
147 Baur/Stürner § 52 Rdnr. 39; Palandt/Bassenge § 854 Rdnr. 13, § 935 Rdnr. 9.
148 BGHZ 57, 166, 167@; Palandt/Bassenge § 854 Rdnr. 13, § 935 Rdnr. 9.
149 OLG Köln OLGR 2005, 395; Musielak JuS 1992, 713, 723; Witt AcP 201, 165, 185; Palandt/Bassenge § 935 Rdnr. 8; Baur/Stürner § 52 Rdnr. 39; Westermann/Gursky § 49 I 6; Soergel/Henssler § 935 Rdnr. 8.
150 Erman/Michalski § 935 Rdnr. 6; MünchKomm/Joost § 855 Rdnr. 23; Staudinger/Wiegand § 935 Rdnr. 14.

Beispiel: Der Bauer B aus Kuhdorf schickt seinen Verwalter K mit zwei Kühen zur Zuchtviehversteigerung nach Hamm. K hat mit seinem Lkw in Frankfurt einen längeren Aufenthalt. Er amüsiert sich und gerät in Schulden. Deshalb verkauft er eine Kuh an den Metzgermeister M für 900 €. Als B davon erfährt, verlangt er von M die Kuh heraus. M beruft sich darauf, dass er den K gutgläubig für den Eigentümer der Kuh gehalten habe.
(1) K hat sich mit M im eigenen Namen über den Eigentumsübergang geeinigt und die Kuh übergeben.
(2) Da K nicht Eigentümer der Kuh war, kommt nur ein Erwerb vom Nichtberechtigten in Betracht.
(a) Dies ist nach h.M. nicht möglich, da die Kuh dem B abhanden gekommen ist.
(b) Nach der Gegenansicht liegt kein Abhandenkommen vor, da der K sich durch nichts von einem Besitzmittler unterschied.

4.4.3 Dem **wahren Erben** kommt die Sache, die ohne sein Wissen aus dem Nachlass entfernt wird, abhanden, sofern der Erblasser unmittelbarer Besitzer war. Nach § 857 geht der Besitz ohne weiteres auf den Erben über.[151] Ist hingegen derjenige, der als Nichtberechtigter über den Nachlassgegenstand verfügt, aufgrund eines Erbscheins als Erbe ausgewiesen, erlangt der Erwerber das Eigentum. Auch wenn die bewegliche Sache dem wahren Erben abhanden gekommen ist (§ 935), ist der Erwerber nach § 2366 geschützt.[152]

4.4.4 Ob ein **Entzug oder eine willentliche Übertragung** des Besitzes vorliegt, bestimmt sich grundsätzlich danach, ob der Besitzer bei der Übertragung des Besitzes einen tatsächlichen Besitzübertragungswillen hatte.

▶ Eine willentliche Übertragung des Besitzes liegt auch dann vor, wenn der Besitzer sich **bei der Übergabe** der Sache **geirrt** hat oder getäuscht wurde, solange er im Zeitpunkt der Weggabe tatsächlichen Besitzübertragungswillen hatte. Eine Anfechtung dieses nicht rechtsgeschäftlichen Besitzübertragungswillens gemäß §§ 119 ff. scheidet aus.[153]

▶ Eine willentliche Besitzübertragung ist abzulehnen, wenn der Besitz aufgrund **unwiderstehlicher** physischer **Gewalt** oder eines gleichwertigen psychischen Zwangs entzogen wird.[154]

▶ Ist die Weggabe durch eine **widerrechtliche Drohung** veranlasst worden, ist streitig, ob die Sache dem Besitzer abhanden gekommen ist. Die h.M. in der Literatur nimmt einen unfreiwilligen Besitzverlust an, da dem Besitzer die Zwangslage und daher auch die Unfreiwilligkeit bewusst gewesen sei.[155]

Die Rechtsprechung lehnt einen unfreiwilligen Besitzverlust ab, wenn dem Bedrohten die Möglichkeit eines Abwägens des Für und Wider der Besitzaufgabe trotz der Intensität der Drohung verbleibt.[156]

---

151 Baur/Stürner § 52 Rdnr. 40.
152 Palandt/Edenhofer § 2366 Rdnr. 7.
153 BGHZ 4, 10, 34 ff.; Palandt/Bassenge § 935 Rdnr. 5.
154 BGH NJW 1953, 1506, 1507@.
155 Baur/Stürner § 52 Rdnr. 43; Westermann/Gursky § 49 I 3; Staudinger/Wiegand § 935 Rdnr. 11; Palandt/Bassenge § 935 Rdnr. 5; Tiedtke, Gutgläubiger Erwerb, 1985, S. 42.

▶ Die Weggabe der Sache durch einen **Geschäftsunfähigen** ist nach h.M. unfreiwillig.[157] Ob dem Besitzer, der als **beschränkt Geschäftsfähiger** die Sache weggegeben hat, diese abhanden gekommen ist, ist umstritten.

Die wohl h.M.[158] stellt darauf ab, ob im Einzelfall die Fähigkeit bestanden hat, sich über die Bedeutung der Besitzweggabe ein zutreffendes Bild zu machen. Ebenso Westermann/Gursky,[159] der aber davon ausgeht, dass regelmäßig das erforderliche Urteilsvermögen vorliegen wird. Nitschke[160] und Flume[161] wenden schließlich die §§ 107 ff. entsprechend an.

▶ Die Sache ist nicht abhanden gekommen, wenn sie dem unmittelbaren Besitzer aufgrund eines rechtmäßigen staatlichen Hoheitsakts weggenommen wird.

4.4.5 Fraglich ist, ob eine Sache i.S.d. § 935 Abs. 1 abhanden kommt, wenn einem **unmittelbaren Besitzer** die Sache entzogen wird, der **nicht** für den **Eigentümer besitzt**.

Beispiel: M hat vom E ein Boot geleast. Nach Ablauf des Leasingvertrags erklärt M dem E, dass er das Boot für sich behalte. E widerspricht. Bald darauf wird dem M das Boot gestohlen. Der Dieb D veräußert das Boot an den gutgläubigen G. Hat G gemäß §§ 929, 932 das Eigentum erworben, wenn die Eigenbesitzbegründung des M unzulässig war?
(I) Einigung D–G (+)
(II) Übergabe D an G (+)
(III) Zwar keine Berechtigung des D, aber Erwerb vom Nichtberechtigten gemäß §§ 932 ff.?
(1) Verkehrsgeschäft D–G (+); Rechtsschein des Besitzes spricht für D, und G war gutgläubig im Zeitpunkt der Besitzbegründung.
(2) Aber kein Erwerb, wenn das Boot abhanden gekommen ist gemäß § 935.
(a) Nach dem Wortlaut des § 935 Abs. 1 liegt kein Abhandenkommen vor, weil der Eigentümer E nicht unmittelbarer Besitzer war und der unmittelbare Besitzer M, dem die Sache entzogen worden ist, nicht (mehr) für den Eigentümer besaß, also nicht dessen Besitzmittler war.
(b) Fraglich ist, ob § 935 analog anzuwenden ist.
(aa) Zum Teil wird die Auffassung vertreten, dass eine Analogie mit Rücksicht auf die eindeutige abschließende Regelung ausscheide. Danach hat G mangels Abhandenkommens gutgläubig das Eigentum erworben.[162]
(bb) Eine Mindermeinung wendet § 935 analog an: Es liege eine Regelungslücke vor und nach Sinn und Zweck des § 935 müsse ein Abhandenkommen immer dann schon bejaht werden, wenn aufseiten des Eigentümers ein unfreiwilliger Besitzverlust eingetreten sei.[163] Dieser Auffassung dürfte zuzustimmen sein. Allein der Wortlaut der gesetzlichen Regelung ist nicht maßgebend. Vielmehr ist entscheidend, ob der regelungsbedürftige Lebenssachverhalt unter Berücksichtigung des Sinns und Zwecks von der gesetzlichen Regelung erfasst wird.
Danach hat G kein Eigentum erworben, weil die Sache dem E abhanden gekommen ist.

---

156 BGH NJW 1953, 1506, 1507@.
157 OLG München NJW 1991, 2571@; Staudinger/Wiegand § 935 Rdnr. 9 f.
158 Baur/Stürner § 52 Rdnr. 42; Palandt/Bassenge § 935 Rdnr. 3; Staudinger/Wiegand § 935 Rdnr. 10; MünchKomm/Quack § 935 Rdnr. 9; Erman/Michalski § 935 Rdnr. 4.
159 Westermann/Gursky § 49 I 3.
160 Nitschke JuS 1968, 541, 543.
161 Flume, Das Rechtsgeschäft, 4. Aufl., § 13, 11 d.
162 Raiser JZ 1951, 270; Staudinger/Wiegand § 935 Rdnr. 6; Palandt/Bassenge § 935 Rdnr. 3; Westermann/Gursky § 49 I 5.
163 Baur/Stürner § 52 Rdnr. 38; Musielak JuS 1992, 713, 723; Braun JZ 1993, 391, 395 f.

4.5 Der Rückerwerb durch den Nichtberechtigten

Veräußert ein Nichtberechtigter eine Sache an einen gutgläubigen Erwerber und überträgt dieser das Eigentum auf ihn zurück, so kann der ursprüngliche Nichtberechtigte eigentlich vom Berechtigten Eigentum erwerben.

Dies soll nach h.M. aber nicht gelten, wenn die Rückübertragung lediglich der Rückabwicklung des Kausalgeschäfts dient (z.B. wegen Rücktritts- oder nach Bereicherungsrecht) oder ein derartiger Rückerwerb bereits vorgesehen war (Sicherungsübereignung). In diesen Fällen soll der ursprüngliche Eigentümer das Eigentum „automatisch" zurückerwerben.[164]

Der gutgläubige Erwerb einerseits und der Rückerwerb seien rechtlich als Einheit zu betrachten, sodass bei Rückabwicklung die ursprüngliche Rechtslage entstehe.

Dieses Ergebnis wird zum Teil lediglich mit Sinn und Zweck des gutgläubigen Erwerbs und dem „Rechtsgefühl" begründet.[165]

Andere lehnen es deswegen als „nicht konstruierbar" ab. Im Übrigen bestehe kein praktisches Bedürfnis, da der Nichtberechtigte, der Eigentum erworben habe, dem ursprünglichen Eigentümer schuldrechtlich aus §§ 823 Abs. 1, 249 oder §§ 280 Abs. 1, 249 bzw. §§ 812 ff. zur Rückübertragung verpflichtet sei.[166]

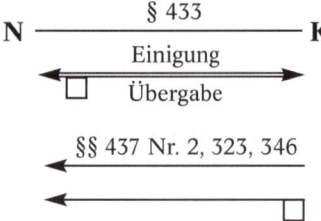

Beispiel: Der N verkauft und übereignet dem gutgläubigen K eine Maschine, die dem E gehört. Wegen eines Mangels erklärt K den Rücktritt vom Kaufvertrag und gibt die Maschine an N zurück.

(I) K hat vom N gemäß §§ 929, 932 zum Zwecke der Erfüllung des Kaufvertrags das Eigentum an der Maschine erlangt.
(II) Nach dem Rücktritt hat K den Besitz an N zurückübertragen (§§ 437 Nr. 2, 323, 346). Nach h.M. hat der ursprüngliche Eigentümer E das Eigentum zurückerworben. Es ist nicht auf den N übertragen worden.
(III) Nach a.A. ist N Eigentümer geworden, muss dem E jedoch das Eigentum gemäß §§ 823, 249 zurückübertragen.

---

[164] Baur/Stürner § 52 Rdnr. 34; Soergel/Stürner § 892 Rdnr. 48; Erman/Michalski § 932 Rdnr. 14; v. Caemmerer, Festschr. f. Boehmer, S. 158 ff.; Canaris JuS 1969, 80, 85; Lopau JuS 1971, 233 ff.; Braun ZIP 1998, 1469, 1470, 1472. A.A. Wiegand JuS 1971, 62, 67; Staudinger/Wiegand § 932 Rdnr. 119 ff.; Palandt/Bassenge § 932 Rdnr. 17; Jauernig § 932 Rdnr. 2; Weber JuS 1999, 1, 10.
[165] Canaris JuS 1969, 80, 85; Baur/Stürner § 52 Rdnr. 34.
[166] Bamberger/Kindl § 932 Rdnr. 7.

Der Erwerb vom Nichtberechtigten gemäß §§ 932 ff.

„normale" Erwerbs-voraus-setzungen	▶ Einigung Nach h.M. kann auch der nichtberechtigte Minderjährige das Eigentum übertragen, da für ihn kein rechtlicher Nachteil entsteht. ▶ Übergabe oder Übergabesurrogat Für den gutgläubigen Erwerb gemäß §§ 929, 931, 934, 2. Alt. reicht die Abtretung eines vermeintlichen Herausgabeanspruchs. ▶ Einigsein
Rechts-geschäft i.S.e. Verkehrs-geschäfts	▶ Keine Anwendung der §§ 932 ff. beim gesetzlichen Erwerb. ▶ Es muss sich um ein Verkehrsgeschäft handeln. Dies liegt nicht vor – bei vorweggenommener Erbfolge; – wenn Veräußerer und Erwerber bei wirtschaftlicher Betrachtungsweise personenidentisch sind.
Rechts-schein des Besitzes	Es müssen die besonderen Voraussetzungen der einzelnen Tatbestände der §§ 932 ff. gegeben sein. ▶ § 932 Abs. 1 S. 1: Nach h.M. reicht die schon im normalen Erwerbstatbestand geprüfte Übergabe. ▶ § 932 Abs. 1 S. 2: Der Erwerber muss den Besitz vom Veräußerer erlangen. ▶ § 933: Es ist eine Übergabe der Sache an den Erwerber erforderlich. Der Begriff der Übergabe i.S.d. § 933 ist mit dem des § 929 S. 1 identisch. ▶ § 934, 1. Alt.: Einigung und Abtretung sind ausreichend. ▶ § 934, 2. Alt.: Der Erwerber muss den Besitz vom Dritten erlangen. Der Erwerb des mittelbaren Besitzes reicht. Bestehen mehrere Besitzmittlungsverhältnisse, gilt nach h.M. das zuletzt vereinbarte; ein Nebenbesitz wird nicht anerkannt.
Gutgläubig-keit	Der Erwerber muss im Zeitpunkt der Vollendung des Rechtserwerbs gutgläubig sein. Nach § 932 Abs. 2 ist derjenige bösgläubig, der Kenntnis oder grob fahrlässige Unkenntnis vom Nichteigentum des Veräußerers hat. ▶ Grob fahrlässige Unkenntnis des Erwerbers liegt vor, wenn er die im Verkehr erforderliche Sorgfalt in ungewöhnlich hohem Maße verletzt und das unbeachtet lässt, was im gegebenen Fall jedem unmittelbar hätte einleuchten müssen. ▶ Handelt bei der Einigung für den Erwerber ein Vertreter, kommt es grundsätzlich auf dessen Gutgläubigkeit an (§ 166 Abs. 1).
Kein Abhanden-kommen i.S.d. § 935	▶ Abhandenkommen ist der unfreiwillige Verlust des unmittelbaren Besitzes. ▶ Die Veruntreuung durch den Besitzdiener führt nach h.M. zum Abhandenkommen, da der Besitzherr den unmittelbaren Besitz unfreiwillig verliert.

2. Abschnitt: Der erweiterte Gutglaubenserwerb

▶ Ist der Veräußerer **nicht Eigentümer** und ist dem Erwerber dies bekannt, kann er dennoch unter den Voraussetzungen des § 366 HGB das Eigentum vom Nichtberechtigten erlangen, wenn er an dessen Verfügungsbefugnis glaubt.

▶ Ist der Veräußerer zwar Eigentümer, aber nicht zur Verfügung befugt, können die Vorschriften der §§ 932 ff. entsprechend anwendbar sein, und der gutgläubige Erwerber kann das Eigentum erlangen.

1. Der erweiterte Gutglaubenserwerb nach § 366 HGB

A) Wenn ein Kaufmann Waren im Betriebe seines Handelsgewerbes veräußert, die ihm nicht gehören, und der Erwerber dieses weiß, kann der Erwerber dennoch das Eigentum an diesen Waren vom **Nichtberechtigten** gemäß § 366 Abs. 1 HGB erwerben, wenn er an die **Verfügungsmacht des Veräußerers** glaubt, d.h. daran, dass der Eigentümer der Verfügung gemäß § 185 Abs. 1 zugestimmt hat.[167]

Beispiel: K kauft bei dem Elektrohändler V ein Radiogerät. Im Verlauf des Verkaufsgesprächs teilt ihm V mit, bei dem Gerät handele es sich um Kommissionsware, die dem E gehöre. Er – der V – sei aber berechtigt, die Ware in eigenem Namen zu veräußern. Tatsächlich hatte E einen Tag zuvor wegen Zahlungsschwierigkeiten des V die Ermächtigung zur Weiterveräußerung widerrufen.
Erwerb des Eigentums durch K gemäß §§ 929, 932 BGB, § 366 Abs. 1 HGB?
(I) Eine Einigung ist konkludent erfolgt und die Sache dem K übergeben worden.
(II) V war Nichtberechtigter, da er weder Eigentümer noch nach § 185 Abs. 1 ermächtigt war, über das Gerät zu verfügen. K kann daher nur gutgläubig das Eigentum erworben haben.
(1) Ein Rechtsgeschäft i.S.e. Verkehrsgeschäfts liegt vor.
(2) K wusste aber, dass V nicht Eigentümer des Gerätes war, sodass ein Erwerb nach §§ 929 S. 1, 932 mangels Gutgläubigkeit eigentlich ausscheidet.
K ging jedoch – gutgläubig – davon aus, dass V nach § 185 Abs. 1 ermächtigt war, die Ware zu veräußern. Da V als Kaufmann (§ 1 HGB) im Betriebe seines Handelsgewerbes die Sache veräußerte, wird der gute Glaube des K an die Verfügungsmacht des V geschützt: Er erwirbt gemäß §§ 929 S. 1, 932 BGB i.V.m. § 366 Abs. 1 HGB das Eigentum.

Beachte: Auch im Falle des § 366 HGB bleiben die §§ 932 ff. die Grundlage des gutgläubigen Erwerbs, denn § 366 HGB erweitert lediglich den Anwendungsbereich der §§ 932 ff. Insbesondere gilt also auch § 935.[168]

Die Regelung des § 366 HGB ist nicht mit dem Fall, in dem ein Dritter als vermeintlicher Eigentümer der Veräußerung gemäß § 185 Abs. 1 zustimmt, zu verwechseln. Dort nämlich glaubt der Erwerber an das **Eigentum** eines Dritten, der tatsächlich sein Einverständnis zu der Verfügung erklärt. Sein guter Glaube wird geschützt, wenn der Dritte in einer besitzrechtlichen Position zu der Sache steht. § 366 HGB schützt dagegen den guten Glauben an eine tatsächlich nicht bestehende Verfügungsmacht. Ebenfalls nicht von § 366 HGB geschützt wird der gute Glaube an eine Genehmigung gemäß § 185 Abs. 2.

---

167 Ausführlich: Petersen Jura 2004, 247 ff.
168 So u.a. Schlegelberger/Hefermehl, HGB, 5. Aufl., § 366 Rdnr. 2; Medicus BR Rdnr. 567.

B) Streitig ist, ob § 366 HGB auch für den Fall gilt, dass der Kaufmann **in fremdem Namen** handelt.

I) Die wohl h.M. im Schrifttum bejaht dies und überwindet mithilfe des § 366 HGB auch die **mangelnde Vertretungsmacht**.[169]

Nach dieser Ansicht gilt § 366 HGB dann allerdings nur für das dingliche Erfüllungsgeschäft, nicht für das Grundgeschäft. Das hat zur Folge, dass der gutgläubige Erwerber dem Bereicherungsanspruch des Eigentümers ausgesetzt bleibt.

Der gute Glaube an die Vertretungsmacht sei im Interesse der Sicherheit des Handelsverkehrs nur im Hinblick auf den Eigentumserwerb, also das dingliche Geschäft, zu schützen. Im Schuldrecht werde der gute Glaube an die Vertretungsmacht dagegen grundsätzlich nicht geschützt (Ausnahme: Duldungs- und Anscheinsvollmacht). Hier verbleibe es bei der Regelung des § 177.[170]

II) Nach a.A. ist die **Ausdehnung** des § 366 HGB **auf Mängel der Vertretungsmacht** des Veräußerers, also auf Veräußerungen in fremdem Namen, generell **abzulehnen**.

Für das Handelsrecht typisch und nach § 366 HGB auch schutzwürdig sei nur das Handeln im eigenen Namen. An der Berufsstellung sei Handeln im fremden Namen gut erkennbar. Im Übrigen genügten bei Mängeln der Vertretungsmacht die Regeln über Anscheins- und Duldungsvollmacht sowie § 56 HGB.[171]

C) Streitig ist, ob § 366 HGB auch beim Erwerb vom „Scheinkaufmann" analog § 5 HGB, § 242 BGB anwendbar ist. Von der h.M. wird dies abgelehnt, da der von dem Scheinkaufmann veranlasste Rechtsschein nicht in die Rechtsposition unbeteiligter Dritter, hier des wahren Eigentümers, eingreifen könne.[172]

Dementsprechend kann nach h.M. auch unter den Voraussetzungen des § 15 Abs. 1 HGB ein Schutz des gutgläubigen Erwerbers nicht stattfinden.

Beispiel: Der noch eingetragene Kaufmann K veräußert nach Einstellung des Gewerbebetriebes eine Sache des E an den gutgläubigen D. D weiß zwar, dass K nicht Eigentümer ist, hält ihn aber mit Rücksicht auf die Eintragung im Handelsregister für einen Kaufmann.

K ist kein Kaufmann nach § 2 HGB, da er seinen Betrieb eingestellt hat und kein Gewerbe mehr betreibt. Auch § 5 HGB setzt den Betrieb eines Gewerbes voraus. § 15 Abs. 1 HGB greift nicht ein, weil diese Vorschrift nur zulasten desjenigen wirkt, in dessen Angelegenheit die Tatsache einzutragen war. Das ist hier allein der Kaufmann K als Verkäufer und nicht der wahre Eigentümer E.[173]

---

169 Schlegelberger/Hefermehl § 366 Rdnr. 32; Baumbach/Hopt, HGB, 30. Aufl., § 366 Rdnr. 5; Heymann/Horn, HGB, 2. Aufl., § 366 Rdnr. 16; K. Schmidt, Handelsrecht, 5. Aufl., § 23 III, S. 681 ff.
170 Baumbach/Hopt HGB § 366 Rdnr. 5; a.A. K. Schmidt a.a.O., § 23 III 2, S. 685 f. Nach dieser Ansicht muss die gesetzliche Regelung des § 366 Abs. 1 HGB als Rechtsgrund i.S.v. § 812 angesehen werden, da dem Erwerber ansonsten das wieder genommen werde, was ihm durch analoge Anwendung des § 366 Abs. 1 HGB gegeben werde.
171 Canaris, Handelsrecht, 23. Aufl., § 29 Rdnr. 16; Medicus BR Rdnr. 567; Tiedtke Jura 1983, 460, 474; Wiegand JuS 1974, 545, 548. Vgl. eingehender zur vorstehenden Problematik AS-Skript Handelsrecht, 11. Aufl. 2005, S. 114 ff.
172 OLG Düsseldorf OLG-Report 1999, 49, 51@; offen gelassen bei BGH NJW 1999, 425@; a.A. Canaris, Handelsrecht, § 6 Rdnr. 26; Petersen Jura 2004, 247, 248.
173 Schlegelberger/Hefermehl § 366 Rdnr. 26; Brox Rdnr. 306; a.A. GroßKomm/Hüffer § 15 Rdnr. 30.

D) § 366 HGB überwindet nur das Fehlen der Verfügungsmacht gem. § 185 Abs. 1. Auf gesetzliche Verfügungsbeschränkungen ist § 366 Abs. 1 HGB unanwendbar.[174]

E) Ferner muss es sich um die Veräußerung einer **beweglichen** Sache handeln, die im Betrieb des Handelsgewerbes erfolgt. Ob es sich um ein **betriebsbezogenes** Geschäft handelt, bestimmt sich nach den §§ 343 ff. HGB, insbesondere gilt die Vermutung des § 344 Abs. 1 HGB. Handelt es sich um ein Geschäft, das außerhalb des **gewöhnlichen Geschäftsbetriebs** erfolgt, findet § 366 HGB zwar Anwendung, es gelten jedoch erhöhte Anforderungen an den guten Glauben.[175]

F) Die **Gutgläubigkeit** i.S.d. § 366 HGB beurteilt sich in entsprechender Anwendung des § 932 Abs. 2. Sie liegt daher nicht vor, wenn dem Erwerber die fehlende Verfügungsmacht bekannt oder grob fahrlässig unbekannt war. Dies ist der Fall, wenn die Veräußerung berufsuntypisch war oder wenn sie außerhalb des gewöhnlichen Geschäftsbetriebs erfolgt.

Anders als beim guten Glauben an das Eigentum handelt ein Kfz-Käufer, der sich von einem Händler beim Kauf eines Fahrzeugs den Fahrzeugbrief nicht vorlegen lässt, nicht grob fahrlässig.[176] Grobe Fahrlässigkeit ist aber zu bejahen, wenn der Erwerber nach den Umständen mit einem verlängerten Eigentumsvorbehalt des Vorlieferanten rechnen musste, selbst aber weiß, dass durch seine vorherige Zahlung an seinen Vertragspartner die für das Bestehen der Verfügungsbefugnis erforderliche Vorausabtretung ins Leere geht.[177]

2. Der Erwerb vom Eigentümer, der in der Verfügungsmacht beschränkt ist

Die Verfügungsbeschränkung kann zum Inhalt haben, dass

▶ die dennoch vorgenommene Übereignung nur im Verhältnis zum **geschützten Personenkreis unwirksam** ist, im Übrigen aber die Wirksamkeit besteht – sog. **relative Verfügungsbeschränkung**,

▶ die dennoch vorgenommene Verfügung ohne Mitwirkung des geschützten Personenkreises **unwirksam** ist – sog. **absolute Verfügungsbeschränkung**.

2.1 Die relative Verfügungsbeschränkung

A) Im Fall der relativen Verfügungsbeschränkung kann der Eigentümer das Eigentum an der Sache gemäß §§ 929 ff. übereignen. Doch ist diese Übereignung dem geschützten Personenkreis gegenüber unwirksam, es sei denn, der Erwerber war im Hinblick auf die Verfügungsbeschränkung gutgläubig.

---

[174] Petersen Jura 2004, 247, 248.
[175] BGH NJW 1999, 425[@].
[176] OLG Frankfurt NJW-RR 1999, 927[@]; LG Darmstadt NJW-RR 2002, 417[@]; LG München EWiR 2004, 649.
[177] BGH, Urt. v. 22.09.2003 – II ZR 172/01 = NJW-RR 2004, 555; BGH, Urt. v. 09.02.2005 – VIII ZR 82/03 = NJW 2005, 1365 f.

Fall 9: Doppelverkauf

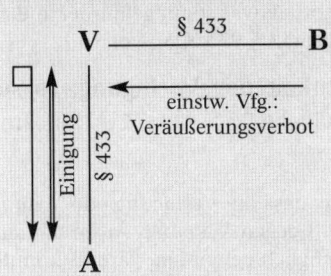

Der V hat dem B einen Pkw für 2.500 € verkauft. Da A dem V 3.000 € bietet, verkauft V an A. Als B davon erfährt, erwirkt er im Wege der einstweiligen Verfügung gegen den V ein Veräußerungsverbot gem. §§ 935, 938 ZPO. Die einstweilige Verfügung wird dem V zugestellt. Dennoch überträgt er, nachdem der A den Kaufpreis von 3.000 € gezahlt hat, an A den Wagen. Welche Ansprüche hat B, wenn A bei Erhalt des Fahrzeugs das Veräußerungsverbot kannte?

(A) Ansprüche des B gegen A

(I) Vertragliche Ansprüche des B gegen A kommen nicht in Betracht, da zwischen A und B keine rechtsgeschäftlichen Beziehungen bestehen.

(II) Ein Anspruch aus § 985 besteht nicht, da B nicht Eigentümer geworden ist. Es fehlt schon an einer Einigung zwischen V und B über den Eigentumsübergang.

(III) Vereinzelt wird in der Literatur ein Anspruch des durch ein Verfügungsverbot Geschützten gegen den Erwerber aus einem „Absicherungsrecht" bejaht.[178]

Diese Konstruktion wird von der ganz h.M. jedoch abgelehnt. Der Geschützte hat kein dingliches Recht an der Sache erlangt und hat auch keine schuldrechtlichen Ansprüche gegen den Erwerber. Damit fehlt jede Grundlage, aus der sich ein Anspruch aus einem „Absicherungsrecht" ergeben könnte.[179]

(B) Anspruch des B gegen V aus § 433 Abs. 1

(I) V und B haben einen wirksamen Kaufvertrag geschlossen.

(II) Die Übereignung könnte dem V unmöglich geworden sein, da V den Pkw an A übertragen hat.

(1) A hat gemäß § 929 S. 1 vom Berechtigten V das Eigentum an dem Pkw erworben.

(2) Der Eigentumserwerb des A führt nicht zur Unmöglichkeit des Anspruchs des B gegen V, wenn die Verfügung des V an A dem B gegenüber gemäß §§ 935, 938 Abs. 2 ZPO, §§ 136, 135 BGB relativ unwirksam ist.

(a) Die Voraussetzungen für ein Veräußerungsverbot liegen vor.

---

[178] Beer, Die relative Unwirksamkeit, 1975, 164 ff.; MünchKomm/Mayer-Maly § 135 Rdnr. 33.
[179] BGHZ 111, 364@ ff.; Palandt/Heinrichs §§ 135, 136 Rdnr. 7; Soergel/Hefermehl §§ 135, 136 Rdnr. 26.

Weil der V den Pkw auch an A verkauft hat, bestand die Gefahr, dass V an den A übereignete und B seinen Anspruch aus § 433 Abs. 1 auf Übereignung des Wagens nicht mehr durchsetzen konnte. Sein Anspruch war somit gefährdet und es lag ein Grund für die einstweilige Verfügung gemäß § 935 ZPO vor.

(b) Rechtsfolge ist die relative Unwirksamkeit der Verfügung, es sei denn, der Erwerber hat gutgläubig gemäß §§ 135 Abs. 2, 932 ff. uneingeschränktes Eigentum erworben.

Ein gutgläubiger Erwerb des A hätte zur Folge, dass die Verfügung von V an A dem B gegenüber wirksam wäre. Dann hätte B gegen V keinen Anspruch aus § 433 Abs. 1, da die Übereignung dem V unmöglich geworden wäre. B könnte von V nur Schadensersatz wegen Nichterfüllung gemäß §§ 283, 280 Abs. 1 verlangen.

Da A bösgläubig ist, ist die Verfügung von V an A dem B gegenüber unwirksam. Die Übereignung ist dem V nicht unmöglich geworden.

(3) Fraglich ist allerdings, wie V seine Verpflichtung zur Übertragung des Eigentums erfüllen kann.

Eine Übereignung nach § 929 S. 1 scheidet aus, weil V den Pkw nicht übergeben kann.

Eine Übereignung nach §§ 929, 930 kommt nicht in Betracht, weil V nicht (unmittelbarer oder mittelbarer) Besitzer ist und daher dem B den Besitz nicht mitteln kann.

Eine Übereignung nach §§ 929, 931 scheitert daran, dass V keinen Herausgabeanspruch gegen A hat.

Da die Verfügung von V an A dem B gegenüber unwirksam ist, hat V dem B gegenüber nach den §§ 135, 136 noch die Rechtsmacht eines Eigentümers. Diese Rechtsmacht muss V dem B übertragen.

„Deshalb muss es genügen, dass derjenige, der entgegen dem relativen Verfügungsverbot verfügt hat, in Erfüllung der ihm obliegenden Pflicht die ihm verbliebene Rechtsmacht dem Gläubiger zuwendet, also zum Ausdruck bringt, dass dieser die Rechtsstellung haben solle, die ihm zustünde, wenn zu seinen Gunsten in Erfüllung des durch §§ 135, 136 BGB geschützten Verschaffungsanspruchs und nicht verbotswidrig zugunsten des bösgläubigen Dritten über die Sache verfügt worden wäre. Allein schon durch eine solche Erklärung erlangt der geschützte Gläubiger das Recht, die Sache nach § 985 BGB von dem bösgläubigen Erwerber herauszuverlangen."[180]

– – –

B) Kraft ausdrücklicher **gesetzlicher Verweisung** sind die §§ 932 ff. auch auf folgende Verfügungen des in der Verfügungsmacht beschränkten Eigentümers für anwendbar erklärt:

▶ Vom Vorerben, der gemäß §§ 2113 ff. in der Verfügung beschränkt ist, kann gemäß § 2113 Abs. 3 i.V.m. §§ 932 ff. gutgläubig erworben werden.

---

[180] BGHZ 111, 364, 369@; Bamberger/Wendtland § 135 Rdnr. 8. A.A. Kohler Jura 1991, 349, der eine Übereignung nach §§ 929, 931 befürwortet. V sei im Verhältnis zu A noch als Eigentümer anzusehen und müsse seinen Anspruch aus § 985 an A abtreten.

- Vom Erben, der durch Einsetzung eines Testamentsvollstreckers in der Verfügung beschränkt ist, kann gemäß § 2211 Abs. 2 unter den Voraussetzungen der §§ 932 ff. gutgläubig erworben werden.
- Wenn der Eigentümer bereits unter einer aufschiebenden Bedingung über die Sache verfügt, also einem anderen bedingtes Eigentum übertragen hat, sind weitere Verfügungen zwar wirksam – es besteht also keine Verfügungsbeschränkung –, doch wird gemäß § 161 Abs. 1 die Verfügung unwirksam, wenn die Bedingung eintritt. Der gutgläubige Erwerber kann aber gemäß § 161 Abs. 3 i.V.m. §§ 932 ff. das Eigentum „anwartschaftsrechtsfrei" erwerben, sodass er auch dann Eigentümer bleibt, wenn die Bedingung eintritt. Dazu Näheres beim Anwartschaftsrecht, S. 99 ff.

2.2 Das absolute Veräußerungsverbot

Wenn der Eigentümer aufgrund eines **absoluten Veräußerungsverbots** in der Verfügungsmacht beschränkt ist, dann ist ein gutgläubiger Erwerb ausgeschlossen. Rechtsgeschäfte, die gegen absolute Veräußerungsverbote verstoßen, sind, soweit die Genehmigungsfähigkeit durch den geschützten Personenkreis vorgesehen ist, schwebend unwirksam, im Übrigen gemäß § 134 nichtig.[181]

Ein absolutes Veräußerungsverbot liegt vor, wenn das Verbot den Interessen aller dient und nicht nur den Schutz bestimmter Personen bezweckt.[182]

- Das Veräußerungsverbot gegen den Schuldner im Insolvenzverfahren stellt gemäß §§ 80, 81 InsO ein **absolutes** Verbot dar, demzufolge ist ein gutgläubiger Erwerb gemäß §§ 135 Abs. 2, 932 ff. nicht möglich.
- Zu den absoluten Veräußerungsverboten zählen die Verfügungsbeschränkungen des Ehegatten nach §§ 1365 ff., da diese Vorschriften nicht nur einen Ehegatten, sondern die materielle Grundlage des Familienlebens schützen.[183] Ein Rechtsgeschäft, das gegen § 1365 verstößt, ist unwirksam, wenn der andere Ehegatte die Genehmigung verweigert, vgl. § 1366 Abs. 4.
- Die Verfügungsbeschränkungen der Eltern gemäß § 1643 und des Vormundes gemäß § 1812 zählen nicht zu den relativen Veräußerungsverboten i.S.d. § 135.[184] Diese Rechtsgeschäfte erlangen nur mit Genehmigung des Familiengerichts Wirksamkeit.

3. Abschnitt: Der gutgläubige lastenfreie Erwerb gemäß § 936

Wenn das Eigentum an der Sache mit dem Recht eines Dritten belastet ist, ist der Eigentümer nicht berechtigt, lastenfreies Eigentum zu übertragen. Er ist insoweit Nichtberechtigter.

Es sind mindestens zwei dinglich Berechtigte vorhanden, nämlich der Eigentümer (als Inhaber des Vollrechts) und der Inhaber des beschränkten dinglichen Rechts (Pfandrecht, Nießbrauch und nach h.A. auch das Pfändungspfandrecht[185]).

---

[181] Palandt/Heinrichs §§ 135, 136 Rdnr. 2; Soergel/Hefermehl §§ 135, 136 Rdnr. 3, 8; Haedicke JuS 2001, 970.
[182] Staudinger/Kohler § 135 Rdnr. 4.
[183] BGH NJW 1964, 347@; Palandt/Brudermüller § 1365 Rdnr. 1.
[184] Palandt/Heinrichs §§ 135, 136 Rdnr. 2 a.
[185] Baur/Stürner § 52 Rdnr. 54.

1. Die Voraussetzungen für den gutgläubigen lastenfreien Erwerb

I) Der Erwerber muss Eigentum erlangen. Dabei ist es gleichgültig, ob er es vom Eigentümer oder gutgläubig vom Nichtberechtigten erwirbt.

II) Hat der Erwerber das Eigentum vom Berechtigten erlangt, dann muss er zum lastenfreien Erwerb dieselbe Besitzposition erhalten wie beim Erwerb vom Nichtberechtigten nach §§ 932–934, und zwar auch dann, wenn das Eigentum vom Berechtigten erworben wird, § 936 Abs. 1 S. 2 und 3.[186]

Diese verschärften Anforderungen an den Besitzerwerb gelten natürlich nur für die Frage der Lastenfreiheit der erworbenen Sache. Die Frage des Eigentumserwerbs bestimmt sich unabhängig davon nach §§ 929 ff. bzw. 932 ff.

1) Der Erwerber muss in Ansehung der Lastenfreiheit **gutgläubig** sein, § 936 Abs. 2.

2) Die Sache darf dem dinglich Berechtigten **nicht abhanden gekommen** sein. Die Vorschrift des § 935 gilt entsprechend.[187]

Ist also die Sache dem Inhaber des beschränkt dinglichen Rechts, z.B. dem Nießbraucher oder Pfandgläubiger, abhanden gekommen, erhält der gutgläubige Erwerber zwar Eigentum, aber kein lastenfreies Eigentum.

2. Ausnahme von der Möglichkeit des lastenfreien Erwerbs gemäß § 936 Abs. 3

Wenn die Veräußerung durch Abtretung des Herausgabeanspruchs erfolgt (§§ 929, 931, 934) und der Inhaber des dinglichen Rechts die Sache im – unmittelbaren oder mittelbaren – Besitz hat, bleibt sein beschränktes dingliches Recht erhalten. Ist der Rechtsinhaber allerdings nur mittelbarer Besitzer, bleibt sein Recht nur dann bestehen, wenn der unmittelbare Besitzer ihm den Besitz weiterhin vermittelt. Ein mit Sachbesitz verbundenes Sachenrecht braucht also dem guten Glauben des Erwerbers nicht zu weichen.[188]

Beispiel: E hat seine Uhr bei dem Uhrmacher U reparieren lassen. Bevor er die Reparaturkosten von 17 € bezahlt, veräußert er die Uhr an K, indem er ihm seinen Herausgabeanspruch gegenüber U abtritt. E versteht es unter Vorlage einer gefälschten Quittung, die über eine andere Uhrreparatur von U ausgestellt war, dem K glaubhaft zu machen, die Reparatur der Uhr sei bereits bezahlt. Er habe die Uhr noch nicht mitgenommen, weil ihr genauer Gang noch zwei Tage überprüft werden sollte.

(1) Der K hat von E gemäß § 929 i.V.m. § 931 das Eigentum erlangt.
(2) Die Uhr war jedoch mit dem Unternehmerpfandrecht des U gemäß § 647 belastet. Da hier die Veräußerung gemäß §§ 929, 931 erfolgt ist, konnte der K trotz Gutgläubigkeit nach § 936 Abs. 3 kein lastenfreies Eigentum erwerben, weil der Pfandrechtsinhaber U unmittelbarer Besitzer geblieben ist.

---

[186] BGH, Urt. v. 20.06.2005 – II ZR 189/03 = WM 2005, 1860.
[187] Baur/Stürner § 52 Rdnr. 52; Westermann/Gursky § 50, 1; Palandt/Bassenge § 936 Rdnr. 3.
[188] MünchKomm/Quack § 936 Rdnr. 18; Staudinger/Wiegand § 936 Rdnr. 15; zum lastenfreien Erwerb bei Bestehen eines Anwartschaftsrechts s. noch unten Fall 12.

Überblick zum erweiterten Erwerb vom Nichtberechtigten

Erwerb vom Eigentümer, aber verfügungsbeschränkt

- **Absolute** Verfügungsbeschränkung, kein gutgläubiger Erwerb möglich:
  - §§ 80, 81 InsO,
  - §§ 1365, 1369 Eheleute,
  - § 1643 Kindesvermögen.
- **Relative** Unwirksamkeit bedeutet: Die Verfügung ist nur im Verhältnis zum **Geschützten** unwirksam, im Verhältnis zum Dritten wirksam:
  - §§ 135, 136; 932; gerichtliches, behördliches Veräußerungsverbot,
  - Verfügungen des Vorerben, § 2113,
  - Verfügungen des Erben trotz Testamentsvollstreckung, § 2211.

Erwerb vom Kaufmann, § 366 HGB

- Wer vom Kaufmann eine Sache erwirbt und weiß, dass dieser nicht Eigentümer ist, kann dennoch gemäß § 366 Abs. 1 HGB das Eigentum vom Nichtberechtigten erlangen, wenn er an die Verfügungsmacht des Kaufmanns glaubt, d.h. daran, dass der Eigentümer der Verfügung gemäß § 185 Abs. 1 zugestimmt hat.
- Nach h.M. schützt § 366 HGB auch den guten Glauben an die Vertretungsmacht. § 366 HGB gilt allerdings nur für die Eigentumsübertragung. Ein Mangel der Vertretungsmacht beim schuldrechtlichen Grundgeschäft (i.d.R. Kaufvertrag) wird nicht überwunden.

Lastenfreier Erwerb, § 936

- Erwerb des Eigentums.
- Hat der Erwerber das Eigentum vom Berechtigten erlangt, dann ist für den lastenfreien Erwerb erforderlich, dass der Erwerber dieselbe Besitzposition erhält wie beim Erwerb vom Nichtberechtigten, §§ 932–934.
  - Der Erwerber muss in Ansehung der Lastenfreiheit gutgläubig sein.
  - Die Sache darf dem dinglich Berechtigten nicht abhanden gekommen sein, § 935 gilt entsprechend.
- Kein lastenfreier Erwerb vom Nichtberechtigten unter den Voraussetzungen des § 936 Abs. 3.

3. Teil: Das Sicherungseigentum

Einleitung

Wenn der Schuldner einen Kredit in Anspruch nimmt oder fällige Forderungen nicht begleichen kann, drängt der Gläubiger auf die Bestellung von Sicherheiten, damit gewährleistet ist, dass er im Falle der Zahlungsunfähigkeit sein Geld dennoch erhält. Die gesetzliche Regelung zur Sicherung von Forderungen wird den Bedürfnissen der Praxis jedenfalls nicht in vollem Umfang gerecht:

- Die Bestellung einer Hypothek gem. §§ 1113 ff. oder einer Grundschuld gem. §§ 1191 ff. zur Sicherung von Forderungen scheitert, wenn der Schuldner über kein **Grundstück** verfügt und ein dritter Grundeigentümer nicht bereit ist, sein Grundstück zu Sicherungszwecken zur Verfügung zu stellen.

- Die Bestellung eines Pfandrechts an beweglichen Sachen gemäß §§ 1204 ff. setzt voraus, dass der Verpfänder den Besitz an seiner Sache verliert. Da aber der Schuldner regelmäßig die Sache weiterhin zweckentsprechend nutzen will, kommt eine **Pfandrechtsbestellung** nicht in Betracht.

- Die Einräumung eines **Personalkredits** durch Schuldbeitritt oder Bürgschaft scheitert in der Praxis häufig daran, dass kein Dritter bereit ist, für fremde Schulden einzustehen.

Die **Sicherungsübereignung** trägt den wirtschaftlichen Interessen der Beteiligten Rechnung:

- Der Schuldner übereignet die bewegliche Sache im Regelfall gemäß §§ 929 S. 1, 930, sodass er im unmittelbaren **Besitz** der Sache bleibt und diese wirtschaftlich seinen Interessen gemäß nutzen kann.

- Ist der Schuldner zahlungsunfähig, kann der Gläubiger als Sicherungseigentümer die Sache veräußern und sich aus dem Erlös befriedigen.

- Wird die Forderung des Gläubigers vom Schuldner getilgt, muss das Eigentum auf ihn zurückübertragen werden; im Falle der auflösend bedingten Übertragung des Sicherungseigentums fällt das Eigentum automatisch an den Schuldner zurück.

Die Sicherungsübereignung ist als **Rechtsinstitut** in der Praxis allgemein **anerkannt**.[189]

Die früher in der Rechtslehre erhobenen Einwände, das Sicherungseigentum zähle nicht zu den gesetzlich geregelten Sachenrechten und seine Anerkennung als solches verstoße gegen den Grundsatz des numerus clausus der Sachenrechte, werden nicht mehr erhoben: Der Sicherungseigentümer ist Volleigentümer, der schuldrechtlich durch den Sicherungsvertrag gebunden ist.

---

189 Reich AcP 169, 247.

Im Falle der Sicherungsübereignung bestehen regelmäßig nachstehende **Rechtsverhältnisse**:

▸ Das **Schuldverhältnis** zwischen Gläubiger und Schuldner, aus dem sich die **zu sichernde Forderung** ergibt (z.B. Darlehen),

▸ die rechtsgeschäftliche **Übertragung des Eigentums** gemäß §§ 929 ff.,

   Im Regelfall überträgt der Schuldner sein Eigentum auf den Gläubiger. Notwendig ist das nicht. Es kann auch ein Dritter sein Eigentum für den Schuldner auf den Gläubiger (Sicherungsnehmer) übertragen.

▸ der schuldrechtliche **Sicherungsvertrag**, der von dem Eigentümer mit dem Gläubiger abgeschlossen und in dem **vereinbart** wird, welche Rechte und Pflichten die Parteien haben. Dieser verknüpft die Übereignung schuldrechtlich mit der zu sichernden Forderung und stellt den Rechtsgrund für die Übereignung dar.

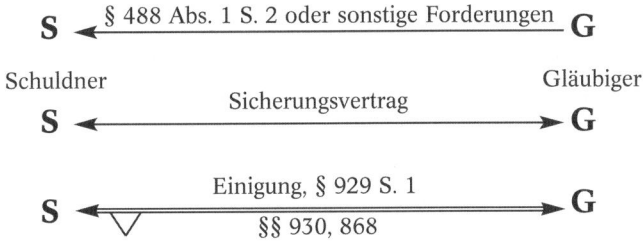

1. Abschnitt: Die Übereignung zur Sicherung von Forderungen

Die Sicherungsübereignung erfolgt regelmäßig nach §§ 929 S. 1, 930.

▸ Erforderlich ist eine wirksame **Einigung** über den Eigentumsübergang.

   – Die zur Sicherung übereigneten Sachen bleiben im unmittelbaren Besitz des Sicherungsgebers. Sie müssen von den in seinem Eigentum verbleibenden Sachen unterschieden werden können. Bei der Sicherungsübereignung ist die Wahrung des **Bestimmtheitsgrundsatzes** von besonderer Wichtigkeit.

   – Die Sicherungsübereignung ist grundsätzlich **nicht auflösend bedingt** durch die Erfüllung der gesicherten Forderungen.

   – Auch wenn die Einigung zur Übertragung des Eigentums grundsätzlich wertneutral ist, kann eine Übereignung zur Sicherheit **sittenwidrig** i.S.d. § 138 Abs. 1 wegen Knebelung oder anfänglicher Übersicherung sein.

▸ Das für eine Übereignung gemäß §§ 929 S. 1, 930 erforderliche **Besitzmittlungsverhältnis** ergibt sich regelmäßig aus dem Sicherungsvertrag.

▸ Der Sicherungsgeber muss **Berechtigter** sein.

1. Die Einigung

1.1 Der Bestimmtheitsgrundsatz

Werden mehrere Sachen, insbesondere künftig noch zu erwerbende Sachen, zur Sicherheit übereignet, kann das Eigentum nur übergehen, wenn allein unter Zugrundelegung der Einigung im Zeitpunkt des Eigentumsübergangs bestimmt werden kann, an welchen Sachen der Eigentumswechsel eintritt. Jeder, der die Vereinbarung kennt, muss in der Lage sein, die zu übereignenden Sachen zu bestimmen.[190]

Es kommen insbesondere nachstehende Sicherungsklauseln in Betracht.

1.1.1 Die Raumsicherung

Die Übereignung gemäß §§ 929, 930 ist wirksam, wenn die Parteien einen **Raumsicherungsvertrag** abschließen, d.h. wenn gewollt ist, dass das Eigentum an **allen in einem Raum** befindlichen Sachen übergehen soll.[191]

Beispiel: Der E übereignet seiner B-Bank zur Sicherung in einem schriftlichem Vertrag alle „im Kataloraum" befindlichen Handbücher der Kunst.

Da alle Bücher, die sich in dem Kataloraum befanden, zur Sicherheit übereignet werden sollten, ist die hinreichende Bestimmtheit gegeben: Die Einigung und das Besitzkonstitut – begründet durch ein Besitzmittlungsverhältnis gemäß § 868 – umfassen die bestimmten Sachen.

„Unzweifelhaft erstreckte sich die Einigung auf die in dem sog. Kataloraum aufgestellten Bücher. Denn dort befanden sich unstreitig ausschließlich solche Werke, die im Alleineigentum des Gemeinschuldners standen. Hinsichtlich der dort aufbewahrten Bücher, Lexika und Kataloge liegen bereits die Voraussetzungen eines Raumsicherungsvertrags vor ..., weil sich die Einigung der Vertragsparteien auf sämtliche dort aufgestellten Bücher bezog ... ."[192]

Die erfolgte Übereignung an den in einem Raum befindlichen Sachen bleibt wirksam, auch wenn später andere Sachen in den Raum gebracht werden und sich nunmehr nicht mehr allein anhand der Einigung feststellen lässt, an welchen Sachen das Eigentum übergegangen ist.[193]

Abwandlung des Beispielsfalls:
E hat später weitere Kunstbände erworben und diese in dem Kataloraum aufgestellt.

Da die Übereignung aller im Zeitpunkt der Einigung in dem Kataloraum befindlichen Kunstbände wirksam erfolgt ist, bleibt dieser Eigentumserwerb bestehen. Dass jetzt nicht mehr allein anhand der Einigung festgestellt werden kann, welche der im Raum befindlichen Bücher übereignet worden sind, ändert daran nichts.

„Die Revision übersieht dabei, dass zwischen Bestimmtheit und Beweisbarkeit zu unterscheiden ist. Spätere Ereignisse, die außerhalb des Vertrags liegen, können diesem nicht nachträglich seine Bestimmtheit nehmen."[194]

---

[190] BGH ZIP 2000, 1895, 1886; NJW 1991, 2144, 2146; 1995, 2348, 2350; WM 1992, 398, 399@; Ganter WM 1998, 2081, 2088.
[191] BGH NJW 1996, 2654, 2655@; BGH WM 1992, 398, 399@; Gursky JZ 1997, 1094, 1096.
[192] BGH WM 1992, 398, 399@.
[193] BGHZ 73, 253, 255@; Westermann/Westermann § 38, 1.
[194] BGHZ 73, 253, 255@.

2. Abwandlung des Beispielsfalls

Im Katalograum befinden sich nicht nur Handbücher der Kunst, sondern auch andere Werke, die der B-Bank nicht sicherungsübereignet werden sollten. Trotzdem vereinbaren E und die B-Bank eine Übereignung „aller" Bücher im Katalograum.

Eine derartige Vereinbarung widerspricht nach Auffassung des BGH[195] nicht dem Bestimmtheitsgrundsatz. Vielmehr sei die Vereinbarung dahingehend auszulegen, dass zunächst alle Bücher im Katalograum übereignet werden sollten und dem E ein schuldrechtlicher Anspruch auf Rückübereignung der anderen Werke zustehen sollte. Diese Auslegung ist im Schrifttum kritisiert und als „konstruierte Annahme"[196] oder „gewagte Auslegung"[197] bezeichnet worden. Teilweise wurde darin eine Lockerung von den Bestimmtheitsanforderungen bei der Übereignung von Sachgesamtheiten gesehen.[198]

Dem ist jedoch nicht zuzustimmen. Durch eine „All-Klausel" wird die sachenrechtliche Bestimmtheit gewahrt. Dies ändert sich auch nicht durch die Kombination mit einer schuldrechtlichen Rückübereignungsabrede, da für die schuldrechtliche Verpflichtung – anders als für die eigentliche Übereignung – die **Bestimmbarkeit** der geschuldeten Sachen ausreicht.[199]

Eine Raumsicherung kann auch dergestalt vereinbart werden, dass alle in einem Raum befindlichen und später dorthin verbrachten Sachen übereignet werden sollen.[200]

1.1.2 Die Markierungsübereignung

Soll das Eigentum nur an einzelnen Sachen einer **Sachgesamtheit** übertragen werden, ist die Einigung hinreichend bestimmt, wenn die zu übereignenden Sachen gekennzeichnet sind. Es ist dann ein **Markierungsvertrag** geschlossen worden, in dem vereinbart wird, dass das Eigentum an den **gekennzeichneten** Sachen übergehen soll.[201]

Beispiel: V repariert Landmaschinen und kauft gebrauchte Landmaschinen auf, die er dann nach Instandsetzung weiterverkauft. Von den 9 auf seinem Grundstück befindlichen Traktoren verkauft V dem Landmaschinenhändler K für 150.000 € die ihm gehörenden 4 Traktoren. Die Auslieferung soll auf Weisung des K an dessen Abkäufer erfolgen. Bis zum Abruf soll V die Traktoren aufbewahren. Ein Gläubiger des V pfändet die Traktoren bei V.

Die Drittwiderspruchsklage des K gemäß § 771 ZPO hat Aussicht auf Erfolg, wenn K Eigentümer geworden ist (zur Drittwiderspruchsklage beim Sicherungseigentum s. unten S. 82).
Das Eigentum kann K vom V gemäß §§ 929, 930 erworben haben. Zwar haben V und K sich darüber geeinigt, dass das Eigentum an den dem V gehörenden 4 Traktoren übergehen soll, doch allein unter Zugrundelegung der Einigung lässt sich nicht feststellen, an welchen der 9 auf dem Grundstück befindlichen Traktoren das Eigentum übergegangen ist. Die Übereignung ist mangels Bestimmtheit nicht wirksam. Die Drittwiderspruchsklage hat keine Aussicht auf Erfolg.

---

195 BGH, Urt. v. 03.07.2000 – II ZR 314/98.
196 Schilken, AnwK-BGB § 930 Rdnr. 60 FN 139.
197 Medicus EWiR 2000, 1047 f.
198 Feuerborn ZIP 2001, 601, 603.
199 Gursky JZ 2005, 285, 287.
200 Bamberger/Kindl Anh. zu § 930 Rdnr. 8.
201 BGH NJW 1991, 2144, 2146; Soergel/Henssler § 930 Rdnr. 31.

1.1.3 Die Übereignung aller Sachen einer bestimmten Gattung

Nach der Rechtsprechung ist die hinreichende Bestimmtheit der Sicherungsübereignung auch dann gegeben, wenn alle Sachen aus einer Gattung übereignet werden sollen, selbst wenn die Anzahl der Sachen nicht genannt wird und einzelne Sachen bei Geschäftspartnern sind.

Beispiel: E übereignet der B-Bank zur Sicherung von Forderungen alle ihm gehörenden Abfallcontainer einer bestimmten Größe, die sich bei ihm und bei Geschäftspartnern befinden.

Nach BGH[202] ist die hinreichende Bestimmtheit für die Übereignung gegeben. Die „**All-Formel**" ergäbe, dass sich der Übereignungswille auf die näher bezeichneten Gattungssachen beziehe. Dass die Anzahl der übereigneten Container nicht ohne weiteres erkennbar sei, habe keine Bedeutung, weil anerkanntermaßen auch Warenbestände mit wechselndem Umfang übereignet werden könnten. Ebenso sei nicht erforderlich, dass die zu übereignenden Sachen räumlich zusammengefasst seien. Die Übereignung der im Besitz Dritter befindlichen Container könne nach § 930 oder § 931 erfolgen (vgl. oben S. 33 f.).[203]

1.1.4 Die Übertragung aller Rechte

Überträgt der Eigentümer alle Rechte an seinen Sachen – Anwartschaftsrechte und Eigentum –, die sich in einem bestimmten Raum befinden, dann ist die Einigung hinreichend bestimmt, auch wenn dem Inhalt der Einigung nicht zu entnehmen ist, an welchen Sachen das Anwartschaftsrecht oder das Eigentumsrecht besteht. Anhand der Parteivereinbarung ist festzustellen, welche körperlichen Sachen nunmehr dem Sicherungsnehmer zugeordnet sein sollen, unabhängig davon, ob es sich dabei um das Eigentums- oder Anwartschaftsrecht an den Sachen handelt.[204]

Beispiel: S hat der B-Bank zur Sicherung einer Darlehensforderung die Waren im Lager 1 übereignet und dabei darauf hingewiesen, dass er an einigen Sachen nur ein Anwartschaftsrecht habe.

(I) Die Einigung ist bestimmt. Sie bezieht sich auf alle Sachen und alle Rechte, die dem Sicherungsgeber zustehen.
(II) Es ist ein wirksames Besitzkonstitut vereinbart: Der Sicherungsvertrag ist ein Rechtsverhältnis i.S.d. § 868. Daraus ergibt sich ein Herausgabeanspruch. B ist mehrstufiger mittelbarer Besitzer an den von S unter Eigentumsvorbehalt erworbenen Sachen:
Der Sicherungsgeber S besitzt als unmittelbarer Besitzer

▸ aufgrund des Sicherungsvertrags für B und

▸ aufgrund des Eigentumsvorbehaltskaufs für den Vorbehaltsverkäufer und Eigentümer.[205]

(III) Die Gegenstände, deren Eigentümer S war, sind zur Sicherheit an die B-Bank übertragen worden. Soweit er nur Anwartschaftsberechtigter war, ist nur das Anwartschaftsrecht zur Sicherheit übergegangen.

---

202 BGH NJW 1994, 133, 134@.
203 Kritisch dazu Gursky JZ 1997, 1094, 1097.
204 Reinicke/Tiedtke DB 1994, 2173; Baur/Stürner § 57 Rdnr. 13.
205 BGHZ 28, 16, 27 f.; Baur/Stürner § 59 Rdnr. 35.

1.1.5 Keine Bestimmtheit bei bloßer Mengen- und Wertangabe

Die bloße mengen- oder wertmäßige Bezeichnung des Sicherungsguts reicht für die Übereignung selbst dann nicht aus, wenn die Parteien ausdrücklich den Eigentumsübergang wollen.

Beispiele:

1. Das Warenlager des A hat einen Bestand im Wert von 80.000 €. Zwischen A und B wird schriftlich vereinbart, dass zur Sicherung des Darlehens Sachen im Wert von 20.000 € übereignet werden.
2. V hat in einem Getreidesilo 500 Tonnen Weizen eingelagert. Er übereignet dem B 5 Tonnen zur Sicherheit.

In beiden Fällen ist keine Übereignung erfolgt, weil allein anhand der Einigung nicht festgestellt werden kann, an welchen bestimmten Sachen das Eigentum übergehen soll.

Um den Eigentumsübergang zu bewirken, hätte entweder eine Übergabe vorgenommen werden müssen mit der Folge, dass der Veräußerer den Besitz an den bestimmten Sachen verliert, oder die Parteien hätten ein wirksames Übergabesurrogat vereinbaren müssen. Dazu hätten sie eine Absonderung oder Markierung vereinbaren und vornehmen müssen.

1.1.6 Keine Bestimmtheit bei Verwendung des Begriffs „Inventar"

In der Regel ist der Begriff Inventar untauglich, um eine Sicherungsübertragung von Wohnungsgegenständen durchzuführen. Es sollte zumindest zwischen der Einrichtung und persönlichen Dingen abgegrenzt werden.[206]

1.2 Grundsätzlich keine auflösend bedingte Sicherungsübereignung

Zwar können die Parteien vereinbaren, dass die Einigung aufschiebend bedingt vom Entstehen der Forderung und auflösend bedingt vom Erlöschen der Forderung sein soll. Doch in den Fällen, in denen mehrere Forderungen, insbesondere künftige Forderungen, gesichert werden, haben die Parteien nicht den Willen, dass mit der Tilgung einer Forderung ein entsprechender Teil des Eigentums an den Sicherungsgeber zurückfallen soll, sodass eine bedingte Einigung nur in den Fällen in Betracht kommt, in denen bestimmte, bereits entstandene Forderungen gesichert werden sollen.

Allein die Abrede, dass die Übereignung zur Sicherung von Forderungen erfolgt, reicht für die Annahme einer bedingten Übereignung nicht aus. Die bedingte Übereignung muss eindeutig vereinbart werden.[207]

1.3 Nichtigkeit der Einigung nach § 138 Abs. 1

Der Inhalt der sachenrechtlichen Einigung erschöpft sich darin, das Eigentum zu übertragen. Die Einigung ist wertneutral und kann grundsätzlich nicht gemäß § 138 Abs. 1 nichtig sein. Auch die Sittenwidrigkeit des schuldrechtlichen Grundgeschäfts erfasst in aller Regel nicht das abstrakte Verfügungsgeschäft,

---

206 Gehrlein MDR 2001, 911.
207 BGH NJW 1984, 1184@; Baur/Stürner § 57 Rdnr. 10.

nämlich die Übereignung. Anders ist es, wenn die Sittenwidrigkeit gerade im Vollzug der Leistung liegt.[208]

Ist der Sicherungsvertrag sittenwidrig, ist auch die Sicherungsübereignung gemäß § 138 Abs. 1 nichtig.[209] Die Rechtsprechung hat verschiedene Fallgruppen entwickelt, die einerseits an einer besonderen Rücksichtslosigkeit gegenüber dem Schuldner und andererseits an einer Missachtung der Interessen anderer Gläubiger ansetzen.[210] Dies ist insbesondere bei einer **Knebelung** des Sicherungsgebers und bei **anfänglicher Übersicherung** der Fall. Maßgeblich ist eine Gesamtwürdigung des konkreten Sicherungsvertrags hinsichtlich seines subjektiven und objektiven Gehalts.[211]

1.3.1 Knebelung

Die Sittenwidrigkeit kann sich aus der Beeinträchtigung der wirtschaftlichen Bewegungsfreiheit des Schuldners ergeben (Schuldnerschutz), indem der Einfluss des Gläubigers zu einer wirtschaftlichen Knebelung des Schuldners führt.[212]

Wird der Sicherungsgeber durch die Sicherungsübereignung in eine unerträgliche, die wirtschaftliche und soziale Lebensstellung vernichtende persönliche Abhängigkeit gebracht, liegt eine sittenwidrige Knebelung vor. Das ist insbesondere anzunehmen, wenn dem Sicherungsnehmer eine so weitgehende Einflussnahme auf die Betriebsführung des Schuldners zugestanden wird, dass in Wahrheit er die wesentlichen Entscheidungen im Betrieb des Schuldners trifft.

Beispiel: Der Hotelier B hat an seine Hausbank A zur Sicherung eines Kredites in Höhe von 120.000 € das Hotelinventar, das in einer Inventarliste aufgeführt ist, zur Sicherheit übereignet. Im Sicherungsvertrag ist bestimmt, dass B wöchentlich einen Geschäftsbericht einzureichen hat, dass ohne Zustimmung der A-Bank kein Personal eingestellt werden darf, dass bei nicht ausreichender Belegung Personal entlassen werden muss und dass Anschaffungen über 3.000 € der Zustimmung der A-Bank bedürfen.

1.3.2 Anfängliche Übersicherung

Die Sittenwidrigkeit kann sich aus der Gefährdung der übrigen ungesicherten Gläubiger ergeben, insbesondere daraus, dass im Zeitpunkt der Übereignung eine erhebliche Übersicherung erfolgt, also eine anfängliche (ursprüngliche) Übersicherung gegeben ist.

Sittenwidrigkeit gemäß § 138 Abs. 1 wegen Gläubigergefährdung kann danach vorliegen, wenn durch das Rechtsgeschäft objektiv die Möglichkeit gesetzt wird, dass Dritte getäuscht werden und Schaden erleiden. In subjektiver Hinsicht ist erforderlich, dass die Übersicherung auf einer verwerflichen Gesinnung des Sicherungsnehmers beruht.[213]

---

208 BGH ZIP 1997, 931; MünchKomm/Mayer-Maly § 138 Rdnr. 140; Palandt/Heinrichs § 138 Rdnr. 20.
209 Brehm/Berger 33.15.
210 Soergel/Henssler § 930 Anh., Rdnr. 92 ff.
211 BGH NJW 1991, 353, 354; 1955, 1272, 1273.
212 BGHZ 19, 12, 17 f.; 26, 185, 190 f.; BGH NJW 1962, 102, 103; 1993, 1587, 1588.
213 BGH NJW 1998, 2047@; Ganter WM 2001, 1 ff.

Beispiel: Der Elektrogroßhändler B übereignet an die A-Bank zur Sicherung eines Kredits über 50.000 € alle im Lager 1 befindlichen Elektrogeräte, Fernseher, Cassettenrecorder usw.; Wert des Lagers etwa 130.000 €. Im Sicherungsvertrag wird vereinbart, dass die Forderungen aus dem Verkauf der Geräte im Lager 1 und die Forderungen aus dem Verkauf der Waren im Lager 2 – Wäschetrockner, Waschmaschinen usw. – auf die A-Bank übergehen sollen.

Der BGH[214] hat eine Berechnungsmethode für die Ermittlung einer nachträglichen Übersicherung entwickelt (vgl. Übersicht und unten S. 80, 95). Diese gilt nicht für die Feststellung einer ursprünglichen Übersicherung. Für die anfängliche Übersicherung ist der realisierbare Wert nach den ungewissen Marktverhältnissen im Falle einer Insolvenz entscheidend. Dieser Wert lässt sich nur anhand der Besonderheiten des Einzelfalls ermitteln. Eine ursprüngliche Übersicherung liegt vor, wenn bereits bei Vertragsschluss gewiss ist, dass im noch ungewissen Verwertungsfall ein auffälliges Missverhältnis zwischen dem realisierbaren Wert der Sicherheit und der gesicherten Forderung bestehen wird.[215] Bei einem derart groben Missverhältnis, wie es hier besteht, kann von einer verwerflichen Gesinnung ausgegangen werden.

Eine **nachträgliche Übersicherung** führt nicht zur Sittenwidrigkeit der Übereignung. Es besteht lediglich ein Freigabeanspruch des Sicherungsgebers (vgl. Übersicht S. 84 u. unten S. 81 f., 96 f.).

2. Besitzmittlungsverhältnis

Das für die Übereignung gemäß §§ 929 S. 1, 930 erforderliche Besitzmittlungsverhältnis ergibt sich regelmäßig konkludent aus dem Sicherungsvertrag. In diesem ist vereinbart, dass der Sicherungsgeber die Sache weiter besitzen darf, bis der Sicherungsnehmer die Sache zur Befriedigung seiner Forderung herausverlangt.[216]

3. Berechtigung des Sicherungsgebers

Der Sicherungsgeber muss Berechtigter, d.h. verfügungsbefugter Eigentümer sein. Hat er an den von der Sicherungsübereignung erfassten Sachen nur ein Anwartschaftsrecht, wird dieses auf den Sicherungsnehmer übertragen (vgl. unten S. 99 ff.).

Ist der Sicherungsgeber Mieter oder Pächter, kann die Sicherungsübereignung mit dem Pfandrecht des Vermieters (§ 562 Abs. 1) oder Verpächters (§§ 581 Abs. 2, 562 Abs. 1) kollidieren. Dies ist insbesondere dann der Fall, wenn ein Raumsicherungsvertrag abgeschlossen wurde und der Sicherungsgeber Mieter dieses Raums ist. Nach h.M. geht das Vermieterpfandrecht vor, d.h. der Sicherungsnehmer erwirbt das Sicherungseigentum belastet mit dem Vermieterpfandrecht.[217]

---

214 BGHZ 137, 212 ff.@.
215 BGH NJW 1998, 2047@.
216 BGH, Urt. v. 20.09.2004 – II ZR 318/02 = NJW-RR 2005, 280 f.
217 BGH NJW 1992, 1156; Brehm/Berger 33.7.

2. Abschnitt: Der Sicherungsvertrag

Der Sicherungsvertrag ist das schuldrechtliche Grundgeschäft der Sicherungsübereignung. Er enthält die Zweckvereinbarung, die besagt, dass die übereignete Sache zur Sicherung einer bestimmten Forderung dienen soll.

Die Sicherungsübereignung ist abstrakt und in ihrer Wirksamkeit von dem Sicherungsvertrag grundsätzlich unabhängig. Eine Ausnahme besteht dann, wenn der Sicherungsvertrag gemäß § 138 Abs. 1 wegen Knebelung oder anfänglicher Übersicherung sittenwidrig ist. In diesem Fall erfasst die Nichtigkeit des Sicherungsvertrags auch die Übereignung. Im Regelfall bleibt die Sicherungsübereignung bei einem nichtigen Sicherungsvertrag jedoch wirksam. Der Sicherungsgeber kann das Sicherungseigentum nach § 812 Abs. 1 S. 1, 1. Fall zurückverlangen. Dies gilt auch dann, wenn die gesicherte Forderung besteht, denn der Rechtsgrund der Sicherungsübereignung ist nicht die Forderung, sondern der Sicherungsvertrag.[218]

Im Sicherungsvertrag werden weiterhin die **Rechte und Pflichten** der Parteien geregelt.

▶ Es können aufschiebende oder auflösende Bedingungen vereinbart werden, die das Sicherungseigentum von dem Entstehen und dem Fortbestand der gesicherten Forderung abhängig machen. Diese Bedingungen ergeben sich aber nicht ohne weiteres aus dem Sicherungsvertrag. Sie müssen Gegenstand einer besonderen Vereinbarung sein.

Ohne eine dahingehende Vereinbarung ist die Übereignung nicht aufschiebend bedingt durch das Entstehen der gesicherten Forderung oder auflösend bedingt durch den Fortbestand der Forderung.

▶ Ist das Sicherungsgut zur **Weiterveräußerung** oder **Verarbeitung** bestimmt, kann Nachstehendes geregelt werden:

– Der Sicherungsnehmer **ermächtigt** den Sicherungsgeber zur Weiterveräußerung, sodass der Sicherungsgeber seinen Abkäufern das Eigentum gemäß §§ 929, 185 übertragen kann.

Dafür tritt der Sicherungsgeber die aus der Weiterveräußerung entstehenden Forderungen gegen den Abkäufer an den Sicherungsnehmer ab, doch wird er ermächtigt, die Forderungen einzuziehen (Einziehungsermächtigung). Nach Einziehung ist der Betrag dann an den Sicherungsnehmer abzuführen (vgl. Parallele zum verlängerten Eigentumsvorbehalt, s.u. 4. Teil, 1. Abschnitt, 2.).

– Sofern das Sicherungsgut vom Sicherungsgeber **verarbeitet** wird, vereinbaren die Parteien, dass das Eigentum an den neu hergestellten Sachen auf den Sicherungsnehmer übergehen soll, sog. **Verarbeitungsklausel**.

Einzelheiten dazu beim Eigentumserwerb durch Verarbeitung gemäß § 950, s.u. 5. Teil, 1. Abschnitt, 4.3.

---

218 Brehm/Berger 33.10.

Auch ohne ausdrückliche Vereinbarung ergibt sich aus dem Sicherungsvertrag ein **Freigabeanspruch** des Sicherungsgebers auf Rückgabe nicht mehr benötigter Sicherheiten **bei nachträglicher Übersicherung**.[219]

Beispiel: Zur Sicherung eines Anspruchs in Höhe von 50.000 € übereignet der S dem B alle in einem Lager befindlichen und dorthin verbrachten Waren. Anfangs enthält das Lager Waren im Wert von 50.000 €. Im Laufe der Zeit lagert S zusätzliche und höherwertige Waren ein, bis schließlich der Wert des Warenlagers 120.000 € beträgt.

S hat einen Anspruch auf Freigabe der Sicherheiten, d.h. auf Rückübereignung, soweit eine Übersicherung besteht, d.h. soweit der Wert der eingelagerten Waren 75.000 € überschreitet (zur Berechnung vgl. unten).

Die Parteien können den Freigabeanspruch mit einer Freistellungsklausel zum Gegenstand einer vertraglichen Regelung machen. Der Anspruch besteht aber auch dann, wenn keine ausdrückliche Vereinbarung getroffen ist oder wenn die entsprechende Klausel unwirksam ist.[220]

Ein Freigabeanspruch besteht, sobald eine Übersicherung eintritt. Diese liegt aber nicht schon dann vor, wenn der Wert der übereigneten Sachen den Wert der gesicherten Forderung übersteigt. Es sind das Verwertungsrisiko und die Kosten der Verwertung zu berücksichtigen.

▶ Eine Übersicherung liegt vor, wenn der realisierbare Wert des Sicherungseigentums mehr als 110% der gesicherten Forderung beträgt.

Der Zuschlag von 10% ist als Pauschale für die Feststellungs-, Verwertungs- und Rechtsverfolgungskosten anzusehen.

▶ In entsprechender Anwendung des § 237 ist zu vermuten, dass nur 2/3 des Schätzwertes realisiert werden können. Es besteht eine widerlegliche Vermutung, dass eine Übersicherung gegeben ist, **wenn der Schätzwert des Sicherungsguts 150% der gesicherten Forderung übersteigt**.[221]

In den 150% ist der oben genannte Anteil von 10% für die Kosten bereits enthalten. Die Deckungsgrenze von 110% wirkt sich praktisch nur dann aus, wenn die Vermutung aus § 237 dahingehend widerlegt ist, dass kein nennenswertes Verwertungsrisiko besteht.[222]

Beispiel: Die zu sichernde Forderung beträgt 100.000 €. Übersteigt der **realisierbare Wert** der zur Sicherheit übereigneten Sachen 110%, also 110.000 €, liegt eine Übersicherung vor. Fraglich ist aber, welcher Wert tatsächlich realisierbar ist. Hier kann nicht allein der aktuelle Schätzwert zugrunde gelegt werden, da sich z.B. die Marktverhältnisse ändern können. Von dem Schätzwert muss deshalb ein Abschlag vorgenommen werden. Dies wird von der Rspr. entsprechend § 237 S. 1 gemacht, wonach Sicherheit mit beweglichen Sachen nur in Höhe von 2/3 ihres Schätzwerts geleistet werden kann. Beträgt der Wert des Warenlagers 150.000 €, wird vermutet, dass der realisierbare Wert 100.000 € beträgt. Bei dieser Pauschalierung ist dann allerdings der 10%ige Sicherheitszuschlag nicht gesondert zu berücksichtigen. Als Faustformel gilt also: Grundsätzlich tritt eine nachträgliche Übersicherung ein, wenn der Schätzwert 150% der Forderung übersteigt. Besteht kein Verwertungsrisiko, handelt es sich also z.B. um Sachen, die jederzeit zu einem festen Preis veräußert werden kön-

---

[219] BGHZ 137, 212; kritisch Tiedtke DStR 2001, 257.
[220] BGHZ 137, 212, 219@ ff.; Schwab JuS 1999, 740.
[221] BGHZ 137, 212, 234@ ff.; Schwab JuS 1999, 740, 743; Roth JZ 1998, 462, 464.
[222] BGHZ 137, 212, 235@.

nen, liegt eine Übersicherung bereits vor, wenn der Schätzwert die Forderung um 110% übersteigt.

Soweit der Freigabeanspruch durch AGB beschränkt wird – insbesondere dadurch, dass die Freigabe in das Ermessen des Sicherungsnehmers gestellt wird – ist die Beschränkung nach § 307 unwirksam. Die Unwirksamkeit der Klausel führt nicht zur Unwirksamkeit des gesamten Sicherungsvertrags; vielmehr tritt an die Stelle der unwirksamen Freigabeklausel der ermessensunabhängige Freigabeanspruch des Sicherungsgebers (§ 306 Abs. 2).[223]

3. Abschnitt: Das Sicherungseigentum in der Zwangsvollstreckung und im Insolvenzverfahren

1. Rechte des Sicherungsnehmers

Der Sicherungsnehmer ist Eigentümer der Sache. Im **Insolvenzverfahren** kann ein Dritter als Eigentümer einer Sache grundsätzlich Aussonderung gemäß § 47 InsO verlangen. Der Sicherungseigentümer hat jedoch im Insolvenzverfahren über das Vermögen des Sicherungsgebers **kein Aussonderungsrecht**. Er kann gemäß § 51 Nr. 1 InsO lediglich abgesonderte Befriedigung verlangen, da das Sicherungseigentum die Funktion eines besitzlosen Pfandrechts hat.

Die Rechte des Sicherungseigentümers in der **Einzelzwangsvollstreckung** sind umstritten.

▶ Teilweise wird angenommen, der Sicherungsnehmer könne lediglich **abgesonderte Befriedigung gemäß § 805 ZPO** verlangen. Ein Recht zur Erhebung der Drittwiderspruchsklage gemäß § 771 ZPO stehe ihm nicht zu. Das Sicherungseigentum sei im Grunde ein besitzloses Pfandrecht. Da es im Insolvenzverfahren nicht zur Aussonderung berechtige, sei auch in der Einzelzwangsvollstreckung die Drittwiderspruchsklage nicht der richtige Rechtsbehelf. Die Rechte des Sicherungseigentümers seien durch § 805 ausreichend geschützt.[224]

▶ Nach der h.M. kann der Sicherungsnehmer sein Eigentum im Wege der **Drittwiderspruchsklage gemäß § 771 ZPO** geltend machen. Der Sicherungsnehmer ist ohne Einschränkung Eigentümer der Sache, daher müssen ihm im Zwangsvollstreckungsverfahren auch die Rechte eines Eigentümers zustehen. Die besondere Behandlung des Sicherungseigentums in der Insolvenz beruht darauf, dass dem Sicherungseigentümer nicht gleichzeitig ein Anspruch auf Aussonderung und ein Anspruch auf Befriedigung aus der Masse wegen seiner gesamten Forderung zustehen soll. Diese Situation besteht in der Einzelzwangsvollstreckung nicht.[225]

---

223 S. zur Nichtigkeit von Sicherungsverträgen unten Übersicht S. 98.
224 Baumbach/Lauterbach/Albers/Hartmann, ZPO, 59. Aufl., § 771 Rdnr. 26; Reinicke/Tiedtke DB 1994, 2603.

2. Rechte des Sicherungsgebers

Im Insolvenzverfahren über das Vermögen des Sicherungsnehmers steht dem Sicherungsgeber ein Aussonderungsrecht aus § 47 InsO zu, obwohl er nicht Eigentümer ist. Der Anspruch auf Aussonderung besteht Zug um Zug gegen Tilgung der gesicherten Forderung.

Im Zwangsvollstreckungsverfahren hat der Sicherungsgeber bis zum Eintritt der Verwertungsreife das Recht zur Erhebung der Drittwiderspruchsklage gemäß § 771 ZPO, da bis zu diesem Zeitpunkt das Sicherungseigentum nur ein Treuhandvermögen darstellt. Das Recht aus § 771 ZPO besteht nicht mehr, wenn der Sicherungsnehmer mit Eintritt der Verwertungsreife zur Veräußerung der Sache befugt ist.[226]

---

225 BGHZ 12, 232, 234; 118, 201, 206; Schwab/Prütting Rdnr. 421; Baur/Stürner § 57 Rdnr. 32; Brehm/Berger 33.21.
226 BGHZ 72, 141, 142; Schwab/Prütting Rdnr. 421.

Das Sicherungseigentum

Die Übereignung gemäß §§ 929, 930

- ▶ Der Inhalt der Einigung muss dem **Bestimmtheitsgrundsatz** genügen. Das ist gegeben durch
  – eine Raumsicherung,
  – eine Markierungssicherung,
  – die Übereignung aller Sachen einer bestimmten Gattung.
- ▶ Ohne eine besondere Vereinbarung ist die Sicherungsübereignung **nicht auflösend bedingt**.
- ▶ Die Einigung kann (zusammen mit dem Sicherungsvertrag) gemäß § 138 Abs. 1 nichtig sein bei einer **Knebelung** des Sicherungsnehmers und bei **anfänglicher Übersicherung**.
- ▶ Das Sicherungseigentum wird regelmäßig gemäß §§ 929, 930 übertragen. Das dafür erforderliche **Besitzmittlungsverhältnis** ist in dem Sicherungsvertrag zu sehen.
- ▶ Der Sicherungseigentümer muss **Berechtigter** sein. Hat er nur ein Anwartschaftsrecht am Sicherungsgut, wird dieses übertragen. Ist der Sicherungsgeber Mieter oder Pächter wird bei einer Raumsicherung das Sicherungseigentum belastet mit einem Vermieter- bzw. Verpächterpfandrecht erworben.

Der Sicherungsvertrag

Der Sicherungsvertrag ist das schuldrechtliche Grundgeschäft (Rechtsgrund) der Sicherungsübereignung. Er verknüpft die gesicherte Forderung mit der Eigentumsübertragung und regelt Rechte und Pflichten der Parteien.

- ▶ Ohne besondere Abrede kann dem Sicherungsvertrag keine aufschiebende oder auflösende Bedingung für die Sicherungsübereignung entnommen werden.
- ▶ Auch ohne besondere Vereinbarung besteht ein **Freigabeanspruch**, wenn eine nachträgliche Übersicherung eintritt.
  – Eine Übersicherung liegt (unwiderleglich) vor, wenn der realisierbare Wert des Sicherungseigentums 110% der gesicherten Forderung beträgt.
  – Entsprechend § 237 besteht eine widerlegliche Vermutung, dass eine Übersicherung gegeben ist, wenn der Schätzwert des Sicherungsgutes 150% der gesicherten Forderung beträgt.

Zwangsvollstreckung und Insolvenz

- ▶ Im Insolvenzverfahren hat der Sicherungseigentümer kein Aussonderungsrecht, sondern gemäß § 51 Nr. 1 InsO ein Recht auf abgesonderte Befriedigung.
- ▶ In der Zwangsvollstreckung durch Gläubiger des Sicherungsgebers kann der Sicherungseigentümer nach h.M. Drittwiderspruchsklage gemäß § 771 ZPO erheben.
- ▶ Wird über das Vermögen des Sicherungsnehmers (Eigentümers) das Insolvenzverfahren eröffnet, hat der Sicherungsgeber ein Aussonderungsrecht gemäß § 47 InsO Zug um Zug gegen Tilgung der gesicherten Forderung.
- ▶ In der Einzelzwangsvollstreckung kann der Sicherungsgeber bis zum Eintritt der Verwertungsreife die Drittwiderspruchsklage gemäß § 771 ZPO erheben.

4. Teil: Das Anwartschaftsrecht auf Eigentumserwerb an beweglichen Sachen

Überblick

Wenn der Käufer nicht über ausreichende Mittel für den Erwerb von Sachen verfügt, dann wird der Verkäufer im Regelfall nicht gewillt sein, das Eigentum an der Kaufsache auf den Käufer zu übertragen. In einem solchen Fall vereinbaren die Kaufparteien einen Eigentumsvorbehalt. Es werden **zwei Rechtsgeschäfte**, nämlich der Kaufvertrag (das Kausalgeschäft) und die bedingte Übereignung (das Verfügungsgeschäft) getätigt mit der Folge, dass **zwei Personen an der Sache berechtigt** sind.

1. Zwei Rechtsgeschäfte

1.1 Die Parteien schließen einen unbedingten Kaufvertrag gemäß § 433. Der Verkäufer ist gemäß § 433 Abs. 1 S. 1 grundsätzlich verpflichtet, dem Käufer die Sache zu übergeben und unbedingtes Eigentum zu übertragen. Vereinbaren die Parteien einen Eigentumsvorbehalt gemäß § 449 Abs. 1, wird diese Pflicht dahingehend modifiziert, dass der Verkäufer das Eigentum nur aufschiebend bedingt durch vollständige Kaufpreiszahlung übertragen muss.[227] Anders als es die Formulierung des § 449 Abs. 1 nahe legt („ hat sich das Eigentum ... vorbehalten"), genügt dazu nicht die einseitige Erklärung des Verkäufers. Vielmehr ist dazu eine Einigung der Parteien erforderlich, die allerdings auch konkludent oder durch AGB erfolgen kann. § 449 Abs. 1 ist allerdings nur eine Auslegungsregel: Denkbar ist auch, dass die Parteien vereinbaren, dass der Verkäufer das Eigentum unter der auflösenden Bedingung der Nichtzahlung des Kaufpreises auf den Käufer überträgt.

Ist der Käufer **Verbraucher**, können die Regeln über **Finanzierungshilfen** (§§ 499 ff.) Anwendung finden. Nach § 499 Abs. 2 fallen darunter insbesondere Teilzahlungsgeschäfte, deren häufigster Anwendungsbereich der Kauf unter Eigentumsvorbehalt ist. Für das Zustandekommen und die Abwicklung gelten besondere Vorschriften, die insbesondere die Form (§ 502), den Widerruf (§§ 501, 495 Abs. 1) sowie Folgen der Nichtzahlung durch den Verbraucher regeln. Zu Einzelheiten vgl. AS-Skript SchuldR BT 2.

1.2 Der Verkäufer übergibt dem Käufer die Sache und überträgt gemäß §§ 929, 158 das Eigentum unter der **aufschiebenden Bedingung** der vollständigen Kaufpreiszahlung. Er hat damit seine aus dem Kaufvertrag geschuldeten Leistungshandlungen bereits **vollständig** erbracht.

---

[227] HK/Saenger § 449 Rdnr. 6.

2. Zwei Berechtigte

2.1 Der **Verkäufer** ist weiter – auflösend bedingter – Eigentümer. Er verfügt im Falle der Übertragung des Eigentums als Berechtigter.

2.2 Der **Käufer** ist – aufschiebend bedingter – Eigentümer und er kann durch die Zahlung des Kaufpreises den Bedingungseintritt herbeiführen. Mit dem Eintritt der Bedingung erwirbt er dann das Volleigentum. Da der Verkäufer den Eintritt der Bedingung (die Kaufpreiszahlung) nicht verhindern kann, hat der Käufer mit der Übertragung bedingten Eigentums eine rechtlich gesicherte Erwerbsposition und damit ein Anwartschaftsrecht auf Erwerb des Volleigentums erlangt.

2.3 Tritt die Bedingung ein, wird eine in der Schwebezeit vom Eigentümer getroffene Verfügung unwirksam (§ 161 Abs. 1). Die aufschiebend bedingte Übereignung wird daher vor Zwischenverfügungen geschützt. Allerdings finden die §§ 932 ff. gemäß § 161 Abs. 3 entsprechende Anwendung.

1. Abschnitt: Das Entstehen des Anwartschaftsrechts

Ein **Anwartschaftsrecht** liegt dann vor, wenn von einem mehraktigen Entstehungstatbestand eines Rechts schon so viele Erfordernisse erfüllt sind, dass eine gesicherte Erwerbsposition des Erwerbers entsteht, die der Veräußerer nicht mehr durch einseitige Erklärung vernichten kann.[228]

Hauptfall ist das Anwartschaftsrecht des Vorbehaltskäufers. Wenn der Vorbehaltsverkäufer sich weigert, den Kaufpreis entgegenzunehmen, wird gemäß § 162 Abs. 1 der Bedingungseintritt fingiert, und der Käufer erwirbt das Volleigentum.[229] Der Vorbehaltsverkäufer kann also den Eintritt der Bedingung und damit den Eigentumserwerb nicht verhindern.

Bei einer Sicherungsübereignung entsteht ein Anwartschaftsrecht des Sicherungsgebers, wenn die Übereignung unter der auflösenden Bedingung der Tilgung der gesicherten Forderung vereinbart wird. Im Regelfall ist die Sicherungsübereignung aber nicht auflösend bedingt.

Ein Anwartschaftsrecht auf Erwerb des Eigentums an einem Grundstück entsteht nach h.M.,

▶ wenn die Auflassung erklärt ist und der Erwerber einen Antrag auf Eigentumsumschreibung gestellt hat oder

▶ wenn die Auflassung erklärt ist und eine Auflassungsvormerkung eingetragen wurde.[230]

Die Voraussetzungen für das Entstehen eines Anwartschaftsrechts:

▶ **Bedingte Einigung, §§ 929, 158**
Veräußerer und Erwerber müssen sich über die Übertragung bedingten Eigentums einigen. Beim Eigentumsvorbehalt steht die Übereignung unter der Bedingung vollständiger Kaufpreiszahlung.

---

228 BGHZ 83, 385, 399; Schreiber Jura 2001, 623, 624; ausführl. zum Anwartschaftsrecht Lux Jura 2004, 145 ff.
229 Palandt/Heinrichs § 162 Rdnr. 4; Soergel/Wolf § 162 Rdnr. 9.
230 Einzelheiten AS-Skript SachenR 2.

- Problematisch kann die Vereinbarung eines Eigentumsvorbehalts durch AGB sein, insbesondere wenn sie erst nach Kaufabschluss ausgehändigt werden oder sich die AGB von Veräußerer und Erwerber widersprechen (dazu unter 1.)
- Die Parteien können einen einfachen, einen erweiterten, einen nachgeschalteten oder einen nachträglichen Eigentumsvorbehalt vereinbaren. Ist die Sache zur Weiterveräußerung bestimmt, vereinbaren die Parteien im Regelfall einen verlängerten Eigentumsvorbehalt (dazu unter 2.).

▶ **Übergabe bzw. Übergabesurrogat**
In aller Regel erfolgt eine Übergabe nach § 929 S. 1. Dabei ist allerdings eine Besonderheit zu beachten. Der Eigentumsvorbehaltskauf ist ein Besitzmittlungsverhältnis i.S.d. § 868, sodass der Vorbehaltsverkäufer und Veräußerer auch nach Aushändigung der Sache an den Vorbehaltskäufer mittelbarer Besitzer bleibt. Der Entstehung eines Anwartschaftsrechts steht dies aber nicht entgegen. Ein vollständiger Besitzverlust auf Veräußererseite – den die Übergabe nach § 929 S. 1 normalerweise voraussetzt – ist für die Entstehung des Anwartschaftsrechts nicht erforderlich.[231]

▶ **Einigsein**
Eine vorweggenommene Einigung muss im Zeitpunkt der Übergabe noch fortbestehen.

▶ **Berechtigung**
Grundsätzlich muss der Veräußerer Berechtigter sein. Der Erwerb eines Anwartschaftsrechts vom Nichtberechtigten ist unter den Voraussetzungen der §§ 932–934 möglich.

▶ **Möglichkeit des Bedingungseintritts**
Das Anwartschaftsrecht kann nur bestehen, wenn der Eintritt der Bedingung möglich ist. Ist der Vorbehaltskaufvertrag unwirksam oder in ein Rückabwicklungsschuldverhältnis umgewandelt, kann die Bedingung der Erfüllung der Kaufpreisforderung durch vollständige Zahlung nicht mehr eintreten.

Beispiel: V verkauft dem Kaufmann K einen Lkw für 42.000 € mit der Abrede, dass das Eigentum erst übergehen soll, wenn der Kaufpreis vollständig bezahlt worden ist. K zahlt 12.000 € an. Der Rest soll in monatlichen Raten von 3.000 € getilgt werden. Nach drei Monaten tritt K wirksam vom Kaufvertrag zurück.

(A) K kann gemäß §§ 929, 158 bedingtes Eigentum und damit ein Anwartschaftsrecht erworben haben.
(I) Da der Eigentumsübergang erst nach Zahlung des Kaufpreises eintreten soll, liegt eine wirksame bedingte Einigung vor.
(II) Übergabe: Der Erwerber K hat den Besitz erlangt, und zwar auf Veranlassung des Veräußerers V. Unschädlich ist, dass V aufgrund des Eigentumsvorbehaltskaufs mittelbarer Besitzer geblieben ist.
(III) Der V war Berechtigter.
(IV) Vor dem Rücktritt des K vom Kaufvertrag war der Eintritt der Bedingung möglich. K hat zunächst ein Anwartschaftsrecht erworben.

---

231 BGHZ 10, 69, 71@; Brox JuS 1984, 657, 659; Palandt/Bassenge § 929 Rdnr. 27.

(B) Das Anwartschaftsrecht des K ist mit dem wirksamen Rücktritt erloschen, weil nunmehr die Bedingung, nämlich die Zahlung des Kaufpreises, nicht mehr eintreten kann.

Die rechtliche Einordnung des Anwartschaftsrechts ist im Einzelnen umstritten. Nach h.M. ist das Anwartschaftsrecht wegen des numerus clausus der Sachenrechte **kein beschränkt dingliches Recht** wie z.B. das Pfandrecht, sondern eine **Vorstufe** des zu erwerbenden dinglichen Rechts, ein **wesensgleiches Minus** gegenüber dem zu erwerbenden **Eigentum**.[232]

Mangels einer gesetzlichen Einzelregelung für das **Anwartschaftsrecht** werden die Vorschriften über das **Vollrecht entsprechend** auf das Anwartschaftsrecht angewandt.[233]

1. Der Eigentumsvorbehalt in AGB

1.1 Wenn die **AGB in den Kaufvertrag einbezogen** worden sind, liegt eine wirksame bedingte Einigung vor.

1) AGB werden grundsätzlich gemäß § 305 Abs. 2 dadurch Vertragsinhalt, dass der Verwender bei Vertragsschluss ausdrücklich auf sie hinweist, seinem Vertragspartner die Möglichkeit der Kenntnisnahme verschafft und dieser mit der Geltung der AGB einverstanden ist.

2) Bei der Verwendung gegenüber einem Unternehmer findet § 305 Abs. 2 gemäß § 310 Abs. 1 keine Anwendung. Die AGB können ausdrücklich oder konkludent einbezogen werden. Die Einbeziehung durch schlüssiges Verhalten setzt voraus, dass der Verwender bei Vertragsschluss auf AGB verweist und der Vertragspartner zumindest in der Lage ist, sich über die Bedingungen ohne weiteres Kenntnis zu verschaffen und sein Verhalten unter Berücksichtigung aller Umstände als Einverständnis gewertet werden kann.

1.2 Der Eigentumsvorbehalt in den AGB, die nach Kaufabschluss, aber vor Übergabe ausgehändigt werden

Wenn die Parteien einen Kaufvertrag abgeschlossen haben, der zur unbedingten Eigentumsübertragung verpflichtet, und die AGB mit dem Eigentumsvorbehalt der späteren Lieferung beigefügt werden, dann bringt der Verkäufer zum Ausdruck, nur bedingtes Eigentum übertragen zu wollen.

Diese Erklärung erlangt nur dann Wirksamkeit, wenn

1. die AGB einer zur **Vertragsgestaltung befugten Person** vor der Übergabe zugegangen sind und

2. dieser Person die **Kenntnisnahme** von einem in dieser Form und unter diesen Umständen erklärten Eigentumsvorbehalt **zumutbar** ist.[234]

Fehlt es an diesen Voraussetzungen, dann wird gemäß der kaufvertraglichen Verpflichtung aus § 433 Abs. 1 S. 1 unbedingtes Eigentum übertragen.

---

[232] BGHZ 28, 16, 21; 35, 85, 89; BGH NJW 1982, 1639, 1640@; Leibl/Sosnitza JuS 2001, 341, 342.
[233] BGH NJW 1984, 1184, 1185@; ausführlicher Überblick bei Lux Jura 2004, 145 ff.
[234] BGH NJW 1979, 213, 214; 2199, 2200; 1982, 1749, 1750@; Lousanoff NJW 1982, 1727, 1728.

Beispiel: V hat dem K Waren verkauft. Der späteren Lieferung fügt V seine AGB mit dem Eigentumsvorbehalt bei. Der Lagerverwalter des K nimmt die Ware und die AGB entgegen.

Der Lagerverwalter ist keine zur Vertragsgestaltung befugte Person, sodass der Eigentumsvorbehalt nicht wirksam geworden ist.

Wird das bedingte Übereignungsangebot abgelehnt (etwa durch Zurückweisen der Lieferung), erlangt der Käufer weder das Eigentum noch ein Anwartschaftsrecht.

Nimmt der Käufer das bedingte Übereignungsangebot an, ist fraglich, welche Auswirkungen dies auf den Kaufvertrag hat. Nach einer Ansicht liegt in der Annahme eines bedingten Übereignungsangebots nicht zugleich auch eine schuldrechtliche Einigung über einen nachträglichen Eigentumsvorbehaltskauf. Vielmehr verletzt der Verkäufer, der zur unbedingten Übereignung verpflichtet ist, durch eine nur bedingte Übereignung seine Pflichten aus dem Kaufvertrag.[235] Der Käufer kann ihn in Verzug setzen oder nach §§ 281, 323 vorgehen. Ist allerdings im Kaufvertrag nicht ausdrücklich eine Vorleistungspflicht des Verkäufers vereinbart worden, kann dieser sich insoweit auf ein Zurückbehaltungsrecht nach § 320 berufen, bis die vollständige Zahlung des Kaufpreises erfolgt ist. Nach h.M. liegt in der Annahme der bedingten Übereignung konkludent zugleich eine nachträgliche Änderung des Kaufvertrags.[236] Praktisch werden die Unterschiede allerdings kaum Bedeutung haben, da regelmäßig eine Vorleistungspflicht des Verkäufers ohne entsprechenden Eigentumsvorbehalt nicht vereinbart sein wird.

1.3 Der Eigentumsvorbehalt in einander widersprechenden AGB

Gibt jede Partei unter Bezugnahme auf ihre AGB die Vertragserklärung ab, sodass die AGB Vertragsbestandteil werden, und enthalten die AGB einander widersprechende Erklärungen bezüglich des Eigentumsübergangs, dann gilt: Es liegt ein offener Dissens vor, § 154 Abs. 1. Die Vorschrift ist Auslegungsregel. Der Vertrag ist „im Zweifel" nicht geschlossen. Wollen sich die Parteien trotz des offenen Punktes erkennbar vertraglich binden, so kommt der Kaufvertrag ohne die widersprechende Erklärung zustande. Ein solcher Wille ist in der Regel anzunehmen, wenn die Parteien im beiderseitigen Einvernehmen mit der Durchführung des Vertrags beginnen.[237]

A) Es kommt zwischen den Parteien ein **Kaufvertrag** zustande, der zu einer unbedingten Übereignung verpflichtet. Die einander widersprechenden Vertragserklärungen bezüglich des Eigentumsübergangs werden zwar nicht wirksam, doch bleibt davon die Wirksamkeit des Vertrags im Übrigen gemäß § 306 Abs. 1 unberührt.

---

235 Bamberger/Faust § 449 Rdnr. 15.
236 Bamberger/Kindl Anh. § 929 Rdnr. 18; Baur/Stürner § 59 Rdnr. 10.
237 Palandt/Heinrichs § 154 Rdnr. 2.

Das gilt auch dann, wenn die AGB eine sog. Abwehrklausel enthalten, wenn also ausdrücklich darauf hingewiesen wird, dass nur die Geschäftsbedingungen des Verwenders gelten sollen, und alle anderen Geschäftsbedingungen zurückgewiesen werden.[238]

Beispiel für widersprechende AGB bezüglich des Eigentumsvorbehalts:
Die Bestellung des Käufers enthält u.a. die Einkaufsbedingung: „Der Käufer wird Eigentümer. Er kann uneingeschränkt über die gelieferte Ware verfügen. Er darf sie für sich verwenden bzw. weiterveräußern ..."
Nach Zugang dieser Bestellung durch den Käufer bestätigt der Verkäufer unter Beifügung der AGB: „Alle gelieferten Waren bleiben unser Eigentum (Vorbehaltsware) bis zur Erfüllung sämtlicher Forderungen. Der Käufer darf die Vorbehaltsware nur im gewöhnlichen Geschäftsverkehr zu seinen normalen Geschäftsbedingungen veräußern ...". Die Einkaufsbedingungen des Käufers werden ausdrücklich zurückgewiesen.
Als der Verkäufer an den Käufer liefert, nimmt dieser die Ware entgegen.

Es ist ein wirksamer Kaufvertrag ohne Eigentumsvorbehalt zustande gekommen. Zwar haben die Parteien sich nicht über die Frage eines Eigentumsvorbehalts geeinigt und es liegt begrifflich ein offener Dissens i.S.d. § 154 vor. Nach § 154 ist der Vertrag aber nur „im Zweifel" nicht geschlossen. Bei einander widersprechenden AGB wollen sich die Parteien aber erkennbar vertraglich binden, wenn sie den Vertrag durchführen. Hier hat der Verkäufer an den Käufer geliefert und dieser hat die Ware angenommen. Soweit sich die AGB widersprechen, werden sie nicht Vertragsbestandteil. Es gelten nach dem Rechtsgedanken des § 306 Abs. 2 die gesetzlichen Vorschriften.

B) Für die **sachenrechtliche Einigung** gilt:

Der Käufer hat in den Fällen der widersprechenden AGB Kenntnis davon, dass der Verkäufer nur unter Eigentumsvorbehalt liefern will. Zumindest ist ihm die Kenntnisnahme zumutbar. Daher nimmt er das vom Verkäufer mit der Lieferung gemachte Einigungsangebot zur bedingten Eigentumsübertragung konkludent an und erwirbt gemäß §§ 929, 158 bedingtes Eigentum (Anwartschaftsrecht).

Im Falle einer Abwehrklausel kommt es jedoch nur zu einem einfachen Eigentumsvorbehalt. Für einen verlängerten Eigentumsvorbehalt fehlt es an einer Einigung über die Vorausabtretung.[239]

Die AGB können, auch wenn sie nicht Vertragsbestandteil des schuldrechtlichen Vertrags geworden sind, zur **Auslegung der sachenrechtlichen Einigung** herangezogen werden. Ein sorgfältiger Käufer kann in den Fällen der widersprechenden AGB bezüglich des Eigentumsübergangs nicht davon ausgehen, dass der Verkäufer unbedingtes Eigentum übertragen will.[240]

Beachte: Der Verkäufer ist zwar gemäß § 433 Abs. 1 S. 1 zur unbedingten Eigentumsübertragung verpflichtet, weil der Eigentumsvorbehalt nicht Vertragsbestandteil geworden ist. Doch kann der Verkäufer auch in diesem Falle, falls keine Vorleistungspflicht besteht, gemäß § 320 die Eigentumsübertragung davon

---

238 Ulmer/Schmidt JuS 1984, 18 ff.; BGH WM 1986, 1081, 1082.
239 BGH NJW 1985, 1838, 1840.
240 Ulmer/Schmidt JuS 1984, 18, 24; BGHZ 104, 136, 137; Hoffmann Jura 1995, 457; a.A. Erman/Grunewald § 455 Rdnr. 3.

abhängig machen, dass ihm der Kaufpreis sofort gezahlt wird. Wenn der Käufer dieser Verpflichtung zur Kaufpreiszahlung nicht nachkommt, kann er nicht erwarten, dass unbedingtes Eigentum übertragen wird.[241]

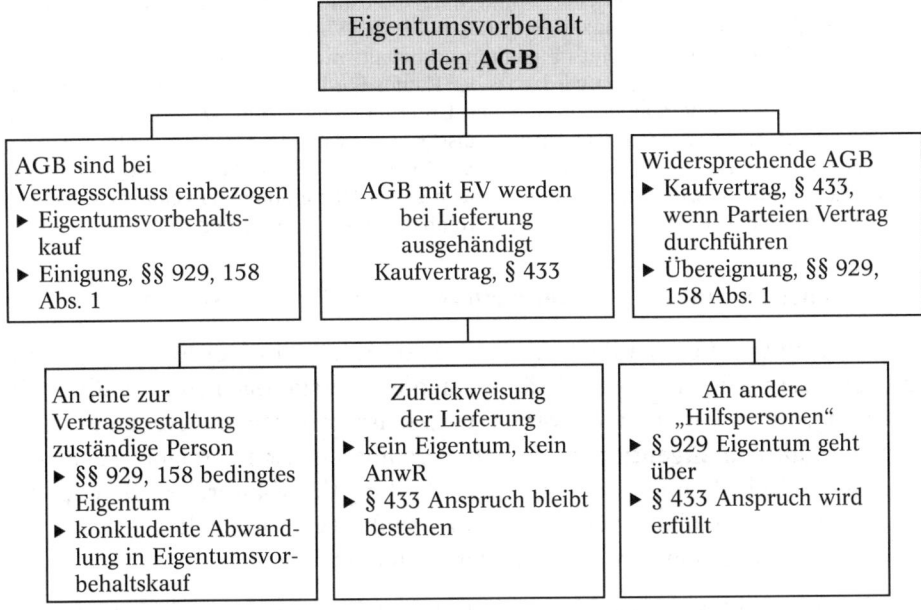

2. Der einfache, erweiterte, nachgeschaltete, nachträgliche und verlängerte Eigentumsvorbehalt

2.1 Der einfache Eigentumsvorbehalt

Haben die Parteien einen Eigentumsvorbehaltskauf gemäß §§ 433, 449 abgeschlossen, der den Verkäufer verpflichtet, das Eigentum erst nach der Zahlung des Kaufpreises zu übertragen, geht mit der Übergabe der Kaufsache gemäß §§ 929, 158 bedingtes Eigentum auf den Käufer über. Erst mit der Zahlung erlangt der Käufer dann das Eigentum. Da der Eigentumswechsel allein durch die Tilgung des Kaufpreises eintritt, handelt es sich um einen **einfachen Eigentumsvorbehalt**.

2.2 Der erweiterte Eigentumsvorbehalt

Bei einem erweiterten Eigentumsvorbehalt geht das Eigentum nicht schon mit der Tilgung des Kaufpreises, sondern erst dann über, wenn **weitere Forderungen** erfüllt worden sind.[242] Sicherungsfähig sind alle gegenwärtigen und künftigen Forderungen. Die gesicherten Forderungen brauchen im Zeitpunkt des Abschlusses der bedingten Einigung noch nicht bestimmt zu sein.

---

241 Ulmer/Schmidt JuS 1984, 18, 25.
242 Bülow DB 1999, 2196 ff.

- Ein **Kontokorrentvorbehalt** ist gegeben, wenn nicht nur die Kaufpreisforderung, sondern alle Forderungen des Verkäufers aus der Geschäftsverbindung mit dem Käufer gesichert werden sollen.

- Beim **Konzernvorbehalt** werden nicht nur die Forderungen des Vorbehaltsverkäufers gegen den Vorbehaltskäufer gesichert, sondern auch die anderer Lieferanten des Vorbehaltskäufers, die dem gleichen Konzern angehören wie der Vorbehaltsverkäufer. Gemäß § 449 Abs. 3 ist die Vereinbarung eines Eigentumsvorbehalts nichtig, soweit der Eigentumsübergang davon abhängig gemacht wird, dass der Käufer Forderungen eines Dritten, insbesondere eines mit dem Verkäufer verbundenen Unternehmens, erfüllt. Der Konzernvorbehalt auf Verkäuferseite ist nach § 449 Abs. 3 also stets unwirksam.[243] Eine analoge Anwendung des § 449 Abs. 3 auf den umgekehrten Konzernvorbehalt, dass also der Eigentumsübergang von der Erfüllung von Forderungen gegen Dritte abhängig gemacht wird, wird überwiegend abgelehnt.[244] Eine solche Vereinbarung ist also wirksam.

2.3 Der nachgeschaltete und der weitergeleitete Eigentumsvorbehalt

Der Vorbehaltskäufer, der die Sache an seinen Abkäufer unter Eigentumsvorbehalt veräußern will, ohne den Abkäufer davon zu verständigen, dass er die Sache unter Eigentumsvorbehalt erworben hat, kann mit seinem Abkäufer einen **nachgeschalteten Eigentumsvorbehalt** vereinbaren. Er übereignet seinerseits unter der aufschiebenden Bedingung der Zahlung des Kaufpreises, den der Abkäufer dem Vorbehaltskäufer schuldet. Es sind zwei Vorbehaltskäufe mit verschiedenen Bedingungen hintereinander geschaltet.

Das Eigentum an der Sache geht in diesem Fall auf den Vorbehaltskäufer über, wenn er den Kaufpreis zahlt. Es geht auf seinen Abkäufer über, wenn dieser den Kaufpreis zahlt.

Teilt der Vorbehaltskäufer seinem Abkäufer mit, dass er die Sache unter Eigentumsvorbehalt erworben hat, dann kann er einen **weitergeleiteten Eigentumsvorbehalt** vereinbaren. Der Abkäufer wird erst dann Eigentümer, wenn die Verbindlichkeiten aus dem ersten Eigentumsvorbehaltskauf getilgt sind.

2.4 Der nachträgliche Eigentumsvorbehalt

Hat der Veräußerer das Eigentum auf den Erwerber übertragen und kann der Erwerber den Kaufpreis nicht wie vereinbart zahlen, können die Parteien nach h.A. nachträglich wirksam einen Eigentumsvorbehalt vereinbaren mit der Folge, dass der Veräußerer wieder Eigentümer und der Erwerber Anwartschaftsberechtigter wird.[245]

Beispiel: V verkauft dem K eine Wohnzimmereinrichtung, Zahlung 1 Monat nach Lieferung. Da K nicht zahlen kann, vereinbaren V und K einen „Eigentumsvorbehalt".

Im Ergebnis besteht weitgehend Übereinstimmung: Der V ist aufgrund der Vereinbarung wieder Eigentümer geworden und der K ist Anwartschaftsberechtigter. Umstritten ist lediglich die rechtliche Begründung.

---

[243] Habersack/Schürnbrand JuS 2002, 837.
[244] Palandt/Putzo § 449 Rdnr. 22; Bülow DB 1999, 2196; Schirmer ZInso 1999, 382; a.A.: Leible/Sonitza JuS 2001, 558; Bamberger/Faust § 449 Rdnr. 37.
[245] BGH NJW 1953, 217 f.; Baur/Stürner § 51 Rdnr. 34; Staudinger/Honsell § 455 Rdnr. 15.

Die Rechtsprechung und ein Teil der Literatur gehen davon aus, dass der Eigentumsvorbehalt durch ein **Anerkenntnis** wirksam wird.[246]

Die Gegenmeinung nimmt an, dass eine **Rückübertragung** erfolgt.

▶ Der Käufer behalte ein **Anwartschaftsrecht** und

▶ der Verkäufer erwerbe gemäß §§ 929, 158, 930 das um das Anwartschaftsrecht „**gekürzte**" Eigentum zurück.[247]

In beiden Fällen können jedoch Rechte Dritter, die an der Sache in der Zwischenzeit begründet wurden, durch die Rückübereignung nicht beeinträchtigt werden.

Konstruktiv möglich ist ferner, dass es sich bei einem „nachträglichen Eigentumsvorbehalt" um eine auflösend bedingte Sicherungsübereignung an den Verkäufer handelt.[248] Eine solche Abrede wird von den Parteien i.d.R. aber nicht gewollt sein, da Sicherungseigentum in der Insolvenz lediglich ein Absonderungs- und kein Aussonderungsrecht gewährt.[249]

2.5 Der verlängerte Eigentumsvorbehalt

Der Anwartschaftsberechtigte (Vorbehaltskäufer), der Sachen zur **Weiterveräußerung** erwirbt, will seinem Abkäufer das **Eigentum** verschaffen, wenn dieser den vollen Kaufpreis zahlt. Wird nur ein Teil entrichtet, will er ihm ein **Anwartschaftsrecht** mit dem Inhalt einräumen, dass mit der vollständigen Zahlung des Kaufpreises das Eigentum übergeht. Der Eigentumsübergang soll nicht davon abhängig sein, dass auch der Vorbehaltsverkäufer wegen seiner Forderungen gegen den Vorbehaltskäufer befriedigt wird. Es wird also weder das Anwartschaftsrecht des Vorbehaltskäufers weitergeleitet noch eine Doppelanwartschaft begründet.

Die Parteien vereinbaren bezüglich der zur **Weiterveräußerung bestimmten Sachen** einen **verlängerten** Eigentumsvorbehalt.

2.5.1 Der Inhalt des verlängerten Eigentumsvorbehalts

▶ Der Verkäufer **verkauft** an den Käufer unter Eigentumsvorbehalt, §§ 433, 449.

▶ Der Verkäufer **überträgt das Eigentum** unter der aufschiebenden Bedingung der vollständigen Kaufpreiszahlung, §§ 929, 158.

▶ Der Vorbehaltskäufer wird zur **Weiterveräußerung** im gewöhnlichen Geschäftsverkehr **ermächtigt** (§ 185 Abs. 1). Er darf das Eigentum auf den Abkäufer übertragen oder an ihn zur Sicherung der Kaufpreisforderung unter Eigentumsvorbehalt liefern, sodass der Abkäufer bereits Eigentum erwirbt, wenn er die Kaufpreisforderung des Vorbehaltskäufers tilgt.

▶ Die Ermächtigung zur Weiterveräußerung steht jedoch unter der Bedingung (§ 158), dass der Vorbehaltskäufer – der Anwartschaftsberechtigte – dem

---

246 BGHZ 98, 160, 165, 166@; ähnlich Baur/Stürner § 51 Rdnr. 34.
247 Larenz, Schuldrecht II/1 § 43 II a (S. 110); Raiser NJW 1953, 217.
248 Wolf, Rdnr. 674.
249 Vgl. dazu noch oben S. 82 f.

Vorbehaltsverkäufer **seine Forderungen** gegen die Abkäufer aus der Weiterveräußerung abtritt, § 398.

▶ Der Vorbehaltsverkäufer **ermächtigt** ihn wiederum, die Forderungen für ihn **einzuziehen** mit der Verpflichtung (§§ 362 Abs. 2, 185 Abs. 1), den eingezogenen Betrag an den Vorbehaltsverkäufer weiterzuleiten.[250]

Der verlängerte Eigentumsvorbehalt dient der Erleichterung des Warenumsatzes. Der Abkäufer soll sich darauf verlassen können, dass er das Eigentum erwirbt, wenn er den Kaufpreis an seinen Verkäufer – den Vorbehaltskäufer – entrichtet.

Eine in der Praxis übliche Vertragsformulierung, insbesondere in den AGB, lautet:

§ 7.1: Die gelieferten Gegenstände bleiben unser Eigentum (Vorbehaltsware) bis zur Erfüllung aller Forderungen, insbes. auch der jeweiligen Saldoforderungen, die uns – gleich aus welchen Rechten – gegen den Besteller zustehen.
§ 7.2: Der Besteller darf die Vorbehaltsware nur im gewöhnlichen Geschäftsverkehr zu seinen normalen Geschäftsbedingungen, und solange er nicht im Verzuge ist, veräußern, jedoch mit der Maßgabe, dass die Forderungen aus der Weiterveräußerung gemäß der Bestimmung des § 7.3 auf uns übergehen. Zu anderen Verfügungen über die Vorbehaltsware ist er nicht berechtigt.
§ 7.3: Forderungen des Bestellers aus der Weiterveräußerung der Vorbehaltsware werden bereits jetzt an uns abgetreten. Sie dienen in demselben Umfang zur Sicherung wie die Vorbehaltsware. Der Besteller ist, solange er seine Vertragspflichten erfüllt, zur Einziehung dieser Forderungen berechtigt. Die eingezogenen Beträge sind an den Lieferanten abzuführen.[251]

2.5.2 Die Ermächtigung sowie der Widerruf

Der Vorbehaltsverkäufer – Eigentümer – erklärt sich mit der Weiterveräußerung **einverstanden**. Durch diese Ermächtigung erlangt der Vorbehaltskäufer das Recht, an seine Abkäufer zu übereignen oder ein Anwartschaftsrecht zu bestellen (§ 185).

Gemäß § 183 ist die Ermächtigung – Zustimmung – bis zur Übereignung bzw. Einräumung des Anwartschaftsrechts **widerruflich**, soweit sich nicht aus dem ihrer Erteilung zugrunde liegenden Rechtsverhältnis ein anderes ergibt.

Aus dem der Ermächtigung zugrunde liegenden Rechtsverhältnis – dem verlängerten Eigentumsvorbehalt – ergibt sich, dass der Widerruf nur zulässig ist, wenn der Vorbehaltskäufer seine Vertragspflichten verletzt. Als Vertragspflichtverletzung kommen in Betracht:

▶ Der Vorbehaltskäufer gerät mit der Zahlung des Kaufpreises in Verzug.

▶ Der Vorbehaltskäufer gefährdet durch sein Verhalten die sachgerechte Abwicklung des Vertrags.

---

250 Für Fälle, in denen durch den Vorbehaltskäufer eine Verarbeitung vorgenommen wird, wird zudem häufig eine sog. Verarbeitungsklausel vereinbart. Dazu ausführlich unten Fall 16.
251 Zum Inhalt des verlängerten Eigentumsvorbehalts OLG Düsseldorf JuS 1999, 1129 ff.; Leibl/Sosnitza JuS 2001, 449 ff.

- Der Vorbehaltskäufer vereinbart mit dem Abkäufer auf dessen Verlangen ein **Abtretungsverbot** mit der Folge, dass der Vorbehaltsverkäufer die Forderung aus dem Weiterverkauf nicht erwirbt. § 399, 2. Alt. hat also dingliche Wirkung.

Im kaufmännischen Verkehr ist allerdings das Abtretungsverbot gemäß § 354 a HGB unwirksam, sodass der Vorbehaltsverkäufer trotz des Verbots die Kaufpreisforderung erwirbt.[252]

2.5.3 Die Vorausabtretung der Forderung

Der Vorbehaltskäufer tritt seine Kaufpreisforderung gegen den Abkäufer aus der – künftigen – Weiterveräußerung an den Vorbehaltsverkäufer ab. Der Vorbehaltsverkäufer soll auf diese Weise für den infolge der Weiterveräußerung entstehenden Eigentumsverlust einen Gegenwert erhalten. Damit diese Abtretung wirksam ist, muss die künftige Forderung **bestimmbar** sein.

Da die Verfügungswirkung im Fall der Abtretung erst eintritt, wenn auch die Forderung entsteht, genügt es, wenn zu diesem Zeitpunkt eine **Individualisierung** der Forderung möglich ist. Es ist nicht erforderlich, dass die Bestimmtheit bereits im Zeitpunkt der Abgabe der Erklärung vorliegt.[253]

- Verkauft der Vorbehaltskäufer eine Speziessache an den Abkäufer, ist die erforderliche Bestimmtheit gegeben, weil Gläubiger, Schuldner und Schuldgrund feststehen.

- Wird eine **Gattungssache** vom Vorbehaltskäufer an den Abkäufer verkauft, ist für die Individualisierbarkeit nicht der Zeitpunkt des Entstehens der Forderung, sondern der Zeitpunkt des Entstehens des Forderungsobjekts maßgebend.[254]

Beispiel: V verkauft dem K 5.000 l italienischen Landwein Lambrusco unter verlängertem Eigentumsvorbehalt. K veräußert ebenfalls 5.000 l Lambrusco weiter an A. Er bittet den V, an A zu liefern.
(I) Die Forderung aus dem Kaufvertrag K – A bezüglich der 5.000 l Landwein ist bereits mit Abschluss des Kaufvertrags entstanden.
(II) Da es sich jedoch um einen Gattungskauf handelt, kann K seine Verpflichtung gegenüber A auch durch die Lieferung eines Lambrusco-Weins von einem anderen Hersteller erfüllen, sodass mit dem Abschluss des Kaufvertrags über die Gattungssache Landwein Lambrusco die im Voraus abgetretene Forderung aus dem Verkauf des Weins des K an A noch gar nicht entstanden ist.
(III) Zur Entstehung der Forderung ist erforderlich, dass K den vom V erworbenen Landwein an A liefert. Die Forderung ist erst mit Lieferung des von V erworbenen Weins hinreichend individualisierbar.

---

[252] Zur Regelung des § 354 a HGB: Wagner WM 1994, 2093, 2102; Henseler BB 1995, 5, 8; Dorleder BB 1999, 1561.
[253] BGHZ 7, 365, 368 f.; Baur/Stürner § 58 Rdnr. 19; MünchKomm/Roth § 398 Rdnr. 63, 77.
[254] MünchKomm/Roth § 398 Rdnr. 117.

2.5.4 Die Vorausabtretung einer Forderung kann insbes. unwirksam sein,

▶ wenn der Vorbehaltskäufer **geknebelt** wird oder

▶ eine ursprüngliche **Übersicherung** eintritt.

A) Eine **Knebelung** ist gegeben, wenn der Vorbehaltsverkäufer in Wahrheit an die Stelle des Vorbehaltskäufers tritt und über die Geschäftsentwicklung an dessen Stelle entscheidet. Dies ist insbesondere der Fall, wenn der Vorbehaltsverkäufer den Weiterverkaufspreis bestimmt, die Preiskalkulation vornimmt oder darüber entscheidet, welche Kunden zu welchen Konditionen beliefert werden dürfen. Eine solche Knebelung hat die Nichtigkeit der Vorausabtretung zur Folge.[255]

B) Die Unwirksamkeit bei einer ursprünglichen Übersicherung

Eine ursprüngliche Übersicherung liegt vor, wenn bereits bei Vertragsschluss gewiss ist, dass im Verwertungsfall ein auffälliges Missverhältnis zwischen dem Wert der abgetretenen Forderung und dem Wert der gesicherten Forderung besteht. Die ursprüngliche Übersicherung führt zur Nichtigkeit der Abtretung gemäß § 138 Abs. 1, wenn sie auf einer verwerflichen Gesinnung des Sicherungsnehmers beruht.[256]

Beim verlängerten Eigentumsvorbehalt kann es vor allem im Rahmen längerer Geschäftsbeziehungen zu einer Übersicherung kommen, weil der Vorbehaltskäufer im Regelfall mit Gewinn verkauft, sodass die abgetretene Forderung erheblich höher sein kann als die Kaufpreisforderung des Vorbehaltsverkäufers gegen den Vorbehaltskäufer bezüglich der weiterveräußerten Sache.

Eine ursprüngliche Übersicherung wird im Rahmen eines verlängerten Eigentumsvorbehalts aber nur in extremen Ausnahmefällen anzunehmen sein. Da in der Regel nur die Forderungen aus der Weiterveräußerung einer bestimmten Sache abgetreten werden, wird man nicht feststellen können, dass schon bei Vertragsschluss ein auffälliges Missverhältnis gewiss ist und der Sicherungsnehmer mit verwerflicher Gesinnung handelt.

C) Die Folgen einer nachträglichen Übersicherung

Eine nachträgliche Übersicherung liegt vor, wenn der Wert der Sicherheit – der abgetretenen Forderung – den Wert der zu sichernden Forderung nicht nur vorübergehend bei weitem übersteigt.

▶ Eine Übersicherung liegt vor, wenn der **realisierbare** Wert der abgetretenen Forderung(en) mehr als 110% der gesicherten Forderung beträgt.

▶ In entsprechender Anwendung des § 237 ist zu vermuten, dass nur 2/3 des Schätzwertes realisiert werden können. Es besteht eine widerlegliche Vermutung, dass eine Übersicherung gegeben ist, **wenn der Wert der abgetretenen Forderungen 150% der gesicherten Forderung übersteigt**.[257]

Bei **nachträglicher Übersicherung** entsteht ein Freigabeanspruch.

---

255 BGHZ 26, 185, 190 f.
256 BGH NJW 1998, 2047[@]
257 BGHZ 137, 212, 224[@] ff.; Schwab JuS 1999, 740, 743; Roth JZ 1998, 462, 464.

Fehlt eine Übersicherungsklausel oder sind einschränkungslos alle Forderungen abgetreten, ist die Klausel nicht insgesamt unwirksam, sondern dem Vorbehaltskäufer steht in Höhe der Übersicherung ein Freigabeanspruch zu.[258]

2.5.5 Kollision von verlängertem Eigentumsvorbehalt und Globalzession

Häufig hat der Eigentumsvorbehaltskäufer bereits vor Abschluss des Kaufvertrags zur Sicherung etwa eines Betriebsmittelkredits alle gegenwärtigen und künftigen Forderungen gegen Dritte im Rahmen einer **Globalzession** an eine Bank oder aber auch an einen anderen Warenlieferanten abgetreten. Diese Abtretungen kollidieren dann mit der Vorausabtretung im Rahmen eines verlängerten Eigentumsvorbehalts. Grundsätzlich gilt bei mehrfacher Abtretung einer Forderung das **Prioritätsprinzip**, wonach die zeitlich erste Abtretung wirksam ist. Dies gilt auch bei künftigen Forderungen. Demnach wäre in aller Regel die Globalzession zugunsten der Bank wirksam, während der verlängerte Eigentumsvorbehalt ins Leere geht.

Die Globalzession kann in solchen Fällen jedoch gemäß § 138 Abs. 1 sittenwidrig und damit nichtig sein. Nach der Rspr. des BGH ist dies bei zur Kreditsicherung vereinbarten Globalzessionen wegen **Verleitung zum Vertragsbruch** in der Regel der Fall, **wenn sie nach dem Willen der Vertragsparteien auch solche Forderungen umfassen sollen, die der Schuldner seinen Lieferanten aufgrund verlängerten Eigentumsvorbehalts künftig abtreten muss**.[259] Um diese Folge zu vermeiden, muss zwischen Vorbehaltskäufer und Sicherungsnehmer eine **dingliche Teilverzichtsklausel** vereinbart werden, die dem verlängerten Eigentumsvorbehalt dinglichen Vorrang einräumt. Eine schuldrechtliche Freigabeklausel reicht insoweit nicht aus. (Siehe Übersicht S. 98 und ausführlich AS-Skript SchuldR AT 2.)

Ein Eigentumsvorbehalt kann nicht nur um eine Vorausabtretung „verlängert" werden, sondern auch durch eine sog. Verarbeitungsklausel, nach der der Vorbehaltsverkäufer auch nach Verarbeitung der Sache durch den Vorbehaltskäufer Eigentümer der neu hergestellten Sache sein soll (s. ausführlich dazu unten 5. Teil). In diesem Fall kann es zu einer Kollision mit einer antezipierten Sicherungsübereignung des Vorbehaltskäufers z.B. an seine Hausbank kommen.

---

258 BGHZ 137, 212, 218, 219@.
259 BGHZ 30, 149, 153; 72, 308, 310; BGH MDR 1999, 369, 370@ = JZ 1999, 404.

	Unwirksamkeit von Sicherungsverträgen		
	Sittenwidrigkeit	**Übersicherung**	
		Anfängliche	Nachträgliche
Objektiver Tatbetsand	Zwangslage des Sicherungsgebers, die vorliegt, wenn dem Schuldner keine wirtschaftliche Bewegungsfreiheit mehr verbleibt (Knebelung) oder dieser nicht mehr in der Lage ist, auch andere Gläubiger zu befriedigen (Gläubigergefährdung, Verleitung zum Vertragsbruch)	Bereits im Zeitpunkt des Abschlusses des Sicherungsvertrags ist gewiss, dass im Verwertungsfall ein auffälliges Missverhältnis zwischen realisierbarem Wert der Sicherheit und gesicherter Forderung besteht.	Erst im Nachhinein übersteigt der realisierbare Wert der Sicherheit die gesicherte Forderung unangemessen
Subjektiver Tatbestand	Dem Sicherungsnehmer muss sich die Schädigung anderer Gläubiger bzw. die wirtschaftliche Einengung des Schuldners mit einiger Wahrscheinlichkeit aufdrängen. Bei **Globalzession** i.d.R. dann der Fall, wenn auch solche Forderungen umfasst sind, die der Schuldner seinen Vorlieferanten aufgrund verlängerten Eigentumsvorbehalts abtreten muss.	Verwerfliche Gesinnung des Sicherungsnehmers	
Folge	Unwirksamkeit, es sei denn, es wird eine **dingliche Teilverzichtsklausel** vereinbart: *„Abgetreten werden alle Forderungen aus Warengeschäften mit Dritten, mit Ausnahme derer, die aus der Veräußerung von unter Eigentumsvorbehalt gelieferten Waren stammen."*	**Unwirksamkeit des Sicherungsvertrags und des dinglichen Übertragungsgeschäfts**	Wirksamkeit; eine **schuldrechtliche Teilverzichtsklausel** ist nicht erforderlich. Aus dem Sicherungsvertrag ergibt sich (kraft Natur) ein ermessensunabhängiger Freigabeanspruch. Grenzen: Realisierbarer Wert der Sicherung > 110% der gesicherten Forderung. Dies wird widerlegbar vermutet, wenn Schätzwert (Nennwert) der Sicherheit > 150% der gesicherten Forderung

3. Der Erwerb des Anwartschaftsrechts vom Nichteigentümer

Liefert der nichtberechtigte Verkäufer dem im Zeitpunkt der Lieferung gutgläubigen Käufer die Kaufsache unter Eigentumsvorbehalt, dann erwirbt der Käufer ein Anwartschaftsrecht. Mit der Zahlung des Kaufpreises erwirbt der Käufer auch dann das Eigentum, wenn er inzwischen von der Nichtberechtigung des Verkäufers erfahren hat.

Beispiel: Der E hatte in einer großen Fabrikhalle des N Maschinen untergestellt. Von diesen Maschinen veräußerte N zwei unter Eigentumsvorbehalt an K und übergab sie dem K. K konnte davon ausgehen, dass N Eigentümer sei. Bald darauf erfährt E davon und verlangt die Maschinen heraus. Daraufhin zahlt K an N den noch offen stehenden Restkaufpreis.

E kann gemäß § 985 die Maschinen nur herausverlangen, wenn er noch Eigentümer ist. E kann sein Eigentum in der Weise verloren haben, dass N dem K ein Anwartschaftsrecht gemäß §§ 929, 158 übertragen hat und die Bedingung eingetreten ist.
(I) Der K hat vom N gemäß §§ 929, 158, 932 das Anwartschaftsrecht erworben:
N und K haben sich bedingt über den Eigentumsübergang geeinigt, und zwar sollte das Eigentum erst nach vollständiger Zahlung des Kaufpreises übergehen. Da N und K trotz der Nichtberechtigung des K einen wirksamen Kaufvertrag abgeschlossen haben, war der Eintritt der Bedingung möglich.
In Vollziehung der bedingten Einigung ist die Übergabe erfolgt, und da der N als Besitzer, als Berechtigter ausgewiesen und K gutgläubig war, sind die Erwerbsvoraussetzungen des § 932 gegeben.
(II) Da der Kaufvertrag im Zeitpunkt der Zahlung noch bestand, war der Eintritt der Bedingung möglich.
(III) Im Zeitpunkt des Bedingungseintritts – der Zahlung – wusste der B jedoch, dass N nicht Eigentümer war. Diese nachträgliche Bösgläubigkeit ist unschädlich. Wer ein wirksames Anwartschaftsrecht erlangt hat, kann sich darauf verlassen, dass mit dem Bedingungseintritt der Eigentumserwerb erfolgt.[260]

2. Abschnitt: Die Übertragungsmöglichkeiten des Anwartschaftsberechtigten

Der Anwartschaftsberechtigte kann

▶ sein **Anwartschaftsrecht** weiterübertragen,

▶ beim verlängerten Eigentumsvorbehalt Eigentum übertragen.

1. Die Übertragung des Anwartschaftsrechts

▶ Der Anwartschaftsberechtigte kann sein Anwartschaftsrecht **entsprechend § 929** auf den Erwerber übertragen.

Es besteht Einigkeit darüber, dass das Anwartschaftsrecht nicht durch Abtretung gemäß §§ 413, 398 übertragen werden kann.[261] Teilweise wird jedoch angenommen, eine Übertragung des Anwartschaftsrechts sei überflüssig. Der Vorbehaltskäufer könne sein künftiges Eigentum übertragen, diese Verfügung wird nach § 185 Abs. 2 S. 1, 2. Fall wirksam.[262]

---

260 BGHZ 10, 69, 72 ff.@; Palandt/Bassenge § 932 Rdnr. 16; Medicus BR Rdnr. 465; Krüger JuS 1994, 905 f.
261 BGHZ 28, 16, 21; BGH NJW 1970, 699@; Brox JuS 1984, 657, 661.
262 Vgl. Lux Jura 2004, 145, 147.

▶ Ein **Erwerb vom Nichtberechtigten** ist nur möglich, wenn der Eintritt der Bedingung möglich ist.

1.1 Die Übertragung durch den Anwartschaftsberechtigten entsprechend §§ 929 ff.

Der Anwartschaftsberechtigte und der Erwerber müssen sich über den Wechsel des Anwartschaftsrechts **einigen** und in Vollziehung der Einigung die Sache **übergeben** oder ein **Übergabesurrogat** vereinbaren.
Die Rechtsfolge ist:
Der Erwerber tritt an die Stelle des Veräußerers, doch bleibt die schuldrechtliche Beziehung des Veräußerers zum Eigentümer davon unberührt.
Mit der Zahlung des Kaufpreises an den Eigentümer tritt – unabhängig vom Zahlenden – die Bedingung ein. Der Erwerber wird ohne Zwischenerwerb des Veräußerers Eigentümer.

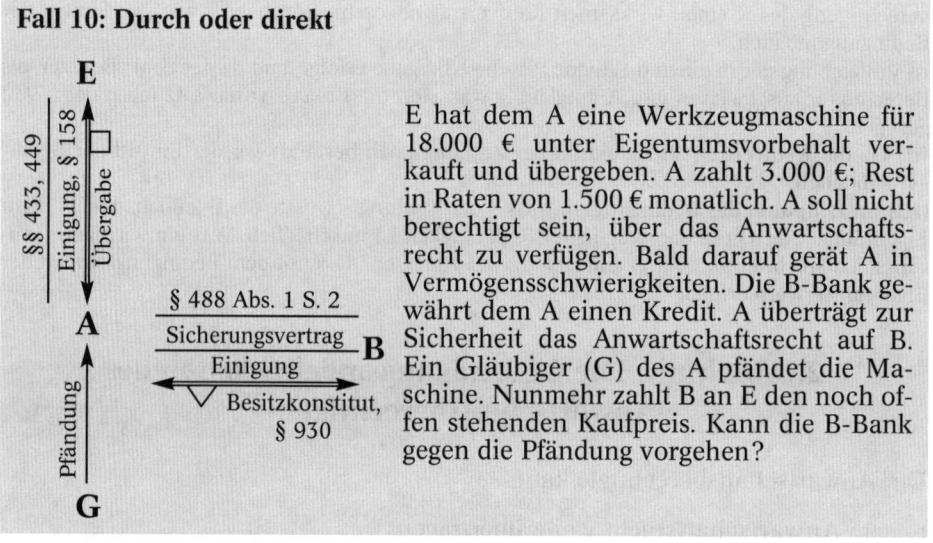

Fall 10: Durch oder direkt

E hat dem A eine Werkzeugmaschine für 18.000 € unter Eigentumsvorbehalt verkauft und übergeben. A zahlt 3.000 €; Rest in Raten von 1.500 € monatlich. A soll nicht berechtigt sein, über das Anwartschaftsrecht zu verfügen. Bald darauf gerät A in Vermögensschwierigkeiten. Die B-Bank gewährt dem A einen Kredit. A überträgt zur Sicherheit das Anwartschaftsrecht auf B. Ein Gläubiger (G) des A pfändet die Maschine. Nunmehr zahlt B an E den noch offen stehenden Kaufpreis. Kann die B-Bank gegen die Pfändung vorgehen?

Die B-Bank kann erfolgreich eine **Drittwiderspruchsklage gemäß § 771 ZPO** erheben, wenn sie unbelastetes Eigentum erworben hat.[263]

(A) Der Eigentumserwerb ist eingetreten, wenn die B-Bank von A ein Anwartschaftsrecht erworben hat und die Bedingung eingetreten ist.

(I) A und B haben sich darüber geeinigt, dass das Anwartschaftsrecht des A auf B übergehen soll (§ 929 entsprechend), und in Vollziehung der Einigung hat A mit B ein Besitzkonstitut begründet. Da A auch Berechtigter war, ist das Anwartschaftsrecht auf die B-Bank übergegangen.

---

263 Zur Anwendbarkeit des § 771 ZPO s.o. S. 82.

Die Vereinbarung zwischen E und A, dass A über das Anwartschaftsrecht nicht verfügen dürfe, hat nur schuldrechtliche Wirkung im Verhältnis E–A und ist im Verhältnis zu Dritten unbeachtlich. Für die rechtsgeschäftliche Verfügungsbeschränkung gilt § 137, d.h. sie hat im Verhältnis zu Dritten **keine dingliche Wirkung**.[264]

(II) Mit der Zahlung des Kaufpreises an E ist die Bedingung eingetreten, weil zu diesem Zeitpunkt der Kaufvertrag E – A noch wirksam bestand. Der Eigentumswechsel vollzog sich unmittelbar zwischen dem Eigentümer E und der Anwartschaftsberechtigten B – also Direkterwerb – und nicht vom Eigentümer E auf den ursprünglichen Anwartschaftsberechtigten A und von diesem auf B – kein Durchgangserwerb.

Nach der Übertragung des Anwartschaftsrechts sind nur zwei Berechtigte vorhanden: Der Eigentümer und der Anwartschaftsberechtigte. Die Verpflichtung zur Eigentumsübertragung aus dem weiterhin fortbestehenden Kaufvertrag zwischen E und A wird erfüllt, indem nicht das Eigentum auf den Käufer A, sondern auf die Anwartschaftsberechtigte B übergeht.

(B) Da der A zu keiner Zeit Eigentümer geworden ist, ist die Pfändung unwirksam.

G konnte auch nicht wirksam das Anwartschaftsrecht pfänden, da die B zu diesem Zeitpunkt bereits Inhaberin desselben war.

Die B-Bank hat daher unbelastetes Eigentum erworben und kann gemäß § 771 ZPO die Drittwiderspruchsklage mit Erfolg erheben.

> **Abwandlung:**
> E und A vereinbaren, nachdem das Anwartschaftsrecht auf B übertragen worden ist, dass noch weitere Forderungen des E gegen A gesichert werden sollen.

(I) Mit der Abrede, dass mit dem vorbehaltenen Eigentum noch weitere Forderungen des E gegen A gesichert werden sollen, haben die Parteien einen **erweiterten Eigentumsvorbehalt** vereinbart. Das Eigentum soll nicht schon mit Tilgung der Kaufpreisforderung auf den A übergehen, sondern erst dann, wenn alle in der Vereinbarung bezeichneten Forderungen des E gegen A erfüllt sind.[265] Diese Vereinbarung kann grundsätzlich auch nachträglich erfolgen.

(II) Doch zu dem Zeitpunkt, als E und A die Vereinbarung trafen, war A schon nicht mehr Inhaber des Anwartschaftsrechts. Er hatte es wirksam auf B übertragen. Diese Vereinbarung E – A ist im Verhältnis zu B unwirksam, denn durch die Abrede, dass weitere Forderungen durch den Eigentumsvorbehalt gesichert werden sollen, wird das Anwartschaftsrecht inhaltlich geändert. Diese **Inhaltsänderung** des Anwartschaftsrechts ist eine Verfügung über das Recht und kann ohne Zustimmung der Anwartschaftsberechtigten B keine Wirkungen entfalten.[266]

---

264 BGH NJW 1970, 699@.
265 Hoffmann Jura 1995, 457, 459.
266 BGHZ 75, 221, 226@; Medicus BR Rdnr. 473.

„Hat der Vorbehaltskäufer einer Sache das Anwartschaftsrecht auf den Erwerb des Volleigentums an einen Dritten (Zweiterwerber) weiterübertragen, kann er ohne dessen Zustimmung den im Kaufvertrag vereinbarten einfachen Eigentumsvorbehalt auf andere Forderungen des Verkäufers gegen ihn nicht mehr erweitern."[267]

In der Literatur wird die Ausdehnung zum Teil für wirksam gehalten.[268]

Allerdings kann der Vorbehaltskäufer den Eigentumserwerb des Dritten insoweit beeinträchtigen, indem er den ursprünglichen schuldrechtlichen Kaufvertrag zu Fall bringt. Tritt er wirksam zurück oder ficht er an, kann die für die Übereignung erforderliche Bedingung nicht mehr eintreten. Der Erwerber trägt das Risiko des Verlustes der Anwartschaft infolge Bedingungsausfalls.[269]

– – –

1.2 Wenn der Anwartschaftsberechtigte vorgibt, Eigentümer zu sein, und die Eigentumsübertragung fehlschlägt, dann enthält die **fehlgeschlagene Übereignung** die Übertragung des Anwartschaftsrechts.

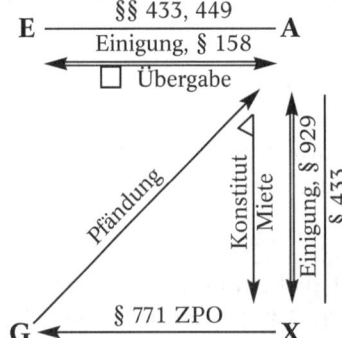

Beispiel: Beispiel: E verkauft dem A für dessen Waschsalon Wasch- und Trockenautomaten für 48.000 € unter Eigentumsvorbehalt. A zahlt 6.000 € an, der Rest soll in Raten gezahlt werden. Als A in Vermögensschwierigkeiten gerät, verkauft er die Maschinen für 40.000 € an X. X, der A gutgläubig für den Eigentümer hält, zahlt und vermietet sie an A für monatlich 600 €. Der Gläubiger G des A pfändet die Geräte. X widerspricht dieser Pfändung.

Mit Recht?

X kann gemäß **§ 771 ZPO** der Pfändung des G widersprechen, wenn ihm ein die Veräußerung hinderndes Recht zusteht.

(I) X könnte Eigentum erworben haben. Ein Eigentumserwerb des X vom Nichtberechtigten A kann nur gemäß §§ 929, 930, 933 eingetreten sein. Doch da die Wasch- und Trockenautomaten nicht an X übergeben worden sind, scheidet ein Eigentumserwerb gemäß §§ 929, 930, 933 aus.

(II) X kann jedoch ein **Anwartschaftsrecht** von A entsprechend §§ 929, 930 erworben haben. (1) Mit der Erklärung des A, das Eigentum übertragen zu wollen, bringt er dem X gegenüber zum Ausdruck, dass er seine dinglichen Rechte an den Maschinen übertragen will. Wenn der Anwartschaftsberechtigte vorgibt, Eigentümer zu sein, und die Eigentumsübertragung fehlschlägt, dann enthält die fehlgeschlagene Übereignung – **als Minus** – zumindest die Übertragung des Anwartschaftsrechts. Mit Rücksicht darauf nimmt die Rechtsprechung an, dass in der Einigung, das Eigentum übertragen zu wollen, auch die Einigung zur Übertragung des Anwartschaftsrechts enthalten ist.[270] Im Schrifttum wird teilweise die Auffassung vertreten, dass die fehlgeschlagene Einigung in die Übertragung des Anwartschaftsrechts gemäß § 140 umzudeuten sei.[271] Im Ergebnis besteht also Einigkeit, dass in einer fehlgeschlagenen Einigung über die Eigentumsübertragung auch die Einigung über die Übertragung des Anwartschaftsrechts liegt.

---

267 BGHZ 75, 221.
268 Raiser, Dingliche Anwartschaften, 1961, S. 31; Waldner MDR 1980, 459 f.
269 Bamberger/Kindl Anh. § 929 Rdnr. 42.
270 BGHZ 50, 45, 48 ff.
271 Westermann/Gursky § 48 I 1; Palandt/Bassenge § 929 Rdnr. 45.

(2) Die erforderliche Besitzübertragung ist durch Vereinbarung eines Besitzkonstituts gemäß § 930 erfolgt.

(3) Der A war Anwartschaftsberechtigter. Der E hat ihm gemäß §§ 929, 158 das Anwartschaftsrecht eingeräumt. Der Bedingungseintritt ist noch möglich. Das Anwartschaftsrecht ist ein Recht i.S.v. § 771 ZPO,[272] sodass X gegen die Pfändung Drittwiderspruchsklage erheben kann.

1.3 Der gutgläubige Zweiterwerb eines Anwartschaftsrechts

Ein gutgläubiger Zweiterwerb eines Anwartschaftsrechts unter den Voraussetzungen der §§ 932 ff. ist grundsätzlich möglich. Erfasst sind davon Fälle, in denen der Veräußerer nicht behauptet, Eigentümer zu sein, sondern ein Anwartschaftsrecht erworben zu haben. Hierbei ist allerdings zu differenzieren: Besteht das behauptete Anwartschaftsrecht überhaupt nicht, scheidet ein Gutglaubenserwerb nach den §§ 932 ff. aus. Der gute Glaube an eine schuldrechtliche Grundlage wird durch die §§ 932 ff. nicht geschützt. Besteht aber tatsächlich ein Anwartschaftsrecht, verfügt darüber jedoch ein anderer als der eigentliche Anwartschaftsberechtigte, finden die §§ 932 ff. nach h.M grundsätzlich Anwendung.

Beispiele:

1. E hat an K unter Eigentumsvorbehalt verkauft und die Sache übergeben. K überträgt durch Einigung und Übergabe sein Anwartschaftsrecht an A. Nunmehr stellt sich heraus, dass der Kaufvertrag E – K unwirksam ist.
Da mangels Wirksamkeit des Kaufvertrags der Bedingungseintritt unmöglich ist, hat A, selbst wenn er auf die Wirksamkeit des Kaufvertrags vertraut hat, kein Anwartschaftsrecht erworben. Der gute Glaube an das Bestehen einer Forderung ist nicht geschützt.

2. E veräußert eine Sache unter Eigentumsvorbehalt an K. Dieser leiht sie dem N, der vorgibt, Anwartschaftsberechtigter zu sein, und sie an A weiterveräußert.
Vorliegend ist der Kaufvertrag E – K wirksam, die Bedingung kann also noch eintreten. Nach h.M. konnte A vom Nichtberechtigten N wirksam das Anwartschaftsrecht erwerben.[273] Dagegen wendet sich ein Teil der Lit. Die Möglichkeit eines gutgläubigen Zweiterwerbs eines Anwartschaftsrechts sei allgemein abzulehnen, denn die Behauptung des Verkäufers, Inhaber eines Anwartschaftsrechts zu sein, könne nicht als Träger eines Rechtsscheins anerkannt werden.[274]

2. Die Übertragung des Eigentums beim verlängerten Eigentumsvorbehalt

2.1 Ist ein **verlängerter Eigentumsvorbehalt** vereinbart worden, erwirbt der Erwerber gemäß §§ 929, 185 Abs. 1 vom Nichteigentümer das Eigentum, weil der Eigentümer den Anwartschaftsberechtigten zur Übertragung **ermächtigt** hat.

2.2 Die Ermächtigung zur Weiterveräußerung gemäß § 185 Abs. 1 gilt jedoch nur für den ordnungsgemäßen Geschäftsverkehr. Vereinbart der Vorbehaltskäu-

---

[272] BGHZ 55, 20, 26@; Palandt/Bassenge § 929 Rdnr. 51.
[273] Jauernig/Jauernig § 929 Rdnr. 45; Baur/Stürner § 59 Rdnr. 39.
[274] Bamberger/Kindl Anh. § 929 Rdnr. 44 m.w.N.

fer mit seinem Abkäufer ein Abtretungsverbot, § 399 S. 2, überschreitet er seine Verfügungsbefugnis und handelt damit als Nichtberechtigter. Es kommt ein gutgläubiger Erwerb des Abkäufers gemäß §§ 932 ff. oder § 366 HGB in Betracht.[275] Allerdings wird in diesem Fall eine grob fahrlässige Unkenntnis des Abkäufers zu unterstellen sein, wenn er annimmt, eine Veräußerung unter Vereinbarung eines Abtretungsverbots erfolge im Rahmen eines ordnungsgemäßen Geschäftsbetriebs.[276] Beim beiderseitigen Handelskauf ist § 354 a HGB zu beachten. Das Abtretungsverbot ist unwirksam. Da in diesem Fall der Vorbehaltsverkäufer die Forderung aus dem Weiterverkauf erwirbt, ist die Weiterveräußerung von der Ermächtigung gedeckt.

3. Abschnitt: Die Belastung und das Erlöschen des Anwartschaftsrechts

1. Die Belastung des Anwartschaftsrechts

Das Anwartschaftsrecht kann als wesensgleiches Minus gegenüber dem Eigentum wie das Eigentum mit einem Pfandrecht belastet werden. Das Pfandrecht kann entstehen

- durch **Rechtsgeschäft**,
- kraft **Gesetzes**,
- kraft **Hoheitsakts** im Wege der Doppelpfändung.

1.1 Die Belastung des Anwartschaftsrechts mit einem rechtsgeschäftlichen Pfandrecht

Der Anwartschaftsberechtigte kann sein Recht entsprechend §§ 1204, 1205 durch **Einigung** und **Besitzübertragung** belasten.

1.2 Die Belastung kraft Gesetzes

Am Anwartschaftsrecht kann kraft Gesetzes – wie am Eigentum – ein Pfandrecht entstehen.

- Nach § 562 Abs. 1 erwirbt der Vermieter an den eingebrachten Sachen, an denen der Mieter ein **Anwartschaftsrecht** oder das Eigentum erlangt hat, ein **Vermieterpfandrecht**.

    Beispiel: V hat eine Wohnung an M vermietet. M erwirbt von X einen Kühlschrank unter Eigentumsvorbehalt. Nach § 562 Abs. 1 erwirbt der V an dem Anwartschaftsrecht des M ein gesetzliches Vermieterpfandrecht.

---

[275] BGH NJW 1989, 896 ff.
[276] BGH NJW 1999, 425, 426 u. dazu Marloff JA 2000, 503.

- Nach § 647 erwirbt der Unternehmer an Sachen des Anwartschaftsberechtigten ein **Unternehmerpfandrecht**.

  Beispiel: K hat eine Maschine unter Eigentumsvorbehalt von V erworben. Er bringt sie zum U zur Reparatur.

  Der U erwirbt gemäß § 647 wegen seiner Werklohnforderung gegen K ein Unternehmerpfandrecht an dem Anwartschaftsrecht.

- Nach § 1120 erstreckt sich die **Hypothek** oder **Grundschuld** auch auf das Anwartschaftsrecht des Grundeigentümers am Zubehör.

  Beispiel: E hat dem G eine Grundschuld an seinem Hofgrundstück bestellt. E erwirbt von X einen Mähdrescher unter Eigentumsvorbehalt.

  Nach § 1120 (§ 1192) erstreckt sich die Grundschuld auf das Anwartschaftsrecht des E am Mähdrescher. Das Anwartschaftsrecht gelangt also in den Haftungsverband der Grundschuld.

  Einzelheiten zum gesetzlichen Pfandrecht im AS-Skript SchuldR BT 1 und BT 2 sowie zur Behandlung des Anwartschaftsrechts im Haftungsverband der Hypothek und Grundschuld im AS-Skript SachenR 2 – Grundstücksrecht –.

1.3 Das Pfändungspfandrecht am Anwartschaftsrecht

An dem Anwartschaftsrecht kann durch **Hoheitsakt** ein Pfändungspfandrecht begründet werden. Nach h.A. ist dazu sowohl eine Pfändung der Sache als auch eine Pfändung des Anwartschaftsrechts (Doppelpfändung) erforderlich.[277]

2. Das Erlöschen des Anwartschaftsrechts

2.1 Das Anwartschaftsrecht **erlischt**, wenn

- es durch Eintritt der Bedingung zum Vollrecht erstarkt;
- ein Dritter lastenfreies Eigentum erwirbt;
- der Bedingungseintritt nicht mehr möglich ist, weil die Erfüllung der Kaufpreisforderung infolge einer Rückabwicklung des Kaufvertrags unmöglich ist;
- es einverständlich aufgehoben wird oder der Anwartschaftsberechtigte darauf verzichtet.

2.2 Die Aufhebung des Anwartschaftsrechts, das mit dem Recht eines Dritten belastet ist

- Ist das Anwartschaftsrecht mit einem **vertraglichen Pfandrecht** entsprechend §§ 1204 ff. belastet worden, kann das Anwartschaftsrecht gemäß § 1276 nicht ohne Zustimmung des Pfandgläubigers aufgehoben werden.

---

277 BGH NJW 1954, 1325@; Erman/Michalski § 929 Rdnr. 22; a.A. Baur/Stürner § 59 Rdnr. 41; Medicus BR Rdnr. 486, danach nur Rechtspfändung. Einzelheiten im AS-Skript VollstreckungsR 1.

- Ob das Anwartschaftsrecht, das gemäß § 1120 in den **Haftungsverband der Hypothek** gelangt ist, ohne Zustimmung des Hypothekengläubigers aufgehoben werden kann, ist umstritten.

  Ein Teil der Literatur[278] bejaht eine entsprechende Anwendung des § 1276 mit der Folge, dass für die Aufhebung des Anwartschaftsrechts die Zustimmung des Hypothekengläubigers erforderlich ist. Demgegenüber lehnt die h.M.[279] die analoge Anwendung des § 1276 ab. Dies wird von der Rechtsprechung damit begründet, dass der Fortbestand der Haftung weitgehend der Einflussmöglichkeit des Hypothekengläubigers entzogen ist (vgl. § 1121 Abs. 2: Für Enthaftung ist Veräußerung und Entfernung ausreichend).

2.3 Die Aufhebung des Anwartschaftsrechts, das der Käufer einem Dritten übertragen hat

- Hat der Käufer das Anwartschaftsrecht gemäß § 929 auf einen Dritten übertragen, kann er es nicht mehr im Einverständnis mit dem Verkäufer aufheben, da er nicht mehr Berechtigter ist.

- Umstritten ist aber, ob die Vertragsparteien die Aufhebung des Kaufvertrags vereinbaren können mit der Folge, dass der Bedingungseintritt unmöglich wird und das Anwartschaftsrecht des Dritten erlischt.

  – Ein Teil der Literatur verneint die Frage. Das einmal entstandene Recht des Dritten dürfe durch einen schuldrechtlichen Vertrag (Aufhebungsvertrag) nicht beeinträchtigt werden. Die Vertragsaufhebung stelle einen unzulässigen Vertrag zulasten Dritter dar.[280]

  – Andere lassen die Aufhebung des Kaufvertrags zu, da der Dritte die Schwäche des Anwartschaftsrechts, nämlich seine Abhängigkeit von dem schuldrechtlichen Vertrag, hinzunehmen habe. Dem Käufer dürfe nicht das Recht entzogen werden, über die von ihm geschlossenen Verträge zu disponieren.[281]

  Diese Ansicht ist vorzuziehen: Sie berücksichtigt konsequent die Eigenart des Anwartschaftsrechts, untrennbar mit dem Bestehen des Kaufvertrags verbunden zu sein.

- Unbenommen bleibt dem Vorbehaltskäufer jedoch, vom Kaufvertrag zurückzutreten oder ihn anzufechten, mit der Folge, dass der Bedingungseintritt unmöglich wird und das Anwartschaftsrecht des Dritten erlischt.[282]

4. Abschnitt: Die Rechte und Pflichten des Anwartschaftsberechtigten

- Der Anwartschaftsberechtigte kann als Inhaber „geminderten Eigentums" (wesensgleiches Minus) gegenüber **Dritten** die **Ansprüche** geltend machen, die dem Eigentümer zustehen. Doch ist die **Mitberechtigung** des **Eigentümers** in die Wertung einzubeziehen.

---

278 Tiedke NJW 1985, 1305; Reinicke JuS 1986, 962.
279 BGHZ 92, 280, 290; Ludwig NJW 1989, 1458; differenzierend Leibl/Sosnitza JuS 2001, 341, 345.
280 Wieling § 17 IV.
281 Staudinger/Honsell § 455 Rdnr. 39; MünchKomm/Westermann § 449 Rdnr. 45; Loewenheim JuS 1981, 721, 725.
282 BGH 75, 221; Palandt/Bassenge § 929 Rdnr. 50.

▶ Der Anwartschaftsberechtigte kann auch vom **Eigentümer** Herausgabe verlangen und ist dem Eigentümer gegenüber zum Besitz berechtigt.

1. Die Ansprüche des Anwartschaftsberechtigten gegenüber Dritten

1.1 Die Herausgabeansprüche

Wird dem Anwartschaftsberechtigten der Besitz an der Sache vorenthalten, kann er als früherer Besitzer **Herausgabe** nach den Besitzschutzvorschriften, §§ 861 und 1007, verlangen.

Im Verhältnis zu einem Dritten wird ganz überwiegend auch die entsprechende Anwendung des § 985 bejaht.

> **Beispiel:** Der V verkauft eine Sache unter Eigentumsvorbehalt an den K. Bevor der Kaufpreis vollständig gezahlt ist, wird die Sache beim K von dem D gestohlen.
> (A) Herausgabeansprüche des V gegen D?
> (I) Anspruch des V aus § 985?
> Der V ist Eigentümer, der D unrechtmäßiger Besitzer. Die Voraussetzungen des § 985 liegen damit vor. Fraglich ist jedoch, ob V Herausgabe an sich verlangen kann. Da im Zeitpunkt der Wegnahme der Sache durch D nicht der V, sondern der K berechtigter Besitzer war, ist es gerechtfertigt, diese Besitzlage wiederherzustellen und den D in analoger Anwendung des § 986 Abs. 1 S. 2 zur Herausgabe an den K zu verpflichten.[283]
> (II) Anspruch des V aus §§ 861, 869?
> Der V kann als mittelbarer Besitzer gemäß § 869 S. 1 den Besitzschutzanspruch des § 861 geltend machen, der von den Voraussetzungen her gegeben ist. Der Anspruch richtet sich gemäß § 869 S. 2 aber nur auf Herausgabe an den unmittelbaren Besitzer, d.h. den K.
> (III) Ansprüche des V aus § 1007 bestehen nicht, da der V den Besitz freiwillig auf den K übertragen hat. Damit hat er den Besitz i.S.d. § 1007 Abs. 3 aufgegeben.
> (B) Ansprüche des K?
> (I) Ein Anspruch des K aus § 985 besteht dem Wortlaut nach nicht, da der K nicht Eigentümer der Sache war. Zum Schutz des Anwartschaftsberechtigten wird jedoch überwiegend § 985 analog angewandt.[284] Die Gegenansicht[285] verneint einen Anspruch des Anwartschaftsberechtigten aus § 985; der Anwartschaftsberechtigte sei hinreichend geschützt, da er mit der Ermächtigung des Eigentümers nach § 185 Abs. 1 dessen Herausgabeanspruch geltend machen könne.
> (II) K hat gegen D auch Herausgabeansprüche aus § 861 und § 1007 Abs. 1.

1.2 Der Schadensersatzanspruch gemäß § 823 Abs. 1

Wird die Sache, an der ein Anwartschaftsrecht besteht, von einem Dritten beschädigt, kann der Eigentümer **Schadensersatz** nach § 823 Abs. 1 verlangen. Fraglich ist, ob auch der Anwartschaftsberechtigte einen Schadensersatzanspruch hat und wie sich dieser ggf. zu dem Ersatzanspruch des Eigentümers verhält.

---

283 Palandt/Bassenge § 929 Rdnr. 43.
284 Müller-Laube JuS 1993, 529, 531; Erman/Grunewald § 449 Rdnr. 36; Palandt/Bassenge § 929 Rdnr. 43.
285 Brox JuS 1984, 657, 660.

Fall 11: Zerstörtes Vorbehaltsgut

Der K kauft von dem V CD-Player zum Preis von 10.000 € unter Eigentumsvorbehalt. Der Kaufpreis ist in Raten von 1.000 € zu tilgen. Nachdem K 6.000 € an V gezahlt hat, verursacht der D in den Geschäftsräumen des K schuldhaft einen Brand, bei dem die eingelagerten CD-Player zerstört werden. Ansprüche des V und des K gegen D?

(A) Anspruch des V gegen D aus § 823 Abs. 1

D hat rechtswidrig und schuldhaft das Eigentum des V verletzt. Der haftungsbegründende Tatbestand des § 823 Abs. 1 ist gegeben. Rechtsfolge ist, dass der D Schadensersatz nach den §§ 249 ff. leisten muss. Fraglich ist aber, ob und in welcher Höhe dem V ein Schaden entstanden ist.

(I) Ein ersatzfähiger Vermögensschaden liegt vor, wenn der jetzige Wert des Vermögens des Geschädigten geringer ist als der Wert, den das Vermögen ohne das die Ersatzpflicht begründende Ereignis haben würde – Differenzhypothese.[286]

Da der K nach § 446 das Risiko für den Untergang der Sache trägt und den Kaufpreis weiterhin vollständig entrichten muss, könnte man einen Schaden des V verneinen. Vor Eintritt des schädigenden Ereignisses war der Kaufpreisanspruch des V jedoch durch sein Vorbehaltseigentum gesichert. Diese Sicherheit hat der V durch das schädigende Ereignis verloren. Ein Vermögensschaden des V ist daher zu bejahen, obwohl V noch einen Anspruch auf den restlichen Kaufpreis hat.

(II) Bei der Schadensermittlung könnten aber die schon an V gezahlten Raten in der Weise zu berücksichtigen sein, dass insoweit ein Schaden des V verneint wird. Nach der Rechtsprechung und einem Teil der Literatur ist der Schaden zwischen dem Eigentümer und dem Anwartschaftsberechtigten in dem Verhältnis der schon gezahlten Raten zu teilen.[287]

Der V hätte einen Anspruch in Höhe der noch ausstehenden Raten, d.h. in Höhe von 4.000 €. Gegen diese Lösung spricht jedoch, dass dem Schädiger nicht zuzumuten ist, aufzuklären, in welcher Höhe schon Raten gezahlt wurden. Außerdem bliebe bei einer Schadensaufteilung unberücksichtigt, dass der K weiterhin zur Kaufpreiszahlung verpflichtet bleibt. Nach der in der Literatur ganz überwiegend vertretenen Auffassung hat daher der Verkäufer einen Schadensersatzanspruch in voller Höhe. Er ist zusammen mit dem Anwartschaftsberechtigten gemeinschaftlich Gläubiger.[288]

Der V hat daher einen Schadensersatzanspruch nach § 823 Abs. 1.

---

286 BGH NJW 1987, 50, 51@; 1994, 2357, 2359; Palandt/Heinrichs Vorbem. v. § 249 Rdnr. 8.
287 BGHZ 55, 20, 31, 32@; MünchKomm/H.P. Westermann § 449 Rdnr. 51.
288 Palandt/Bassenge § 929 Rdnr. 43; Brox JuS 1984, 657, 660; Eichenhofer AcP 185, 162, 189 ff.; Erman/Grunewald § 455 Rdnr. 38; a.A. Müller-Laube JuS 1993, 529, 534 f., der allein dem Käufer einen Schadensersatzanspruch gewähren will; zum Streitstand Biletzki JA 1996, 288 ff.

(B) Schadensersatzanspruch des K aus § 823 Abs. 1

(I) Das Anwartschaftsrecht ist als sonstiges Recht nach § 823 Abs. 1 geschützt.[289]

Der D hat das Anwartschaftsrecht des K rechtswidrig und schuldhaft verletzt. Der haftungsbegründende Tatbestand des § 823 Abs. 1 ist daher gegeben.

(II) Fraglich ist, in welcher Höhe D dem K Schadensersatz zu leisten hat. Nach der Rechtsprechung,[290] die eine Aufteilung des Schadens zwischen Eigentümer und Anwartschaftsberechtigten vornimmt, hätte der K einen Anspruch in Höhe der schon gezahlten Raten, d.h. in Höhe von 6.000 €. Bei einer solchen Schadensaufteilung bliebe jedoch unberücksichtigt, dass K nach § 446 weiterhin verpflichtet bleibt, die noch ausstehenden Raten an den V zu zahlen. Die überwiegende Ansicht billigt daher (auch) dem Vorbehaltskäufer einen Schadensersatzanspruch in voller Höhe zu.

(C) Auch wenn sowohl dem Vorbehaltsverkäufer V als auch dem Vorbehaltskäufer K ein Ersatzanspruch in voller Höhe zusteht, ist damit nicht gesagt, dass der Schädiger D zweimal Ersatz für die Sachen leisten muss.

Von der h.M. wird eine **gemeinschaftliche Gläubigerschaft** angenommen, die auf eine entsprechende Anwendung des § 432 oder des § 1281 gestützt wird.[291]

Der Schädiger hat den Substanzschaden an den Vorbehaltsverkäufer und den Vorbehaltskäufer als Anwartschaftsberechtigten gemeinschaftlich zu leisten. V und K können als gemeinschaftliche Gläubiger Schadensersatz von D verlangen.

– – –

1.3 Die Ansprüche des Anwartschaftsberechtigten nach den Vorschriften über den Eigentumsschutz

▶ Der Anspruch auf **Nutzungsersatz** gemäß §§ 987, 812 steht dem Anwartschaftsberechtigten allein zu, weil er im Verhältnis zum Eigentümer alleiniger Nutzungsberechtigter ist.[292]

▶ Für den **Erlösanspruch** gemäß § 816 Abs. 1 S. 1 wegen einer wirksamen Verfügung über die Sache sowie den **Wertersatzanspruch** gemäß § 812 Abs. 1 S. 2 wegen einer Eingriffskondiktion gelten die §§ 432, 1281 entsprechend – wie beim Substanzschaden gemäß § 823 Abs. 1.

---

[289] BGHZ 55, 20, 25, 26@; Baur/Stürner § 59 Rdnr. 45; MünchKomm/H.P.Westermann § 455 Rdnr. 56; Palandt/Bassenge § 929 Rdnr. 43; Müller/Laube JuS 1993, 529, 530; Brox JuS 1984, 657, 660.
[290] BGHZ 55, 20@.
[291] Brox JuS 1984, 657, 660; Baur/Stürner § 59 Rdnr. 45; Eichenhofer AcP 1985, 162, 189 f.; Palandt/Bassenge § 929 Rdnr. 43; a.A. Schwab/Prütting § 33 Rdnr. 398, der eine Gesamtgläubigerschaft des Vorbehaltsverkäufers und des Anwartschaftsberechtigten nach § 428 annimmt.
[292] Palandt/Bassenge § 929 Rdnr. 43.

2. Die Rechte und Pflichten gegenüber dem Eigentümer

2.1 Aus dem der Einräumung des Anwartschaftsrechts zugrunde liegenden **Kauf-** bzw. **Sicherungsvertrag** ist der Anwartschaftsberechtigte verpflichtet, die Sache im Interesse des Eigentümers zu erhalten und den Eigentümer über Beschädigungen, Zerstörungen, Pfändungen usw. zu unterrichten, damit auch der Eigentümer in der Lage ist, seine Ansprüche geltend zu machen.

2.2 Der Schutz des Anwartschaftsberechtigten vor Verfügungen

Der Eigentümer ist, auch wenn er ein Anwartschaftsrecht bestellt hat, weiterhin zur Verfügung über sein Eigentum berechtigt, sodass der Erwerber das Eigentum gemäß § 929 vom Berechtigten erlangt. Doch der Anwartschaftsberechtigte wird vor **Verfügungen** insoweit geschützt, als mit dem Eintritt der Bedingung der Eigentumserwerb erfolgt. Die Verfügung des Eigentümers zugunsten eines Dritten ist **ihm gegenüber unwirksam** – relative Unwirksamkeit der Verfügung.[293]

Fall 12: Geschützt bedingter Erwerb

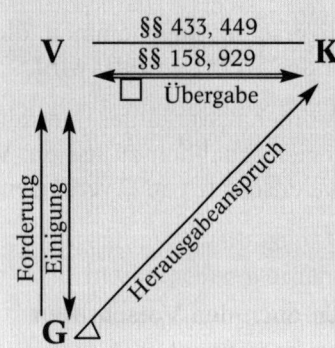

Der V verkauft dem K einen Lkw für dessen Betrieb mit der Abrede, dass das Eigentum erst nach vollständiger Zahlung des Kaufpreises übergehen soll. Der Kaufpreis soll in acht Raten entrichtet werden. Der Lkw wird dem K ausgehändigt. Bald darauf gerät V in Vermögensschwierigkeiten. Er veräußert den Lkw an seinen Gläubiger G zur Sicherung von Forderungen und tritt ihm den Herausgabeanspruch gegen K ab. K zahlt weiter die Raten an V. Hat K mit Zahlung der letzten Rate das Eigentum erworben, wenn G bezüglich der bedingten Übereignung an K gutgläubig war?

K hat das Eigentum erworben, wenn er ein **Anwartschaftsrecht** am Lkw erworben hat und die **Bedingung** eingetreten ist.

(A) K müsste ein **Anwartschaftsrecht** erworben haben.

(I) Der K hat vom Berechtigten V gemäß §§ 929, 158 durch bedingte Einigung und Übergabe das Anwartschaftsrecht erworben.

(II) Der K hat das Anwartschaftsrecht im Zeitpunkt der Veräußerung des Lkw von V an G verloren, wenn G uneingeschränkt Eigentum gemäß §§ 929, 931 erlangt hat.

 (1) Einigung: V und G waren sich darüber einig, dass das Eigentum von V auf G übergehen sollte.

---

293 Vgl. ausführlich zum Schutz des Anwartschaftsberechtigten in verschiedenen Situationen der Weiterveräußerung: Zeranski AcP 203, 693 ff.

(2) Übergabesurrogat, § 931: V hat seinen bedingten Herausgabeanspruch gegen K aus §§ 449 Abs. 2, 346 an den G abgetreten.

(3) Berechtigung des V: V war im Zeitpunkt der Übereignung an G noch Eigentümer. Aus § 161 Abs. 1 ergibt sich, dass derjenige, der bedingt übereignet hat, weiterhin verfügungsberechtigt ist. Erst im Falle des Eintritts der Bedingung wird die Verfügung insoweit unwirksam, als sie die von der Bedingung abhängige Wirkung vereiteln oder beeinträchtigen würde.

Danach erwirbt der Erwerber durch die Verfügung des – noch – Berechtigten das Eigentum „belastet" mit dem Anwartschaftsrecht. Der Erwerber erlangt die Rechtsposition des Veräußerers.

(4) Gem. § 161 Abs. 3 i.V.m. §§ 932 ff. könnte G jedoch gutgläubig „anwartschaftsrechtsfreies" Eigentum erworben haben.

(a) Teilweise wird das Anwartschaftsrecht als „Recht eines Dritten" i.S.d. § 936 Abs. 1. S. 1 verstanden,[294] sodass G vorliegend lastenfreies Eigentum erworben haben könnte, wenn er im Zeitpunkt der Abtretung des Herausgabeanspruchs gutgläubig war. Da V zum Zeitpunkt der Abtretung noch Eigentümer war, muss sich der gute Glaube gerade auf das Nichtbestehen eines Anwartschaftsrechts, also darauf, dass das Eigentum nicht „durch eine schwebende Bedingung beschränkt" war, beziehen.[295]

Wenn V dem G den Herausgabeanspruch gegen K aus §§ 449 Abs. 2, 346 abgetreten hat, dann war K bösgläubig. Wer einen Herausgabeanspruch aus einem Eigentumsvorbehaltskauf erwirbt, weiß, dass ein Anwartschaftsrecht eines Dritten besteht. Hat V einen anderen Herausgabeanspruch abgetreten, scheidet ein gutgläubiger „anwartschaftsrechtsfreier" Erwerb jedoch gem. § 936 Abs. 1 S. 3, 3. Fall aus, da eine Übergabe erforderlich ist, wenn der Veräußerer nicht mittelbarer Besitzer ist.

(b) Selbst wenn man annehmen würde, dass G gutgläubig und V mittelbarer Besitzer war, scheidet ein Eigentumserwerb des G aus: Gemäß § 936 Abs. 3 bleibt das Anwartschaftsrecht als „Recht des dritten Besitzers" – nämlich des K – bestehen.

(c) Nach anderer Ansicht findet nicht § 936, sondern es finden die §§ 932 ff. auf Zwischenverfügungen Anwendung.[296]

Diese Ansicht ist vorzugswürdig: Wäre ein Anwartschaftsrecht bereits das Recht eines Dritten i.S.v. § 936, wäre die Verweisung in § 161 Abs. 3 entbehrlich.

---

294 Palandt/Bassenge § 936 Rdnr. 1.
295 Staudinger/Bork § 161 Rdnr. 15.
296 MünchKomm/Westermann § 161 Rdnr. 19.

G könnte daher gutgläubig Eigentum gem. § 161 Abs. 3 i.V.m. §§ 931, 934 entsprechend erworben haben. Hinsichtlich der Gutgläubigkeit bzw. der fehlenden Übergabe (vgl. § 934, 2. Fall) ergibt sich nichts anderes als bei Anwendung des § 936. Auch für den Fall, dass G gutgläubig und V mittelbarer Besitzer war, findet § 936 Abs. 3 jedenfalls entsprechende Anwendung: Der unmittelbare Besitzer und Anwartschaftsberechtigte ist schutzwürdiger als derjenige, an den nur der Herausgabeanspruch abgetreten wurde.[297]

Damit hat G zwar zunächst Eigentum erworben, dies aber „belastet" mit dem Anwartschaftsrecht des K.

(B) Da K noch Anwartschaftsberechtigter war, ist mit der Zahlung des Kaufpreises an V die Bedingung eingetreten; der K hat Volleigentum erworben. Gemäß § 161 Abs. 1 ist die Verfügung des V zugunsten des G ex nunc[298] unwirksam. G hat sein Eigentum verloren.

– – –

2.3 Das Anwartschaftsrecht als Recht zum Besitz

▶ Der Anwartschaftsberechtigte ist **dem Vorbehaltsverkäufer gegenüber aus dem Kaufvertrag** obligatorisch zum Besitz berechtigt. Der Eigentumsvorbehaltskauf ist ein Rechtsverhältnis i.S.d. § 868, aus dem sich ein Herausgabeanspruch ergibt, und der Anwartschaftsberechtigte will für den Eigentümer besitzen. Dieses Besitzmittlungsverhältnis gewährt ein Recht zum Besitz gemäß § 986 Abs. 1 S. 1.

▶ Umstritten ist, ob das Anwartschaftsrecht als solches ein dingliches Recht zum Besitz gibt.

> **Abwandlung von Fall 12:**
> K hat den Kaufpreis noch nicht gezahlt und will ihn, soweit er noch nicht fällig ist, auch noch nicht entrichten. Der G verlangt die Herausgabe des Lkw.

Der Anspruch kann sich aus § 985 ergeben.

(A) G hat das Eigentum gemäß §§ 929, 931 vom Berechtigten V erworben.

Zwar hatte V zugunsten des K wirksam ein Anwartschaftsrecht bestellt, doch dadurch ist seine Verfügungsbefugnis im Verhältnis zu Dritten nicht beschränkt. Nur im Verhältnis zum Anwartschaftsberechtigten K wird diese Verfügung unwirksam, wenn die Bedingung eintritt – relative Verfügungsbeschränkung.

(B) K braucht den Lkw jedoch nicht herauszugeben, wenn ihm ein Recht zum Besitz gemäß § 986 Abs. 1 S. 1 zusteht. Ob das Anwartschaftsrecht ein dingliches Recht zum Besitz gibt, ist umstritten (dazu unten Abwandlung 2).

---

[297] BGHZ 45, 186, 190; Medicus BR Rdnr. 462; Döring NJW 1996, 1443, 1445 ff.
[298] Staudinger/Bork § 161 Rdnr. 12; Bamberger/Rövekamp § 161 Rdnr. 8; Palandt/Heinrichs § 161 Rdnr. 1; a.A. jedoch Soergel/Wolf § 161 Rdnr. 1; Brox JuS 1984, 657, 658; Kohler DNotZ 1989, 339, 344.

K kann die Herausgabe jedoch gemäß § 986 Abs. 2 verweigern. Danach kann er dem neuen Eigentümer diejenigen Einwendungen entgegenhalten, die ihm gegenüber dem bisherigen Eigentümer (V) zustanden.

Gemäß § 449 Abs. 2 kann der Vorbehaltsverkäufer die Sache vom Vorbehaltskäufer nur herausverlangen, wenn er vom Vertrag wirksam zurückgetreten ist. Dem Vorbehaltsverkäufer steht daher ein Recht zum Besitz zu, das er gemäß § 986 Abs. 2 dem neuen Eigentümer entgegenhalten kann.

Erforderlich ist ein Rücktritt des Vorbehaltsverkäufers (§§ 346 ff.); bloßer Zahlungsverzug reicht nicht aus.

G kann von K die Herausgabe des Lkw nicht verlangen.

> **Abwandlung 2 von Fall 12:**
> V hat dem G den Lkw nicht unter Abtretung eines Herausgabeanspruchs übereignet, sondern durch Vereinbarung eines Besitzkonstituts. Kann G Herausgabe von K verlangen?

(A) G hat das Eigentums gemäß §§ 929, 931 vom Berechtigten V erworben.

(B) Der K kann gemäß § 986 Abs. 2 in diesem Fall nicht die Einwendung eines Besitzrechts aus § 449 Abs. 2 geltend machen, da die Veräußerung an G nicht gemäß § 931, sondern gemäß § 930 erfolgt ist.

(C) Fraglich ist, ob K ein Recht zum Besitz i.S.v. § 986 Abs. 1 S. 1 zusteht.

(I) Im Verhältnis K–G besteht keine schuldrechtliche Beziehung, die dem K gegenüber dem G ein Besitzrecht gewährt.

(II) Doch der K hat gemäß §§ 929, 158 ein Anwartschaftsrecht erworben, das nicht gemäß §§ 929, 931, 934 durch den Eigentumserwerb des G erloschen ist. Ob das Anwartschaftsrecht ein dingliches Recht zum Besitz gibt, ist umstritten.

(1) Die Rechtsprechung und ein Teil der Literatur lehnen ein Besitzrecht allein aufgrund des Anwartschaftsrechts ab, weil das Anwartschaftsrecht kein dingliches Recht sei.

Es sei im Gegensatz zu einem dinglichen Recht von dem schuldrechtlichen Grundgeschäft – dem Vorbehaltskauf – abhängig, da es nur so lange bestehe, wie der Bedingungseintritt möglich sei. Im Übrigen sei der Anwartschaftsberechtigte nicht schutzwürdig, weil er durch die Zahlung des Restkaufpreises den Erwerb des Volleigentums einseitig herbeiführen und damit den Anspruch des bisherigen Eigentümers aus § 985 vernichten könne.[299]

Im Einzelfall könne dem Herausgabeverlangen des Eigentümers allerdings § 242 entgegenstehen, etwa wenn die Zahlung der letzten Rate unmittelbar bevorstehe und die herausverlangte Sache sofort an den bisherigen Anwartschaftsberechtigten zurückgegeben werden müsste.[300]

---

[299] BGHZ 10, 69, 72@; MünchKomm/Medicus § 986 Rdnr. 9; Staudinger/Gursky § 986 Rdnr. 12.
[300] BGHZ 10, 69, 75@; Brox JuS 1984, 657, 659; Medicus BR Rdnr. 465.

(2) Die Gegenansicht bejaht ein gegenüber jedermann wirkendes Besitzrecht des Anwartschaftsberechtigten. Dem Anwartschaftsberechtigten sei das im Eigentum enthaltene Recht zum Besitz und zur Nutzung schon übertragen worden. Auch sei der Erwerb des Anwartschaftsrechts für den Berechtigten nur sinnvoll, wenn er zugleich eine dingliche Sicherung erlange.[301]

– – –

2.4 Schutz des Anwartschaftsrechts in der Insolvenz

Mit der Eröffnung des Insolvenzverfahrens werden die vor der Eröffnung geschlossenen gegenseitigen Verträge grundsätzlich umgestaltet. An die Stelle der gegenseitigen Erfüllungsansprüche tritt ein einseitiger Anspruch des Vertragspartners auf Schadensersatz wegen Nichterfüllung. Der Insolvenzverwalter hat aber das Recht, Erfüllung zu verlangen (§ 103 Abs. 1 InsO). Anders als die KO enthält die InsO jedoch eine Regelung zum Schutz des Anwartschaftsberechtigten. Gemäß § 107 Abs. 1 S. 1 InsO kann der besitzende Käufer einer unter Eigentumsvorbehalt verkauften Sache die Erfüllung des Kaufvertrags verlangen.

Beispiel: V verkauft an K einen Lkw und liefert unter Eigentumsvorbehalt. Nach Eröffnung des Insolvenzverfahrens über das Vermögen des V verlangt der Insolvenzverwalter I von K Herausgabe.

Anspruch des I gegen K aus § 985
Der Gemeinschuldner V ist Eigentümer, K ist Besitzer. K hat ein Recht zum Besitz, wenn er einen Anspruch auf Übereignung aus dem Kaufvertrag hat. Grundsätzlich entfallen die beiderseitigen Erfüllungsansprüche mit Eröffnung des Insolvenzverfahrens. Gemäß § 107 Abs. 1 S. 1 InsO kann K aber die Erfüllung verlangen. Er hat ein Recht zum Besitz.

---

301 Palandt/Bassenge § 929 Rdnr. 41; Baur/Stürner § 59 Rdnr. 47.

Das Anwartschaftsrecht

Das Entstehen

- Der **einfache** Eigentumsvorbehalt:
  - Bedingte Einigung: Bedingung ist die Zahlung des Kaufpreises.
  - Kann in den AGB getroffen werden:
    - Sie müssen in den Vertrag einbezogen worden sein.
    - Bei nachträglicher Aushändigung nur bei Empfangnahme durch eine zur Vertragsgestaltung zuständige Person, falls diese die Möglichkeit der Kenntnisnahme hat.
    - Bei widersprüchlichen AGB, wenn die Sache in Empfang genommen wird.
  - **Übergabe:** Der Veräußerer bleibt mittelbarer Besitzer.
- Der **erweiterte** Eigentumsvorbehalt: Es können nicht nur die Kaufpreisforderung, sondern weitere Forderungen gesichert werden, soweit sie hinreichend bestimmt sind.
- Der **nachgeschaltete** Eigentumsvorbehalt: Der Anwartschaftsberechtigte vereinbart mit seinem Abkäufer einen Eigentumsvorbehalt zur Sicherung der Kaufpreisforderung.
- Der **nachträgliche** Eigentumsvorbehalt: Auch wenn das Eigentum schon übertragen worden ist, kann nachträglich noch ein Eigentumsvorbehalt vereinbart werden.

Übertragungsmöglichkeiten des Anwartschaftsrechts

- Der Anwartschaftsberechtigte kann das Anwartschaftsrecht entsprechend § 929 übertragen – **weitergeleiteter** Eigentumsvorbehalt.
  Mit der Zahlung geht das Eigentum unmittelbar – ohne Durchgangserwerb – auf den Erwerber über.
- Der Anwartschaftsberechtigte kann das **Eigentum** übertragen, wenn ein **verlängerter** Eigentumsvorbehalt vereinbart worden ist; dann ist er gemäß § 185 zur Weiterveräußerung **ermächtigt**.
- Ein Erwerb vom Nichtberechtigten unter den Voraussetzungen des §§ 929–934 ist nur möglich, wenn auch der Eintritt der Bedingung möglich ist.

Belastung und Erlöschen

- Die **Belastung** des Anwartschaftsrechts durch ein Pfandrecht:
  - durch ein vertragliches Pfandrecht gemäß §§ 1204 ff.,
  - kraft Gesetzes gemäß §§ 562 Abs. 1, 647, 1120,
  - durch ein Pfändungspfandrecht gemäß §§ 804 ff. ZPO – Doppelpfändung.
- Das **Erlöschen** tritt ein,
  - wenn das Anwartschaftsrecht zum Vollrecht erstarkt,
  - ein Dritter lastenfreies Eigentum erwirbt,
  - der Bedingungseintritt nicht mehr möglich ist oder
  - das Anwartschaftsrecht aufgehoben bzw. ein wirksamer Verzicht erklärt wird.

Rechte und Pflichten

- Ansprüche gegen Dritte:
  - Herausgabeansprüche aus §§ 861 und 1007, nach h.A. auch entsprechend § 985,
  - Schadensersatzansprüche aus §§ 823 und 989, 990,
  - Nutzungsersatzansprüche aus §§ 987 ff., 812,
  - Erlösansprüche aus § 816 und Wertersatzansprüche aus § 812.
  - Diese Ansprüche bestehen mit Ausnahme des Nutzungsersatzanspruchs neben den Ansprüchen des Eigentümers.
- **Rechte und Pflichten** gegenüber dem Eigentümer:
  - Erhaltungs- und Mitteilungspflichten,
  - Schutz vor Verfügungen des Eigentümers, § 161, und
  - nach h.A. Recht zum Besitz.

115

5. Teil: Der Eigentumserwerb durch Gesetz oder Hoheitsakt

Im Interesse der Rechtsklarheit und des Verkehrsschutzes ist der **gesetzliche Erwerb** des Eigentums in nachstehenden Fällen geregelt:

- Wer Eigentümer wird, wenn Sachen verschiedener Eigentümer **verbunden, vermischt** oder **verarbeitet** werden (§§ 946–950).
- Wer Eigentümer wird, wenn **Erzeugnisse** oder **Bestandteile** von einer Sache, insbesondere einem Grundstück, getrennt werden (§§ 953–957).
- Dass derjenige, der eine fremde Sache 10 Jahre im **Eigenbesitz** gehabt hat, das Eigentum erlangt (§§ 937–945).
- Wer Eigentümer wird, wenn eine **herrenlose** oder **verloren gegangene Sache** in Besitz genommen wird (§§ 958–984).

In der Zwangsvollstreckung erwirbt der Ersteher **kraft Hoheitsakts** das Eigentum.

1. Abschnitt: Verbindung, Vermischung, Verarbeitung, §§ 946–951

Wenn aus mehreren Sachen **verschiedener Eigentümer eine Sache** entsteht und die Trennung aus wirtschaftlichen Gründen nicht sinnvoll oder aus tatsächlichen Gründen nicht mehr möglich ist, muss bestimmt werden, wer Eigentümer wird. Im Gesetz ist bestimmt:

- Der **Grundstückseigentümer** erwirbt an den beweglichen Sachen, die infolge der Verbindung mit dem Grundstück wesentlicher Bestandteil geworden sind, das Eigentum (§ 946).
- Im Falle der **Vermischung** beweglicher Sachen verschiedener Eigentümer greifen die Vorschriften der §§ 947–949 ein.
- Werden Sachen verschiedener Eigentümer zu einer **neuen** Sache **verarbeitet**, erwirbt der Hersteller gemäß § 950 an der neuen Sache das Eigentum.

1. Die Grundstücksverbindung gemäß § 946

Wenn eine bewegliche Sache so mit dem **Grundstück** verbunden wird, dass sie **wesentlicher Bestandteil** des Grundstücks wird, erstreckt sich das Eigentum am Grundstück auf die bewegliche Sache.

Es ist unerheblich, wie es zu dieser Verbindung gekommen ist, wem die Sachen gehören und ob die Sachen abhanden gekommen sind. Da die Verbindung ein **Realakt** ist, braucht der Verbindende nicht geschäftsfähig zu sein. Entscheidend ist allein, dass die bewegliche Sache **wesentlicher Bestandteil** des Grundstücks geworden ist.[302]

1.1 Die wesentlichen Bestandteile einer Sache

Nach der gesetzlichen Regelung in §§ 93–95 kann nur die **bewegliche Sache wesentlicher Bestandteil** sein,

- die **Teil** einer **einheitlichen** Sache geworden ist, also **Bestandteil** ist und
- gemäß § 93 und § 94 **wesentlicher Teil** ist.
- Nach § 95 erstreckt sich der Regelungsgehalt der §§ 93, 94 nicht auf die sog. **Scheinbestandteile**.

1.1.1 Die Bestandteile einer Sache

Bestandteile sind alle Stücke einer Sache, die nach der Verkehrsanschauung **Teile** einer **einheitlichen** Sache sind.

Bestandteile eines Autos sind nach der Verkehrsanschauung der Motor, die Lenkung, die Sitze usw.

Bestandteile einer Maschine sind die Teile, die die Funktionsfähigkeit der Maschine gewährleisten, wie Laufräder, Ketten, Arbeitsplatte.

Bestandteile des Hauses sind die Dachziegel, die Heizungsanlage, die Einbauschränke usw.

1.1.2 Die wesentlichen Bestandteile, §§ 93, 94

A) Nach § 93 ist ein Bestandteil **wesentlicher** Bestandteil geworden, wenn durch die Trennung der abgetrennte oder zurückbleibende Teil zerstört oder in seinem Wesen verändert wird.

- Eine **Zerstörung** setzt die Veränderung der bisherigen körperlichen Beschaffenheit der einen oder anderen Sache voraus.

- Eine **Wesensänderung** tritt dann ein, wenn die eine oder andere Sache **nach** der Trennung nicht mehr so verwendet werden kann wie vor ihrer Zusammenfügung. Unerheblich ist hingegen, welche Wirkung die Trennung auf die **Gesamtsache** hat.[303]

Bei einem Auto sind also nicht die Teile, die die Funktionsfähigkeit gewährleisten, als wesentlicher Bestandteil anzusehen, sondern nur die Teile, die im Falle der Trennung zur Zerstörung der einen oder anderen Sache führen oder nach der Trennung nicht mehr wie vor der Zusammenfügung verwendet werden können. Ein Kfz-Motor ist daher kein wesentlicher Bestandteil.[304]

---

302 Palandt/Bassenge § 946 Rdnr. 1 f.
303 Palandt/Heinrichs § 93 Rdnr. 3; Staudinger/Dilcher § 93 Rdnr. 16, 17.
304 BGHZ 18, 226; 61, 80.

Es sind also diejenigen Bestandteile als wesentliche anzusehen, die mit dem Einbau vollständig in dem Ganzen aufgehen und somit keine eigene Bedeutung mehr haben, wie Schrauben, Hebel, Schläuche.[305]

B) Bei **Grundstücken** wird der Begriff „wesentlicher Bestandteil" gemäß § 94 nicht unerheblich **erweitert**. Danach sind nicht nur die mit dem Grundstück **fest verbundenen** Teile – Gebäude und Erzeugnisse, § 94 Abs. 1 –, sondern darüber hinaus auch die zur **Herstellung** des Gebäudes eingefügten Sachen wesentliche Bestandteile, § 94 Abs. 2.

Zur Herstellung eines Gebäudes dienen solche Sachen, die zur **Fertigstellung** des Gebäudes erforderlich sind. Im Gegensatz zu § 94 Abs. 1 ist eine feste Verbindung nicht erforderlich. Maßgebend ist die Zweckbestimmung des errichteten Gebäudes. Dabei ist der besondere Charakter in die Wertung einzubeziehen, sodass alle Sachen, die eingefügt worden sind, um dem Gebäude das besondere Gepräge zu geben, wesentliche Bestandteile werden.[306]

Beim Hotel zählen zu den wesentlichen Bestandteilen nicht nur das Gebäude, sondern auch die Fenster, Türen, Installationen, die Heizung, die Einbauschränke, die Beleuchtungskörper.

1.1.3 Die Scheinbestandteile gemäß § 95

Die Bestandteile eines Grundstücks einschließlich der Gebäude, die nur zu einem **vorübergehenden** Zweck eingebaut worden sind, gehören zu den **Scheinbestandteilen** i.S.d. § 95 und werden vom Regelungsgehalt der §§ 93 und 94 nicht erfasst.

A) Die Verbindung oder Einfügung geschieht zu einem vorübergehenden Zweck, wenn der Wegfall der Verbindung von vornherein **beabsichtigt** ist. Maßgebend ist grundsätzlich die **Willensrichtung** des Einfügenden im **Zeitpunkt der Verbindung**, sofern dieser Wille mit dem nach außen in Erscheinung tretenden Sachverhalt vereinbar ist.[307]

Zu einem vorübergehenden Zweck verbunden sind z.B. Schaubuden, Baugerüste. Die Festigkeit der Verbindung und Massivität der verbundenen Sachen sprechen nicht ohne weiteres gegen einen vorübergehenden Zweck.[308]

B) Bedeutung hat die Vorschrift des § 95 insbesondere in den Fällen, in denen ein – dinglicher oder schuldrechtlicher – **Nutzungsberechtigter** auf fremdem Grund und Boden Gebäude errichtet bzw. zur Fertigstellung des Gebäudes bewegliche Sachen einfügt.

Ein Wille, die Verbindung nur zu einem vorübergehenden Zweck vorzunehmen, ist i.d.R. zu bejahen, wenn der Verbindende in Ausübung eines zeitlich begrenzten Nutzungsrechts handelt.[309]

▶ Mobilheim auf Campingplatz[310]

---

[305] BGHZ 20, 154, 157, 158@.
[306] BGHZ 53, 324, 325@; BGH NJW 1987, 3178; Palandt/Heinrichs § 94 Rdnr. 6; Staudinger/Dilcher § 94 Rdnr. 20 f.
[307] BGHZ 23, 57, 59 ff.@; 54, 208, 210; Palandt/Heinrichs § 95 Rdnr. 2; Staudinger/Dilcher § 95 Rdnr. 4.
[308] BGH NJW 1996, 916, 917; Palandt/Heinrichs § 95 Rdnr. 3.
[309] Palandt/Heinrichs § 95 Rdnr. 3.
[310] OLG Koblenz MDR 1999, 1059.

- Jagdpächter baut Jagdhütte[311]
- Mieter pflanzt Bäume und Sträucher[312]
- Windkraftanlagen
  Fraglich ist, ob Windkraftanlagen wesentliche Bestandteile eines Grundstücks darstellen. Windkraftanlagen bestehen aus einem Turm, einem Rotor und einer Gondel und werden auf ein in das Grundstück eingelassenes Fundament aufgestellt.
  Das Fundament ist ein wesentlicher Bestandteil des Grundstücks. Die Komponenten, welche die Windkraftanlage ausmachen (Turm, Rotor und Gondel) lassen sich jedoch wieder ab- und aufbauen. Die Kosten hierfür sind auch nicht im Vergleich zur Windkraftanlage unverhältnismäßig hoch. Auch erscheint der Weiterbetrieb der Anlage an anderer Stelle bei wirtschaftlicher Betrachtung als sinnvoll.
  Daher ist die Windkraftanlage nicht als wesentlicher Bestandteil des Grundstücks anzusehen.[313] Dies wird man jedenfalls dann annehmen können, wenn deren Nutzungsdauer länger ist als die Laufzeit des Vertrags.[314]

I) Ist mit dem Grundeigentümer vereinbart worden, dass dieser nach Ablauf des Nutzungsrechts die Gebäude **übernimmt** bzw. ist diesem ein Wahlrecht eingeräumt, die Gebäude zu übernehmen oder die Entfernung zu verlangen, handelt es sich dabei nicht um Scheinbestandteile, weil sie im Zeitpunkt der Einfügung nicht zu einem vorübergehenden Zweck, sondern – möglicherweise – auf Dauer eingefügt worden sind.[315]

Trotz eines vom Eigentümer eingeräumten Wahlrechts zur Übernahme einer Tankstelle nach Ablauf der Pachtzeit wurde von einem Scheinbestandteil ausgegangen, da die Parteien vereinbart hatten, dass alle vom Pächter errichteten Gebäude und Anlagen nur zu einem vorübergehenden Zweck eingefügt werden sollten.[316]

II) Besteht **kein Übernahmerecht**, dann erfolgt die Einfügung regelmäßig zu einem vorübergehenden Zweck. Es handelt sich dann unabhängig von der Festigkeit und der tatsächlichen Dauer der Verbindung um **Scheinbestandteile** nach § 95.

III) Die Scheinbestandteile werden nicht schon dadurch zu wesentlichen Bestandteilen, dass der Eigentümer nachträglich und einseitig eine – nach außen nicht erkennbare – Zweckänderung vornimmt.[317]

Erforderlich ist vielmehr, dass sich der Eigentümer der Scheinbestandteile mit dem Grundstückseigentümer über den Eigentumsübergang einigt[318] und zusätzlich die Zweckänderung vornimmt. Ist der Eigentümer der Sache zugleich Eigentümer des Grundstücks, ist also eine Einigung entsprechend § 929 S. 1 mit niemandem möglich, reicht der nach außen erkennbare Wille, den Zweck zu ändern.[319] Dadurch werden dann ursprüngliche Scheinbestandteile zu (wesentlichen) Bestandteilen.

---

311 BGHZ 92, 70.
312 OLG Düsseldorf NJW-RR 1999, 160.
313 Peters WM 2002, 113; a.A. Goecke/Gamon WM 2000, 1311.
314 Palandt/Heinrichs § 95 Rdnr. 3.
315 BGHZ 104, 298, 301; BGH NJW-RR 1990, 411, 412; Palandt/Heinrichs § 95 Rdnr. 3.
316 OLG Hamburg OLG-Report 1999, 362@.
317 BGHZ 23, 57, 59 ff.@; Gursky JZ 1991, 496, 502; MünchKomm/Holch § 95 Rdnr. 9-10; Palandt/Heinrichs § 95 Rdnr. 4.
318 Rechtsgedanke aus § 929 S. 1; BGH NJW 1987, 774.
319 BGH NJW 1980, 771, 772.

1.2 Die rechtliche Bedeutung der Unterscheidung Bestandteil – wesentlicher Bestandteil – Scheinbestandteil

▸ Die **Bestandteile** und auch **Scheinbestandteile** können Gegenstand eines Verpflichtungsgeschäfts sein. Die rechtsgeschäftliche Übertragung erfolgt nach den Regeln der §§ 929 ff.

▸ Die **wesentlichen Bestandteile** können gemäß § 93 nicht Gegenstand besonderer Rechte sein. Es kann darüber weder ein wirksames Verpflichtungsgeschäft abgeschlossen werden, noch ist eine Übereignung nach den Vorschriften der §§ 929 ff. möglich.

Doch ist zu beachten, dass die wesentlichen Bestandteile als **künftige bewegliche Sachen** Gegenstand eines Verpflichtungsgeschäfts sein können und nach der **Trennung** übereignet werden können.

Zur Verdeutlichung nachstehender Fall:

> **Fall 13: Nicht bezahlte eingebaute Heizung**
>
> E ◄—§ 631—— U
> ◄—§§ 158, 929—□
>
> Der E ist Eigentümer eines Mehrfamilienhauses, das im Jahre 1955 errichtet worden ist. Nachdem die steuerlichen Abschreibungsmöglichkeiten für die Renovierung von Altbauten erhöht wurden, lässt er das Haus instand setzen und u.a. von U eine Heizung einbauen. E und U vereinbaren: „Bis zur vollständigen Zahlung des Gesamtauftrags erfolgen die Materiallieferungen, insbesondere die Lieferung der Heizkörper, unter Eigentumsvorbehalt. Der Auftraggeber als Grundeigentümer erkennt an, dass die aufgrund des Auftrags eingebauten Teile als nur vorübergehend eingebaut gelten." Da E nach dem Einbau der Heizung nicht zahlt und das Zwangsversteigerungsverfahren droht, möchte U die Heizung wieder ausbauen. Er fragt nach der Rechtslage.

(A) Anspruch des U auf Herausgabe der Heizungsanlage gemäß § 985

U hat sein Eigentum an der Heizung gemäß § 946 verloren, wenn die Heizung wesentlicher Bestandteil des Grundstücks geworden ist.

(I) Die Heizung ist Teil des Gebäudes und damit zugleich auch Teil des Grundstücks. Die Heizung und das Gebäude bilden eine Einheit, sodass die Heizung **Bestandteil** des Gebäudes und damit des Grundstücks geworden ist.

(II) Die Heizung ist unter den Voraussetzungen des § 94 **wesentlicher** Bestandteil des Gebäudes und damit des Grundstücks geworden.

  (1) Da die Heizung und das Restgebäude durch die Trennung nicht zerstört werden und wieder so verwendet werden können wie vor der Zusammenfügung, ist die Heizung gemäß §§ 93, 94 Abs. 1 nicht wesentlicher Bestandteil geworden.

  (2) Doch ist die Heizung zur Herstellung des Gebäudes eingefügt worden (§ 94 Abs. 2). Mit der Umgestaltung des alten Hauses sollte ein moder-

nes Mehrfamilienhaus geschaffen werden, und dieser Zweck konnte nur durch den Einbau der Heizungsanlage erreicht werden, sodass der Tatbestand des § 94 Abs. 2 verwirklicht ist.

(III) Da E und U vereinbart haben, dass die Heizung als vorübergehend eingebaut gelte, könnte es sich bei dieser Anlage um einen Scheinbestandteil i.S.d. § 95 handeln. Doch diese Vereinbarung steht mit den tatsächlichen Gegebenheiten in Widerspruch. Unter Berücksichtigung der Verkehrsanschauung baut der Heizungsinstallateur die vom Hauseigentümer bestellte Heizung auf Dauer ein. Die Heizung soll – für den Heizungsinstallateur erkennbar – bis zu ihrem Verschleiß mit dem Haus verbunden bleiben. Allein die vertragliche Abrede vermag die Bestandteilseigenschaft nicht aufzuheben, denn § 946 ist zwingendes Recht.[320]

Danach ist die Heizungsanlage wesentlicher Bestandteil des Grundstücks geworden.

Ein Herausgabeanspruch besteht daher nicht.

(B) Kann U gem. §§ 951 Abs. 1, 812 Abs. 1 S. 1, 1. Alt. Wertersatz verlangen?

(I) U hat aufgrund der Verbindung der Heizung mit dem Gebäude des E das Eigentum an ihn verloren. Nach heute h.M. enthält § 951 Abs. 1 eine Rechtsgrundverweisung, d.h. ein Wertersatzanspruch ist nur unter den zusätzlichen Voraussetzungen des § 812 Abs. 1 S. 1, 1. Alt. gegeben.

(II) E hat **etwas erlangt**, nämlich das Eigentum an der von U eingebauten Heizung.

(III) Umstritten ist, ob in Fällen, in denen sich der Eigentumswechsel nicht kraft Rechtsgeschäfts, sondern gesetzlich durch den Einbau vollzieht, eine **Leistung** vorliegt. Teilweise wird dies abgelehnt, da der Eigentumsübergang kraft Gesetzes gerade keine zweckgerichtete Zuwendung darstelle. Nach überwiegender Ansicht liegt eine Leistung trotzdem vor, wenn sich der Eigentumswechsel aufgrund eines Vertrags vollzieht, der gerade auf die Tätigkeit gerichtet ist, die unmittelbar den Rechtswechsel herbeiführt. Hier wird der Rechtswechsel durch den Einbau auf Grundlage des Werkvertrags herbeigeführt, sodass eine Leistung vorliegt.

(IV) Die Leistung ist – wegen des wirksamen Werkvertrags – aber **mit Rechtsgrund** erbracht worden.

Einzelheiten im AS-Skript SchuldR BT 3.

Ein Anspruch auf Wertersatz besteht ebenfalls nicht.

(C) Kann U die Heizungsanlage aufgrund des Wegnahmerechts an sich nehmen?

---

[320] BGHZ 53, 324, 327@; Palandt/Bassenge § 946 Rdnr. 1; Thamm BB 1990, 866, 867, 869; Baur/Stürner § 53 Rdnr. 5 f.

(I) Ein vertragliches Wegnahmerecht aufgrund des Werkvertrags besteht nicht; ein gesetzliches Wegnahmerecht gemäß § 997 scheitert daran, dass der U niemals unrechtmäßiger Besitzer des Grundstücks gewesen ist.

(II) Ein Wegnahmerecht kann sich aus § 951 Abs. 2 S. 2 ergeben.

(1) Nach der Rechtsprechung und einem Teil der Literatur wird durch § 951 Abs. 2 S. 2 das Wegnahmerecht des **unrechtmäßigen Besitzers** gemäß § 997 erweitert auf die Fälle, dass ein **Dritter** die Verbindung veranlasst hat.[321]

Danach steht dem U kein Wegnahmerecht gemäß §§ 951 Abs. 2 S. 2, 997 zu, weil kein Eigentümer-Besitzer-Verhältnis bestanden hat.

(2) In der Literatur wird überwiegend die Meinung vertreten, die Vorschrift des § 951 Abs. 2 S. 2 begründe ein **selbstständiges Wegnahmerecht**. Derjenige, der durch die Verbindung ein dingliches Recht verloren habe, könne unabhängig davon, ob er Besitzer der Hauptsache gewesen sei oder nicht, die eingefügte Sache wegnehmen. Dem Eigentümer stehe jedoch gemäß § 997 Abs. 2 das Recht zu, die Wegnahme durch Wertersatz abzuwenden.[322]

Doch ist dieses gemäß § 951 Abs. 2 S. 2 bestehende selbstständige Wegnahmerecht nur eine Ergänzung zum **Vergütungsanspruch** aus § 951 Abs. 1, sodass ein Wegnahmerecht nur dann gegeben ist, wenn der verlierende Teil durch die Verbindung wenigstens dem Grunde nach auch den Anspruch aus § 951 Abs. 1 auf Wertersatz erlangt hat.[323]

Da dem U auch dem Grunde nach kein Wertersatzanspruch zusteht, ist ein Wegnahmerecht nicht gegeben.

> **Abwandlung:**
>
>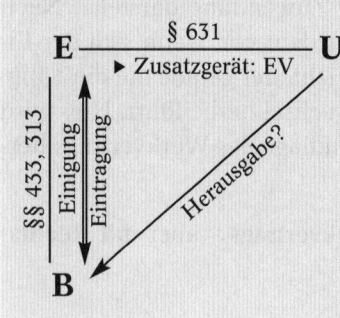
>
> In dem Mehrfamilienhaus befand sich bereits eine Koksheizung. E und U vereinbaren, dass ein Zusatzgerät eingebaut werden solle, um die Koksheizung ohne weiteres auf Ölheizung umstellen zu können. Dieses Zusatzgerät wird unter Eigentumsvorbehalt geliefert und aufgeschraubt. Als E kein Geld mehr hat, verkauft er das Haus an den B und lässt es auf. Über das Zusatzgerät wird keine besondere Vereinbarung getroffen. B wird als Eigentümer eingetragen. U verlangt nunmehr von B das Zusatzgerät heraus.

Anspruch des U gegen den Besitzer B gemäß § 985 auf Herausgabe?

Dann müsste U noch Eigentümer des Zusatzgerätes sein.

---

321 BGHZ 40, 272, 280; Erman/Ebbing § 951 Rdnr. 18.
322 Soergel/Henssler § 951 Rdnr. 28; Westermann/Gursky § 54, 6; Baur/Stürner § 53 Rdnr. 36.
323 Staudinger/Gursky § 951 Rdnr. 59; Bamberger/Kindl § 951 Rdnr. 26; ähnlich Baur/Stürner § 53 Rdnr. 36.

(I) U hat sein Eigentum an dem Zusatzgerät nicht gemäß § 946 an E verloren, weil das Zusatzgerät nicht gemäß § 94 Abs. 2 wesentlicher Bestandteil geworden ist. Die Heizungsanlage ist zwar als Ganzes wesentlicher Bestandteil eines Wohnhauses, doch das Zusatzgerät für die Umstellung auf Ölheizung ist nicht notwendig für die Herstellung der Heizung bzw. des Wohnhauses.

(II) U kann das Eigentum am Zusatzgerät als Bestandteil entsprechend § 926 verloren haben, als E sein Grundstück an B veräußerte.[324]

(1) Die Vorschrift des § 926 ist über ihren Wortlaut hinaus auch auf einfache Bestandteile des Grundstücks entsprechend anwendbar.[325]

(2) Entsprechend § 926 Abs. 1 geht daher das Eigentum an nicht wesentlichen Bestandteilen mit dem Eigentum am Grundstück über, wenn sich die Veräußerung des Grundstücks nach dem **Willen** der Parteien auf die nicht wesentlichen Bestandteile erstrecken soll. Dieser Wille wird entsprechend § 926 Abs. 1 S. 2 vermutet. Doch da das Zusatzgerät im Zeitpunkt der Veräußerung des Grundstücks nicht im Eigentum des Veräußerers E stand, kommt ein Eigentumserwerb durch B entsprechend § 926 Abs. 1 S. 1 nicht in Betracht.

(3) Nicht wesentliche Bestandteile und Zubehörstücke, die dem Veräußerer nicht gehören, können gutgläubig nach § 926 Abs. 2 i.V.m. §§ 932 ff. wie im Falle der selbstständigen Veräußerung beweglicher Sachen erworben werden.[326]

Dazu ist jedoch abweichend von § 926 Abs. 1 erforderlich, dass die Erwerbsvoraussetzungen des § 929 vorliegen. Es gilt also in den Fällen des § 926 Abs. 2 nicht die Vermutung des § 926 Abs. 1 S. 2. Da die Veräußerung fremden Eigentums nach der Gesamtrechtsordnung rechtswidrig ist, kann nicht unterstellt werden, die Vertragsschließenden hätten in der Regel den Willen, einen Gesetzesverstoß zu begehen.[327] Das bedeutet, dass die Einigung i.S.d. § 929 **positiv** festgestellt werden muss. Da E und B aber über das Zusatzgerät keine Abrede getroffen haben, kommt ein gutgläubiger Erwerb des B gemäß §§ 926 Abs. 2, 932 ff. nicht in Betracht.

U ist Eigentümer des Zusatzgerätes geblieben.

Ein Recht zum Besitz i.S.v. § 986 steht dem B im Verhältnis zum U nicht zu.

U kann gemäß § 985 Herausgabe verlangen.

– – –

---

[324] Für den schuldrechtlichen Kaufvertrag gilt gemäß § 311 c ebenfalls die Vermutung, dass sich die Verpflichtung zur Veräußerung auch auf Zubehör erstreckt.
[325] Soergel/Stürner § 926 Rdnr. 1; Staudinger/Pfeifer § 926 Rdnr. 6.
[326] Staudinger/Pfeifer § 926 Rdnr. 17.
[327] Bamberger/Grün § 926 Rdnr. 6.

Der Eigentumserwerb durch Verbindung, § 946

Bestandteil
- Teil einer **einheitlichen Sache**; maßgebend ist die **Verkehrsauffassung**, unerheblich ist die Art und Weise der Verbindung.

Rechtliche Wirkungen
- Kann Gegenstand besonderer Rechte sein. Der Verpflichtungsvertrag kann durch Übereignung gemäß §§ 929 ff. erfüllt werden.
- Fehlt eine Einigung, wird gemäß § 926 Abs. 1 S. 2 der Eigentumsübertragungswille vermutet.
- Gehört der Bestandteil nicht dem Eigentümer der Sache, ist gemäß § 926 Abs. 2 ein Erwerb vom Nichtberechtigten gemäß §§ 932 ff. möglich.

Wesentlicher Bestandteil, §§ 93, 94
- § 93, wenn
  - die eine oder andere Sache durch die Trennung **zerstört** wird,
  - eine **Wesensänderung** eintritt, d.h. die eine oder andere Sache nach der Trennung nicht mehr wie vor der Zusammenfügung verwendet werden kann.
- § 94 Abs. 1, wenn
  - der Bestandteil mit dem Grund und Boden fest verbunden ist,
  - es sich um Erzeugnisse handelt, soweit sie mit dem Grund und Boden verbunden sind.
- § 94 Abs. 2
  - Die Sache – der Bestandteil – ist zur Herstellung des Gebäudes eingefügt worden.
  - Es ist der besondere Charakter des Gebäudes zu berücksichtigen.

Rechtliche Wirkungen
- Nach § 93 können wesentliche Bestandteile nicht Gegenstand besonderer Rechte sein. Sie können also nicht übereignet werden.
- Doch können über die nach der Trennung entstehenden Sachen wirksame – künftige – Verpflichtungsverträge abgeschlossen werden, und nach der Trennung kann die Übereignung nach §§ 929 ff. erfolgen.

Scheinbestandteil, § 95
- Sachen, die nur zu einem **vorübergehenden Zweck** eingefügt worden sind
  - vom Eigentümer des Grundstücks oder
  - vom – vertraglichen oder dinglichen – **Nutzungsberechtigten** – Mieter, Pächter, Nießbraucher.
- Maßgebend ist der Wille des Einfügenden im Zeitpunkt der Einfügung nur dann, wenn dieser Wille mit dem nach außen in Erscheinung tretenden Sachverhalt vereinbar ist.
  - Ist im Nutzungsvertrag bestimmt, dass der Eigentümer nach Ablauf des Vertrags die Gebäude übernimmt, ist im Zeitpunkt der Einfügung davon auszugehen, dass diese auf Dauer erfolgt.
  - Das Gleiche gilt, wenn dem Grundeigentümer ein Wahlrecht eingeräumt worden ist, das Gebäude zu übernehmen oder die Entfernung zu verlangen.
- Die Scheinbestandteile werden nicht allein dadurch zu wesentlichen Bestandteilen, dass der Eigentümer **nachträglich** und **einseitig** eine – nach außen nicht erkennbare – Zweckänderung vornimmt.

Rechtliche Wirkungen
- Es gelten die Regeln über bewegliche Sachen, also nicht § 311 c und § 926.

2. Die Fahrnisverbindung gemäß § 947

Werden mehrere bewegliche Sachen verschiedener Eigentümer zu einer einheitlichen Sache verbunden, tritt kraft Gesetzes die in § 947 angeordnete Eigentumslage ein, falls die verbundenen Sachen wesentliche Bestandteile der einheitlichen Sache geworden sind.

2.1 Das Eigentum an der zusammengesetzten Sache gemäß § 947 Abs. 1 u. 2

Gehören die Teile der zusammengesetzten beweglichen Sache verschiedenen Eigentümern und sind diese Teile wesentliche Bestandteile der zusammengesetzten Sache geworden, werden die Eigentümer gemäß § 947 Abs. 1 **Bruchteilseigentümer** im Verhältnis des Wertes der Sachen zueinander. Sie bilden eine Gemeinschaft gemäß §§ 1008 ff., 741 ff.

Gemäß § 747 kann jeder über seinen Anteil verfügen, d.h. er kann den Anteil gemäß §§ 929 ff. auf einen anderen übertragen. Die Miteigentümer verwalten die Sache gemeinschaftlich (§§ 744, 745). Jeder kann gemäß § 749 jederzeit Aufhebung der Gemeinschaft verlangen. Die Auseinandersetzung erfolgt gemäß § 753 durch Verkauf, nicht durch Teilung in Natur gemäß § 752.[328]

Ist eine Sache als **Hauptsache** anzusehen, wird der Eigentümer der Hauptsache **Alleineigentümer** (§ 947 Abs. 2). Die Eigentümer der eingefügten Sachen, die ihr Eigentum verlieren, erwerben gemäß § 951 unter den Voraussetzungen des § 812 einen Ausgleichsanspruch.

2.2 Wesentlicher Bestandteil wird die zu einer einheitlichen Sache eingefügte Sache unter den Voraussetzungen des § 93, wenn

▸ die eine oder andere Sache mit der Trennung **zerstört** würde oder

▸ die eine oder andere Sache mit der Trennung eine **Wesensänderung** erführe.

Diese Wesensänderung tritt ein, wenn

– die eine oder andere Sache nach der Trennung nicht mehr so wie vor der Zusammenfügung verwendet werden kann oder

– die eingefügte Sache mit dem Einbau ihren wirtschaftlichen Wert oder ihre technische Bedeutung verliert, weil sie im Ganzen der Sache aufgegangen ist und damit ihr „eigenes Wesen" verloren hat.

Es kommt nicht darauf an, ob durch die Trennung die ganze einheitliche Sache in ihrer Funktionsfähigkeit beeinträchtigt wird. Maßgebend ist allein, ob die verschiedenen Bestandteile nach der Trennung eine Wesensänderung erfahren oder nicht.[329]

---

328 Wieling § 11 II 2 b; Baur/Stürner § 53 Rdnr. 10.
329 BGHZ 18, 226, 229; 20, 159, 162; 61, 80, 83[@]; a.A. Reinicke MDR 1956, 212 f., der betont, dass nach Sinn und Zweck der Regelung in den §§ 93 ff. und 947 eine Zerschlagung wirtschaftlicher Werte unterbunden werden solle, sodass eine Wesensänderung gegeben sei, wenn der Wert der getrennten Einzelteile erheblich geringer als der Wert der durch die Zusammenfügung der Einzelteile entstandenen Gesamtsache sei.

Fall 14: Eingebautes Motorgehäuse

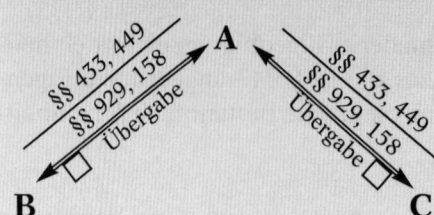

A stellt Traktoren her, B hat die eingebauten Motoren unter Eigentumsvorbehalt geliefert. Der C hat die zur Herstellung notwendigen Schrauben unter Eigentumsvorbehalt übergeben. Wie ist die Eigentumslage?

(I) A und B sind **gemäß § 947 Abs. 1 Miteigentümer** der Traktoren geworden, wenn die Motoren wesentliche Bestandteile i.S.d. § 93 sind.

(1) Traktoren sind nach der Verkehrsanschauung einheitliche, aus einzelnen Sachen verschiedener Eigentümer zusammengesetzte Sachen, sodass die Motoren **Bestandteile** der Traktoren geworden sind.

(2) Da die Motoren und die Traktoren nach der Trennung jedoch wieder so verwendet werden können wie vor der Zusammenfügung, sind die Motoren nicht **wesentliche** Bestandteile der Traktoren. B ist Eigentümer der Motoren geblieben. Dem A steht jedoch aus dem Kaufvertrag ein Recht zum Besitz gemäß § 986 Abs. 1 S. 1. zu.

Hinweis: A ist auch nicht nach § 950 durch Verarbeitung Alleineigentümer geworden, da allein durch den Einbau eines Motors in das Fahrgestell des Traktors noch keine neue Sache i.S.d. § 950 hergestellt wird;[330] zu § 950 s. sogleich unter 4.

(II) Die Schrauben verlieren mit dem Einbau ihre eigene selbstständige wirtschaftliche Bedeutung. Sie gehen nach der Verkehrsanschauung im Ganzen der Sache auf und sind somit **wesentlicher Bestandteil** der Traktoren geworden. Der A ist Alleineigentümer der Schrauben geworden, wenn die Traktoren als **Hauptsache** anzusehen sind (§ 947 Abs. 2). Im Gesetz ist der Begriff der Hauptsache nicht definiert. Einigkeit besteht in Literatur und Rechtsprechung nur insoweit, als von der **Verkehrsauffassung** auszugehen ist. Woran jedoch im Einzelfall anzuknüpfen ist, wird unterschiedlich beantwortet.

(1) „Von einer Hauptsache kann nach der Verkehrsauffassung nur dann gesprochen werden, wenn die übrigen Bestandteile fehlen könnten, ohne dass das Wesen der Sache dadurch beeinträchtigt würde."[331]

Baur/Stürner[332] weist darauf hin, dass dieses eine nicht unbedenkliche Formulierung sei und danach für die Beurteilung einer Sache als „Nebensache" praktisch nur dann Raum bestehe, wenn es sich um ein schmückendes Beiwerk handele.

---

330 Palandt/Bassenge § 950 Rdnr. 5 für Einbau in Pkw.
331 BGHZ 20, 159, 163.
332 Baur/Stürner § 53 Rdnr. 9.

(2) Nach der mittlerweile überholten[333] Gegenmeinung ist auf erhebliche Wertunterschiede[334] oder auf die Wiederbeschaffungskosten[335] abzustellen.

Legt man die wirtschaftlichen Interessen der Beteiligten zugrunde, sollte man zu einer engen Auslegung von § 947 Abs. 2 kommen, da Miteigentum den gänzlichen Verlust der dinglichen Rechtsstellung verhindert.[336]

Stellt man auf die Verkehrsauffassung ab, ergibt sich selbst bei enger Auslegung von § 947 Abs. 2, dass der Traktor als Hauptsache anzusehen ist. A hat das Eigentum an den Schrauben kraft Gesetzes gemäß § 947 Abs. 2 erworben.

– – –

3. Die Vermischung und Vermengung beweglicher Sachen gemäß § 948

Wenn mehrere bewegliche Sachen verschiedener Eigentümer miteinander untrennbar vermischt (Flüssigkeit) oder vermengt (feste Sachen) werden, gilt § 947 entsprechend.

Ist keine der Mengen Hauptsache, tritt Miteigentum nach Bruchteilen gemäß § 948 Abs. 1 i.V.m. § 947 Abs. 1 ein. Ist eine Menge Hauptsache, erwirbt der Eigentümer der Hauptsache das Eigentum an der gesamten Menge gemäß § 948 Abs. 1 i.V.m. § 947 Abs. 2.

3.1 Untrennbarkeit liegt vor, wenn die Sachen künftig unlösbar und ununterscheidbar sind oder wenn ihre Trennung nur mit unverhältnismäßigen Kosten möglich ist, § 948 Abs. 2.

3.2 Ob und in welchem Umfang **§§ 948, 947 auf Geld anzuwenden** sind, ist **umstritten**.

I) Die weitaus h.M. behandelt das Geld – das Papier, die Münze – **als bewegliche Sache** und wendet daher im Falle der Vermengung von Geld, das verschiedenen Eigentümern gehört, über § 948 Abs. 1 die Vorschrift des § 947 Abs. 1 an, d.h. es entsteht **Miteigentum** am gesamten Betrag.[337]

Eine Mindermeinung vertritt die sog. **Geldwerttheorie**: Da beim Geld nicht der Sachwert des Papiers bzw. der Münze, sondern der dadurch verkörperte Wert entscheidend sei, könne der Eigentümer des Geldes, das mit anderem Geld vermengt worden sei, vom Besitzer des vermengten Geldes Herausgabe eines entsprechenden Geldbetrags gemäß § 985 verlangen, solange es in dessen Vermögen vorhanden sei. Es handelt sich also um eine sog. „Geldwertvindikation".[338]

---

[333] Soergel/Henssler § 947 Rdnr. 7.
[334] Tobias AcP 94 (1903), 428.
[335] Schulz AcP 105 (1909), 366.
[336] Soergel/Henssler § 947 Rdnr. 7.
[337] Soergel/Henssler § 948 Rdnr. 6; Staudinger/Gursky § 985 Rdnr. 78 f.; Staudinger/Wiegand § 948 Rdnr. 9; Medicus JuS 1983, 897, 900.
[338] Erman/Ebbing § 948 Rdnr. 9.

II) Zweifelhaft ist, ob über § 948 Abs. 1 auch die Vorschrift des § 947 Abs. 2 auf Geld und die Vermischung anderer gleichartiger Sachen anwendbar ist, weil begrifflich von einer Haupt- und Nebensache nur gesprochen werden kann, wenn es sich um ungleichartige Sachen handelt.

1) Ein Teil der Lehre verneint daher die Anwendbarkeit des § 947 Abs. 2, sodass immer Miteigentum entsprechend den Wertverhältnissen entsteht.

Jeder Miteigentümer kann Aufhebung der Gemeinschaft und Teilung verlangen, §§ 749, 752. Dies ist jedoch zu umständlich, sodass diese Auffassung dem besitzenden Miteigentümer ein einseitiges Sonderungsrecht zubilligt.[339]

2) Die Gegenmeinung befürwortet die entsprechende Anwendung des § 947 Abs. 2, wenn ein außergewöhnliches zahlenmäßiges Übergewicht besteht.[340]

Nach Erman/Ebbing[341] und Medicus[342] soll allerdings bei einer Geschäftskasse mit schwankendem Bestand der Kassenbestand stets Hauptsache i.S.d. § 947 Abs. 2 sein.

4. Die Verarbeitung gemäß § 950

Wenn jemand aus einem fremden Stoff eine **neue Sache herstellt**, regelt sich die Eigentumslage nach § 950. Diese Vorschrift soll den Interessenkonflikt zwischen dem Stoffeigentümer und dem Verarbeiter entscheiden und bestimmt den gesetzlichen Eigentumserwerb des Herstellers.

Es wird in § 950 für den gesetzlichen Eigentumserwerb an die Tatsache der Umbildung = Verarbeitung angeknüpft. Es ist unerheblich, ob der Umbildende die Neuschaffung erstrebte, ob die Umbildung mit Hilfsmitteln vorgenommen ist oder nicht, welchen Willen der Verarbeitende hatte usw.

Die Tatbestandsvoraussetzungen des § 950 sind:

▶ Es muss eine **neue Sache** hergestellt worden sein,

▶ der **Wert der Verarbeitung** darf nicht erheblich geringer sein als der **Stoffwert** und

▶ der Verarbeitende muss **Hersteller** der neuen Sache sein.

4.1 Die Herstellung einer neuen Sache

Nach § 950 ist erforderlich, dass eine neue Sache hergestellt wird. Ob es sich um eine neue Sache handelt, muss nach der Verkehrsanschauung unter Berücksichtigung wirtschaftlicher Gesichtspunkte festgestellt werden.[343]

Im Einzelfall können als **Abgrenzungskriterien** in Betracht kommen:

---

339 Baur/Stürner § 53 Rdnr. 11; Westermann/Gursky § 52 III c.
340 Erman/Ebbing § 947 Rdnr. 6; Palandt/Bassenge § 948 Rdnr. 4; Staudinger/Wiegand § 948 Rdnr. 8; Wieling § 11 II 3 b.
341 Erman/Ebbing § 948 Rdnr. 4.
342 Medicus JuS 1983, 897, 900.
343 Staudinger/Wiegand § 950 Rdnr. 9 ff.; Westermann/Gursky § 53 II 3.

1) Die hergestellte Sache wird unter einer anderen Bezeichnung in den Verkehr gebracht. Die aus dem Ausgangsstoff hergestellte Sache erhält also einen neuen Namen.

2) Der Ausgangsstoff wird völlig umgestaltet, sodass er schon der Form nach als andere Sache erscheint, oder – ohne Formveränderung – eine erhebliche Wesensveränderung erfährt.

3) Eine neue Sache liegt vor, wenn das Produkt der Verarbeitung eine eigenständige, gegenüber den einzelnen Sachen weitergehende Funktion erfüllt, oder auf sonstige Weise die wirtschaftliche Bedeutung der hergestellten Sache eine völlig andere ist.[344]

4.2 Das Verhältnis von Verarbeitungs- und Stoffwert

Der Wert der Verarbeitung darf nicht erheblich geringer sein als der Stoffwert. Der Verarbeitungswert ist nicht nur der effektive Kostenaufwand für die Arbeitsleistung, sondern der Wert der geleisteten Arbeit, wie er sich im Sachwert der hergestellten Sache verkörpert. Um ihn zu ermitteln, muss vom **Wert der neuen** Sache der **Wert aller**, also auch der dem Verarbeitenden gehörenden Ausgangsstoffe, abgezogen werden. Es kommt also nicht auf den tatsächlichen Arbeitsaufwand an, sondern auf den Differenzbetrag, der sich aus dem Vergleich des Wertes der neuen Sache mit dem Wert des verarbeiteten Ausgangsstoffs vor der Herstellung ergibt. Nach der Rechtsprechung liegt ein erheblich geringerer Wert der Verarbeitung vor, wenn er 60% des Stoffwertes beträgt.[345]

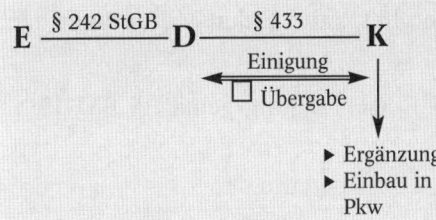

Fall 15: Der unvollständige Motor (nach BGH NJW 1995, 2633[@])

D hat bei dem Autohersteller E einen Motorblock entwendet, den er an den gutgläubigen K veräußert. K ergänzt den Motorblock zu einem Komplettmotor und baut ihn in seinen Pkw ein. Der Wert der Ergänzungsteile (Auspuffkrümmer, Lichtmaschine, Kupplung u.a.) beträgt 2.000 €, der Wert des Motorblocks 3.000 € und der Wert des Komplettmotors 9.000 €. E verlangt von K die Herausgabe des Motors.

E kann den Motor nach § 985 von dem Besitzer K herausverlangen, wenn er Eigentümer geblieben ist.

(I) E hat sein Eigentum nicht durch rechtsgeschäftliche Übertragung des D an K gemäß §§ 929, 932 verloren. Zwar haben D und K sich über den Eigentumsübergang geeinigt und in Vollziehung dieser Einigung ist der Besitz an den gutgläubigen K übertragen worden. Doch der Motor ist ohne Willen des E aus seinem unmittelbaren Besitz gekommen, sodass § 935 eingreift. Ein gutgläubiger Erwerb ist ausgeschlossen.

---

344 BGH NJW 1995, 2633[@]; Baur/Stürner § 53 Rdnr. 17–19; Westermann/Gursky § 53 II 3.
345 OLG Düsseldorf OLG-Report 1999, 219 ff.[@]; BGH NJW 1995, 2633[@]; JZ 1972, 165 ff.; Baur/Stürner § 53 Rdnr. 19; Palandt/Bassenge § 950 Rdnr. 7.

(II) E könnte sein Eigentum kraft Gesetzes gemäß § 950 verloren haben. Dann müsste K durch die Ergänzung des Motorblocks eine neue Sache hergestellt haben, und der Wert der zur Herstellung aufgewendeten Arbeit dürfte nicht erheblich geringer sein als der Stoffwert.

(1) Im Unterschied zu einem bloßen Motorblock ist der Komplettmotor in der Lage, ein Fahrzeug anzutreiben. Der Komplettmotor erfüllt also eine weitergehende Funktion als die einzelnen verarbeiteten Teile und wird daher von der Verkehrsauffassung als neue Sache angesehen.[346]

(2) Der Verarbeitungswert beträgt im vorliegenden Fall 4.000 €: Wert der neuen Sache (9.000) − Stoffwert (3.000 + 2.000 = 5.000) = 4.000. Er ist daher zwar geringer als der Stoffwert i.H.v. 5.000 €, aber es liegt keine erhebliche Differenz vor, da die Abweichung nur 20% beträgt.

(3) Da K den Motor im eigenen Betrieb für sich hergestellt hat, ist er auch Hersteller.

(4) Dass der Motorblock dem E abhanden gekommen ist, hindert den Rechtserwerb nach § 950 nicht, da § 935 auf den gesetzlichen Eigentumserwerb des § 950 nicht anwendbar ist.[347] Damit hat K gemäß § 950 Eigentum erworben.

(III) K könnte auch nach § 947 Eigentümer geworden sein.

Ob durch die Verbindung der Ergänzungsteile mit dem Motorblock die Voraussetzungen des § 947 erfüllt wurden, kann offen bleiben, denn § 950 ist, sofern eine neue Sache hergestellt wurde, **gegenüber § 947 lex specialis** und scheidet daher hier aus.[348]

Da K gemäß § 950 Eigentum erworben hat, kann E den Motor nicht nach § 985 herausverlangen.

(IV) Es kommt jedoch ein Anspruch auf Entschädigung gemäß § 951 i.V.m. § 812 in Betracht.

− − −

4.3 Der Begriff des Herstellers i.S.d. § 950

Bei der Verarbeitung wird der Hersteller Eigentümer. Wenn jemand die Herstellung neuer Sachen für einen anderen vornimmt und dieser aufgrund einer Vereinbarung Eigentümer werden soll, ist zweifelhaft, ob für den Eigentumserwerb die Regeln des Rechtsgeschäfts gemäß §§ 929 ff. eingreifen oder ob § 950 zur Anwendung gelangt. Auch ist umstritten, wer in diesem Falle Hersteller i.S.d. Gesetzes ist.

---

[346] BGH NJW 1995, 2633@.
[347] Palandt/Bassenge § 950 Rdnr. 6.
[348] Vgl. MünchKomm/Füller § 950 Rdnr. 31.

> **Fall 16: Ziegenlämmer-Handschuhe**
>
>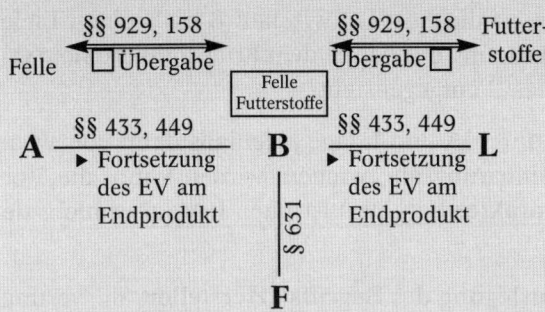
>
> A liefert dem B Felle von Ziegenlämmern, die dieser zu Damenhandschuhen verarbeitet. L liefert dem B zu dem gleichen Zweck feinste Futterstoffe. Sowohl A als auch L haben mit B vereinbart, dass die gelieferte Ware bis zur restlosen Bezahlung Eigentum des Lieferanten bleibt, dass das Eigentumsrecht des Lieferanten auch durch Verarbeitung, Fertigstellung des Endprodukts nicht aufgehoben wird und dass sich das vorbehaltene Eigentum am Endprodukt in Höhe des Wertes der Rohwarenlieferung fortsetzt. Die Näharbeiten werden im Auftrag des B von dem Fabrikanten F ausgeführt. Wer ist Eigentümer nach Herstellung der Damenhandschuhe?

Da B die Handschuhe für sich von F hat herstellen lassen, könnte der **B als Besteller** des mit F abgeschlossenen Werkvertrags **gemäß § 950** kraft Gesetzes **Eigentümer** geworden sein.

(I) Es muss eine neue Sache hergestellt worden sein. Damenhandschuhe sind im Verhältnis zum Ziegenleder und zum Futterstoff nach der Verkehrsauffassung eine neue Sache aufgrund des anderen Namens, der anderen Form und einer anderen wirtschaftlichen Bedeutung.

(II) Der Verarbeitungswert darf nicht erheblich geringer sein als der Stoffwert. Wenn man hier vom Gesamtwert der fertigen Handschuhe den bloßen Stoffwert abzieht, verbleibt ein diesem gegenüber erheblich höherer Verarbeitungswert.

(III) B müsste **Hersteller** der Handschuhe sein. Hersteller i.S.d. § 950 ist grundsätzlich derjenige, in dessen Namen und wirtschaftlichem Interesse die Herstellung erfolgt; dem somit nach der Verkehrsanschauung die **Herstellung zuzurechnen** ist.[349]

> Es ist also nicht darauf abzustellen, wer die Sache tatsächlich hergestellt hat. Entscheidend ist, wem die Herstellung rechtlich zuzurechnen ist. Hersteller kann demnach nicht nur derjenige sein, der die Sache für sich hergestellt hat, sondern auch derjenige, der die Sache durch einen Dritten für sich hat herstellen lassen.
>
> Wird die Sache in einem Betrieb hergestellt, ist der Unternehmer der Hersteller. Falls die Herstellung der Sache im Auftrag und mit vom Besteller gelieferten Stoffen vorgenommen wird – also im Rahmen eines Werkvertrags erfolgt –, ist der Besteller der Hersteller.[350]

---

[349] BGHZ 14, 114, 117@; BGH NJW 1991, 1480, 1481@; Repgen Jura 2002, 270.
[350] BGHZ 20, 159, 163, 164; Palandt/Bassenge § 950 Rdnr. 10; Baur/Stürner § 53 Rdnr. 21.

Auf dieser Grundlage wäre B als Hersteller anzusehen, da F aufgrund eines Werkvertrags mit B tätig wird, die Herstellung also rechtlich dem B zuzurechnen ist. Fraglich ist aber, ob die Abrede zwischen B und seinen Lieferanten A und L über die Fortsetzung des EV an dem Endprodukt einem (alleinigen) Eigentumserwerb des B entgegensteht.

Ein (Mit-)Eigentumserwerb durch A und L läge jedenfalls dann vor, wenn von § 950 durch Parteivereinbarung abgewichen werden kann, die Vorschrift also **dispositiven Charakter** hat. Dies ist nach h.M. aber nicht der Fall.[351]

Es könnten jedoch für die **Auslegung des Begriffs „Hersteller"** die vertraglichen Abreden zwischen B, A und L maßgeblich sein.

(1) In der Lit. wird überwiegend die Auffassung vertreten, dass nur derjenige das Eigentum gemäß § 950 kraft Gesetzes erlange, der nach der Verkehrsanschauung unter Zugrundelegung **objektiver Kriterien** Hersteller sei. Es widerspreche der Zuordnungsfunktion des § 950, durch Vereinbarung mit dinglicher Wirkung den Hersteller zu bestimmen.[352]

Danach ergibt sich für die Eigentumsverhältnisse folgendes Bild:

(a) Da der B die Handschuhe von F aufgrund eines Werkvertrags als Besteller für sich hat fertigstellen lassen, ist er gemäß § 950 kraft Gesetzes Eigentümer der Handschuhe geworden.

(b) Doch wird in der Vereinbarung zwischen B und seinen Lieferanten – A und L – der Wille der Parteien deutlich, einen Teil des Eigentums auf A und L zu übertragen. Der Abrede ist im Wege der Auslegung eine antezipierte Einigung und ein antezipiertes Besitzkonstitut zu entnehmen. A und L erwerben daher – eine juristische Sekunde später – gemäß § 930 Eigentum, und zwar entsprechend der Abrede Bruchteilseigentum in Höhe des Wertes ihrer Rohwarenlieferung.

▶ Der A hat in Höhe des Wertes der Felle,
▶ der L in Höhe des Wertes der gelieferten Futterstoffe und
▶ der B in Höhe des Wertes seiner geleisteten Arbeit – Zuschneiden, Aufarbeiten der Materialien, Entwurf der Handschuhe usw. – Eigentum erworben.

Danach sind B, A und L Bruchteilseigentümer kraft **Rechtsgeschäfts** gemäß §§ 929, 930.

---

[351] Staudinger/Wiegand § 950 Rdnr. 20 ff.; a.A. Baur/Stürner § 53 Rdnr. 22 und Flume NJW 1950, 841 ff.: § 950 löse den Interessenkonflikt zwischen Stoffeigentümer und Verarbeiter und sei daher nicht anwendbar, wenn und soweit die Parteien diesen Konflikt bereits ausgeschlossen haben.

[352] Palandt/Bassenge § 950 Rdnr. 8; Erman/Ebbing § 950 Rdnr. 10; Westermann/Gursky § 53 III 2 e; Staudinger/Wiegand § 950 Rdnr. 27 ff.; Medicus BR Rdnr. 519; Wieling § 11 II 4 e, f; MünchKomm/Füller § 950 Rdnr. 20 ff.

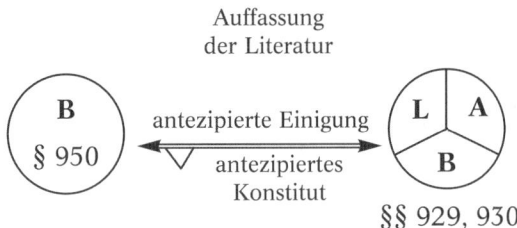

(2) Die Rechtsprechung und ein Teil der Literatur gehen davon aus, dass die **Vereinbarungen** der vom Herstellungsprozess betroffenen Personen über die Herstellereigenschaft i.S.v. § 950 entscheiden können. Derjenige, der das Eigentum nicht erwerben wolle, solle dieses auch nicht kraft Gesetzes erhalten. In modifizierter Form hält jedoch auch diese Auffassung an objektiven Kriterien fest.[353]

Da B mit den Stofflieferanten A und L vereinbart hat, dass sich ihr Eigentum am Fertigprodukt in Höhe des Wertes ihrer Lieferungen fortsetzen soll, sind B, A und L hiernach als „**Mithersteller**" i.S.v. § 950 anzusehen. Sie erwerben damit **kraft Gesetzes** Bruchteilseigentum, wobei A und L Miteigentümer im Verhältnis ihrer Beiträge werden und B den „freien Bruchteil" erlangt.[354]

Auffassung der Rspr. und eines Teils der Lit.

Direkterwerb der Mithersteller gemäß § 950

Nach beiden Auffassungen sind L, A und B Miteigentümer geworden. Ein Streitentscheid ist daher – außer in Fällen, in denen eine mögliche Belastung des Miteigentumsanteils beim Durchgangserwerb in Betracht kommt – entbehrlich.

Hinweis: Die Verbindung von Eigentumsvorbehalt und Verarbeitungsklausel ist eine weitere Form des verlängerten Eigentumsvorbehalts. Wenn der Vorbehaltskäufer dem Vorbehaltsverkäufer lediglich die Ansprüche aus der Weiterveräußerung abtritt, ist der Vorbehaltsverkäufer in dem Zeitraum zwischen der Verarbeitung (die den Eigentumserwerb des Vorbehaltskäufers gemäß § 950 bewirkt) und der Weiterveräußerung (mit der die vorweggenommene Abtretung wirksam wird) ungesichert. Mangels Eigentums erhält er im Insolvenzverfahren des Vorbehaltskäufers kein Aussonderungsrecht gemäß § 47 InsO und kann in der Einzelvollstreckung nicht mit Erfolg die Drittwiderspruchsklage (§ 771 ZPO) erheben. Indem der Vorbehaltsverkäufer die Verarbeitungsklausel vereinbart und somit gemäß § 950 zumindest Bruchteilseigentum erwirbt, sichert er sich auch für diesen Zeitraum ab.

– – –

---

[353] BGH NJW 1991, 1480 f. @: „... maßgebend ist die Verkehrsauffassung eines **mit den Verhältnissen vertrauten objektiven** Beobachters". BGHZ 14, 114, 117@; 20, 159, 163 f.; 46, 117, 118 f.; Soergel/Henssler § 950 Rdnr. 20; Staudinger/Wiegand § 950 Rdnr. 20 ff. Einschränkungen werden jedoch insoweit gemacht, als Personen, die weder Stoffeigentümer noch Stoffbesitzer sind und auch sonst mit dem Herstellungsvorgang weder im natürlichen noch im wirtschaftlichen Sinne etwas zu tun haben, nicht ohne weiteres in den Kreis der Hersteller einbezogen werden.

[354] Soergel/Henssler § 950 Rdnr. 21.

Ein durch eine Verarbeitungsklausel verlängerter Eigentumsvorbehalt kann mit einer **Sicherungsübereignung** kollidieren.

> **Fall 17: Winzer kontra Bank** (vereinfacht nach Geibel WM 2005, 962 bzw. FAZ vom 08.08.2003: „Winzer kontra Deutsche Bank")
>
> Winzer W verkauft seine gesamte Traubenernte des Jahrgangs 2005 an die Weinkellerei K. Dabei vereinbaren sie einen verlängerten Eigentumsvorbehalt dergestalt, dass W bis zur vollständigen Kaufpreiszahlung nicht nur Eigentümer der an K gelieferten Trauben, sondern auch nach Verarbeitung in seinem Namen an dem daraus hergestellten Wein sein soll. Zuvor hatte K zur Sicherung eines Betriebsmittelkredits allerdings alle derzeitigen und zukünftigen Trauben- und Weinbestände, die sich in den Produktionsräumen befinden, bereits an seine Hausbank B sicherungsübereignet. Nachdem der Wein von K hergestellt und in Flaschen abgefüllt worden ist, wird er Anfang 2006 insolvent. W fragt, ob er Eigentümer des Weins ist und was er gegebenenfalls unternehmen muss.

(A) Eigentum des W

(I) W war zunächst Eigentümer der Trauben. Diese hat er an K unter der aufschiebenden Bedingung vollständiger Kaufpreiszahlung übereignet, §§ 929, 158. K hat den Kaufpreis bislang noch nicht bezahlt, sodass ein rechtsgeschäftlicher Eigentumswechsel nicht eingetreten ist.

(II) Die B könnte durch die antezipierte Sicherungsübereignung Eigentümerin der Trauben geworden sein. Sie hat sich mit K antezipiert über den Eigentumsübergang geeinigt und mit ihm ein antezipiertes Besitzkonstitut vereinbart, §§ 929 S. 1, 930. Allerdings war K nicht Berechtigter. Ein gutgläubiger Eigentumserwerb gem. § 933 scheidet ebenfalls aus, da der B die Trauben nicht übergeben wurden.

In einer fehlgeschlagenen Übereignung liegt – als Minus – stets zumindest die Übertragung eines Anwartschaftsrechts. Insoweit war K auch Berechtigter, sodass B zunächst nur ein Anwartschaftsrecht an den Trauben erworben hat.

(III) W könnte jedoch sein Eigentum – und B ihr Anwartschaftsrecht – durch Verarbeitung der Trauben zu Wein kraft Gesetzes gemäß § 950 verloren haben.

(1) Bei Wein handelt es sich nach Verkehrsauffassung im Verhältnis zu den Trauben um eine neue Sache. Auch liegen keine Anhaltspunkte dafür vor, dass der Verarbeitungswert erheblich geringer als der Stoffwert der Trauben ist, sodass der Hersteller Eigentum an dem Wein erlangt.

(2) Fraglich ist jedoch, wer Hersteller des Weines ist. Die Weinherstellung erfolgte im wirtschaftlichen Interesse und in der Weinkellerei des K, sodass dieser objektiv als Hersteller anzusehen wäre. Allerdings haben W und K vereinbart, dass die Herstellung im Namen des W erfolgen soll.

(a) Nach der Rechtsprechung und Teilen der Literatur ist der Herstellerbegriff in § 950 nicht nur nach objektiven, sondern auch nach subjektiven Kriterien zu definieren.³⁵⁵ Danach wäre W als Hersteller anzusehen, sodass er durch den Herstellungsprozess unmittelbar Eigentum erworben hätte.

(b) Zum gleichen Ergebnis käme die Gruppe in der Literatur, nach der es sich bei § 950 um dispositives Gesetzesrecht handelt.³⁵⁶

(c) Nach der überwiegenden Literatur kann § 950 weder abbedungen noch die Herstellereigenschaft subjektiv vereinbart werden. Eigentum erlangt nur der objektive Hersteller, hier also K. Allerdings wird einer Hersteller- oder Verarbeitungsklausel regelmäßig eine antezipierte Einigung und ein antezipiertes Besitzkonstitut entnommen.³⁵⁷

Fraglich ist daher, ob unmittelbar nach Herstellung W aufgrund des verlängerten Eigentumsvorbehalts oder B aufgrund der antezipierten Sicherungsübereignung Eigentum gem. §§ 929 S. 1, 930 an den Weinflaschen erlangt hat.

(aa) Eigentumserwerb der B

Die B könnte eine juristische Sekunde nach Herstellung des Weins gem. §§ 929 S. 1, 930 Eigentum an den Weinflaschen erworben haben. B und K haben sich antezipiert über den Eigentumsübergang auch an allen neu hergestellten Weinen geeinigt und ein antezipiertes Besitzkonstitut geschlossen. K war – nach der hier maßgeblichen Literaturauffassung – auch Eigentümer des neu hergestellten Weins. Allerdings müsste K im Zeitpunkt der Herstellung noch für die B besitzen wollen. Im Falle mehrfacher Sicherungsübereignung geht die h.M. davon aus, dass der unmittelbare Besitzer nur für denjenigen besitzen will, mit dem er zuletzt eine Sicherungsübereignung vereinbart hat,³⁵⁸ hier also W.

Selbst wenn man mit Teilen der Literatur³⁵⁹ darin einen Verstoß gegen den sachenrechtlichen Prioritätsgrundsatz sehen würde, wäre die Sicherungsübereignung an die Bank unter Umständen sittenwidrig. Jedenfalls wenn die Bank mit einer Verarbeitungsklausel durch Warenlieferanten rechnen musste, z.B. weil ein solcher branchenüblich ist, liegt darin eine Verleitung zum Vertragsbruch, ähnlich wie in den Fällen einer Kollision von verlängertem Eigentumsvorbehalt und Globalzession.

(bb) Eigentumserwerb des W

Damit besitzt K für W, mit dem – jedenfalls konkludent – ebenfalls eine antezipierte Sicherungsübereignung mit antezipiertem Besitzkonstitut vereinbart wurde.

---
355 BGH NJW 1991, 1480 f. @.
356 Flume NJW 1950, 841 ff.; Baur/Stürner § 55 Rdnr. 22.
357 Wilhelm Rdnr. 975 ff.; Bamberger/Kindl § 950 Rdnr. 10.
358 BGH WM 1960, 1223, 1227; 1965, 1248, 1249; Staudinger/Wiegand, Anh. zu §§ 929-931 Rdnr. 279 ff.
359 Vgl. Giesen AcP 203 (2003), 233, 240.

(d) Auch nach Herstellung des Weins ist daher nach allen Auffassungen W Eigentümer des Weins. Entweder hat er ihn originär als Hersteller gem. § 950 erworben oder er wurde ihm von K gem. §§ 929 S. 1, 930 zur Sicherheit übereignet, sodass sich eine Streitentscheidung erübrigt.[360]

(B) Was muss W unternehmen?

Ein Eigentümer kann gem. § 47 InsO Aussonderung seines Eigentums und Herausgabe gem. § 985 verlangen. Ist der Wein durch den Insolvenzverwalter verwertet worden, steht ihm gem. § 48 S. 2 InsO ein Ersatzaussonderungsrecht zu, nach dem er Herausgabe der Gegenleistung aus der Insolvenzmasse verlangen kann.

Der Sicherungseigentümer ist zivilrechtlich zwar Volleigentümer, wird im Insolvenzverfahren wegen der Funktion des Sicherungseigentums als besitzloses Pfandrecht aber gem. § 51 Nr. 1 InsO wie ein Pfandgläubiger behandelt. Er kann nicht Aussonderung, sondern nur abgesonderte Befriedigung verlangen, d.h. die Sache wird durch den Insolvenzverwalter verwertet und der Erlös anschließend (gekürzt um die Kosten) an den Absonderungsberechtigten ausgezahlt, § 170 Abs. 1 S. 2 InsO.

Folgt man also der Rechtsprechung und nimmt eine subjektive Bestimmbarkeit des Herstellerbegriffs an, ist W Volleigentümer des Weins geworden und kann Aussonderung verlangen. Nimmt man mit der überwiegenden Literatur eine antezipierte Sicherungsübereignung an, steht W lediglich ein Absonderungsrecht zu.

– – –

2. Abschnitt: Der Erwerb von Erzeugnissen und sonstigen Bestandteilen gemäß §§ 953 ff.

Während die §§ 946 ff. regeln, wer Eigentümer wird, wenn aus mehreren Sachen eine einheitliche Sache gebildet wird, ist in den §§ 953 ff. bestimmt, wer das Eigentum erwirbt, wenn **Erzeugnisse** oder **Bestandteile** von einer Sache – der Haupt- bzw. Muttersache – **getrennt** werden und dadurch zwei oder mehrere Sachen **entstehen**.

▶ **Erzeugnisse** sind die organischen, von der Muttersache getrennten körperlichen Gegenstände wie Jungtiere, Milch, Eier, Pflanzen, geschlagenes Holz usw.[361]

▶ **Bestandteile** sind die anorganischen, von der Hauptsache getrennten körperlichen Gegenstände wie Sand, Kies, Steine, Mineralien usw.[362]

---

360 Vgl. auch noch zu anderen Fallkonstellationen ausführlich Geibel WM 2005, 962 ff.
361 HK/Eckert § 953 Rdnr. 1.
362 HK/Eckert § 953 Rdnr. 1.

2. Abschnitt: Der Erwerb von Erzeugnissen und sonstigen Bestandteilen gemäß §§ 953 ff.

Nach §§ 953 ff. gilt ein „**Schachtelprinzip**":

– Gemäß § 953 erwirbt der **Eigentümer der Mutter- bzw. Hauptsache** das Eigentum an den Erzeugnissen und Bestandteilen, soweit sich aus den §§ 954–957 nicht etwas anderes ergibt.

– Der Erwerb tritt nicht ein, wenn nach § 954 ein **dinglich Nutzungsberechtigter** vorhanden ist.

– Weder der Eigentümer noch der dinglich Nutzungsberechtigte erwerben, wenn nach § 955 der **gutgläubige Eigenbesitzer** der Mutter- bzw. Hauptsache erwirbt.

– Weder der Eigentümer, der Nutzungsberechtigte noch der gutgläubige Eigenbesitzer erlangen das Eigentum, wenn nach § 956 ein **schuldrechtlich Aneignungsberechtigter** vorhanden ist. Dieser erwirbt auch dann Eigentum, wenn er sein Recht gutgläubig von einem Nichtberechtigten herleitet (§ 957).

1. Die Regelungen der §§ 953, 954

Der **Eigentümer** der Mutter- bzw. Hauptsache oder der **dinglich Nutzungsberechtigte** erwerben gemäß § 953 oder § 954 das Eigentum an den Erzeugnissen und Bestandteilen mit der **Trennung**. Es kommt nicht darauf an, wer die Trennung vorgenommen hat, wie sie im Einzelnen erfolgt ist oder warum sie geschehen ist. Auch ist die Besitzergreifung an den getrennten Erzeugnissen und Bestandteilen nicht notwendig.

Beispiele:

1. Hühner des Bauern A finden ein Loch im Zaun und legen in der Scheune des Nachbarn B 20 Eier.

2. Die hochtragende Kuh des Nießbrauchsberechtigten N (§§ 1030 ff.) wird von der Weide gestohlen. Beim Dieb D wird das Kalb geboren.

A als Eigentümer und N als dinglich Nutzungsberechtigter der Muttersache werden Eigentümer der getrennten Erzeugnisse – der Eier bzw. des Kalbes –, da ein Berechtigter gemäß §§ 955–957 nicht ersichtlich ist.

Die Vorschrift des § 953 greift ausnahmsweise nicht ein, wenn Früchte von einem Baum oder einem Strauch auf ein Nachbargrundstück hinüberfallen. Sie gelten dann als Früchte des Grundstücks, auf das sie fallen, § 911.

2. Der Eigentumserwerb an Früchten gemäß § 955 durch den Eigen- und Nutzungsbesitzer

Der Eigentumserwerb nach § 955 an den Früchten geht einem Erwerb nach § 953 oder § 954 vor. Unter den Fruchterwerb gemäß § 955 fallen einmal die Erzeugnisse, zum anderen solche weiteren Bestandteile, die zu den Früchten der Sache (§ 99) gehören, insgesamt also alle Gegenstände, die aus der Sache bestimmungsgemäß gewonnen werden, wie z.B. Kies, Steine und Erde aus ordnungsgemäß ausgebeuteten Lagerstätten.[363]

2.1 Der **berechtigte Eigenbesitzer** der Muttersache erwirbt – ebenso wie der Nutzungsberechtigte (§ 955 Abs. 2) – gemäß § 955 Abs. 1 S. 1 das Eigentum an den Sachfrüchten mit der Trennung.

Beispiel: Bei einer Grundstücksveräußerung ist die Auflassung erfolgt und das Grundstück bereits übergeben worden. Es ist aber aus formellen Gründen noch nicht zur Eintragung im Grundbuch gekommen. Hier fallen das Eigentum an der Muttersache und die Berechtigung, die Muttersache als eigene zu besitzen, auseinander. Nach § 955 erwirbt der berechtigte Besitzer der Muttersache bereits vor seiner Eintragung als Grundstückseigentümer die Früchte des Grundstücks.

2.2 Der **unrechtmäßige gutgläubige Eigenbesitzer** erwirbt gemäß § 955 Abs. 1 S. 2 das Eigentum an den Früchten mit der Trennung. Das Gleiche gilt für den unrechtmäßigen gutgläubigen Nutzungsberechtigten (§ 955 Abs. 2).

2.2.1 Voraussetzung des Fruchterwerbs sind also die **Gutgläubigkeit** und der **Eigen- oder Nutzungsbesitz** an der Muttersache im Zeitpunkt der Trennung – Ausnahme §§ 955 Abs. 3, 940 Abs. 2. Der gute Glaube muss sich auf das entstehende Erwerbsrecht, also auf das eigene Eigentum an der Muttersache, oder auf das dingliche Fruchtziehungsrecht beziehen.[364]

Nach überwiegender Auffassung erwirbt der redliche Besitzer der Muttersache an den Früchten auch dann das Eigentum gemäß § 955, wenn die Muttersache abhanden gekommen ist; § 935 ist also nicht entsprechend anwendbar (s. Beispiel unten).[365]

2.2.2 In § 955 ist nur die **dingliche Zuordnung** geregelt. Ob der Besitzer die getrennten Früchte endgültig behalten darf, richtet sich nach den allgemeinen Regeln, vor allem nach den §§ 987 ff.

Beispiel: Der K hat von D auf dem Markt eine hochtragende Kuh erworben, die D einen Tag zuvor von der Weide des Bauern E gestohlen hatte. Nach der Geburt des Kalbes meldet sich E und verlangt vom K die Kuh und das Kalb heraus.
(I) Der E kann vom Besitzer K gemäß § 985 die Kuh herausverlangen. E ist wegen § 935 Eigentümer der Kuh geblieben.
(II) Ein Anspruch auf Herausgabe des Kalbes gemäß § 985 besteht nicht, weil der gutgläubige Eigenbesitzer K trotz Abhandenkommens der Kuh gemäß § 955 das Eigentum an dem Kalb erworben hat.
(III) Der K ist auch aus gesetzlichem Schuldverhältnis gegenüber dem E nicht zur Herausgabe verpflichtet. Es kommt weder ein Anspruch aus §§ 989, 990 – mangels Bösgläubigkeit – noch ein Anspruch aus § 988 in Betracht, weil K die Muttersache entgeltlich erworben hat. Ein Herausgabeanspruch gemäß §§ 992, 823, 249 scheitert daran, dass sich K die Muttersache weder durch verbotene Eigenmacht noch durch eine Straftat verschafft hat.

---

363 Palandt/Bassenge § 955 Rdnr. 1.
364 Baur/Stürner § 53 Rdnr. 51; Westermann/Gursky § 57 II 3 b aa.
365 Staudinger/Gursky § 955 Rdnr. 9; differenzierend bezüglich Früchten und Bestandteilen: Palandt/Bassenge § 955 Rdnr. 5.

3. Der Eigentumserwerb durch Gestattung der Aneignung gemäß § 956

Wer sich aufgrund einer persönlichen Gestattung des Nutzungsberechtigten Erzeugnisse oder sonstige Bestandteile der Sache aneignen darf, erwirbt das Eigentum an den Trennstücken mit der Trennung, wenn er zu diesem Zeitpunkt Besitzer der Muttersache ist, anderenfalls mit der Besitzergreifung, § 956 Abs. 1 und Abs. 2.

Fall 18: Späte Eichenfällung

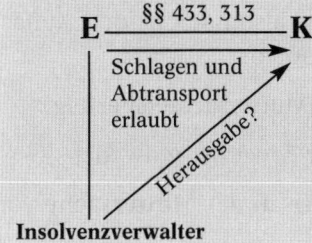

Als der Hofbesitzer E in Geldschwierigkeiten gerät, verkauft er ein Eichenwäldchen mit 30 stämmigen Eichen an K. Es wird vereinbart, dass K diese Eichen selbst schlagen und abtransportieren darf. Dazu ist K zunächst nicht in der Lage. Als über das Vermögen des E das Insolvenzverfahren eröffnet wird, gerät K in Eile. Er lässt die Eichen schlagen und abtransportieren. Der Insolvenzverwalter verlangt von K die Eichen heraus.

Der Insolvenzverwalter, auf den gemäß § 80 InsO die Verwaltungsbefugnis hinsichtlich des Vermögens des E übergegangen ist, kann gemäß § 985 die dem Schuldner gehörenden Sachen von dem Besitzer herausverlangen. Der Schuldner E hat gemäß § 953 als Eigentümer des Grundstücks – Muttersache – auch das Eigentum an den gefällten Bäumen erworben, falls nicht der K gemäß § 956 das Eigentum erlangt hat. Dazu ist im Einzelnen erforderlich:

(I) Eine **Aneignungsgestattung** des E.

Der E hat dem K gegenüber zum Ausdruck gebracht, dass K die Bäume fällen und abfahren dürfe. Er hat ihm also die Aneignung gestattet. Ob allein diese einseitige Gestattung ausreichend oder ob darüber hinaus auch eine Einverständniserklärung des Erwerbers für den Eigentumserwerb kraft Gesetzes erforderlich ist, ist umstritten.

(1) Nach der sog. **Aneignungstheorie** ist die Gestattung ein **einseitiges** Rechtsgeschäft, das durch eine empfangsbedürftige Willenserklärung zustande kommt; dafür gelten die §§ 104 ff.[366]

Danach ist dem K mit dem Zugang der Erklärung des E die Aneignung gestattet.

Allerdings hat er mit der Aneignungsgestattung noch kein Eigentum erworben. Dazu sind noch die Trennung und der Besitz erforderlich. Dazu unter (II) und (III).

(2) Nach der sog. **Übertragungstheorie** muss der Erwerber künftiger Sachen das in der Gestattung enthaltene Übereignungsangebot annehmen.

---

366 Baur/Stürner § 53 Rdnr. 57; Erman/Ebbing § 956 Rdnr. 3. Der Gestattende verfügt hiernach nicht antezipiert über künftige Sachen, sondern über sein eigenes Fruchtziehungsrecht. So auch Staudinger/Gursky § 956 Rdnr. 11 ff., der jedoch die Gestattung als zweiseitiges Rechtsgeschäft ansieht.

§ 956 enthält demnach nur eine **Sonderregelung** gegenüber den §§ 929 ff. **für** die **rechtsgeschäftliche Übereignung künftiger Sachen**. Die Gestattung ist danach also ein zweiseitiges Rechtsgeschäft.

Überwiegend wird von den Anhängern der Übertragungstheorie angenommen, dass die Annahme des in der Gestattung enthaltenen Übereignungsangebots in der Ergreifung und Fortsetzung des Besitzes an der Muttersache, spätestens aber in der Besitzergreifung an den getrennten Erzeugnissen enthalten sei.[367]

Ob K bereits den Besitz – auch Teilbesitz ausreichend – an dem Wäldchen als Muttersache erlangt und somit konkludent die Annahme des Übereignungsangebots zum Ausdruck gebracht hat, ist nach dem Sachverhalt nicht ersichtlich. Jedenfalls ist die Annahme mit dem Fällen und Abfahren der Bäume erklärt worden. Es liegt also nach beiden Auffassungen eine Aneignungsgestattung i.S.d. § 956 vor.

(II) Die erforderliche Trennung der Bäume von der Muttersache ist erfolgt.

(III) Weiterhin ist gemäß § 956 erforderlich, dass der Erwerber entweder

- ▶ bereits im Zeitpunkt der Trennung den **Besitz** an der **Muttersache** von dem Gestattenden erlangt hat oder

- ▶ ohne im Besitz der Muttersache zu sein, den Besitz an den **getrennten Erzeugnissen** oder sonstigen Bestandteilen ergreift.

Da der K die Bäume abgefahren hat, liegt eine Besitzergreifung an den getrennten Erzeugnissen vor.[368]

(IV) Als K den Besitz an den getrennten Bäumen ergriff, hatte E die Aneignungsgestattung noch **nicht widerrufen**. Es liegt ein Einigsein vor.

Die Aneignungsgestattung ist frei widerruflich, wie auch die Einigung nach § 929 bis zur Übergabe widerrufen werden kann. Eine Ausnahme gilt nach § 956 Abs. 1 S. 2, wenn der Eigentümer zur Gestattung verpflichtet und der Empfänger im Besitz der Muttersache ist.

(V) Der **Gestattende muss Berechtigter sein**. Er muss Eigentümer der Muttersache (§ 956 Abs. 1) oder künftiger Eigentümer der Erzeugnisse oder Bestandteile sein (§ 956 Abs. 2) und darf nicht im Zeitpunkt der Vollendung des Rechtserwerbs in seiner Verfügung beschränkt sein.[369]

Als der K die Bäume fällte und den Besitz daran ergriff, war das Insolvenzverfahren über das Vermögen des E bereits eröffnet worden. Der K konnte daher, gleichviel ob man der Übertragungs- oder Aneignungstheorie folgt, kein Eigentum erwerben.

(1) Nach der **Übertragungstheorie** musste der Erwerber K das in der Gestattung enthaltene Übereignungsangebot noch annehmen, und diese

---

[367] RGZ 78, 35, 36; Palandt/Bassenge § 956 Rdnr. 2. A.A. Wieling § 11 III 4 a, wonach die Annahme bereits konkludent anlässlich der Gestattung erfolgen soll.
[368] Zum Teilbesitz und mittelbaren Besitz des Aneignungsberechtigten vgl. BGHZ 27, 360 ff.@.
[369] BGHZ 27, 360, 366@; Baur/Stürner § 53 Rdnr. 60. Nach Westermann/Gursky § 57 III 2 c ist der Zeitpunkt der Gestattung für die Verfügungsberechtigung maßgebend.

Annahme ist konkludent bei der Besitzergreifung an den gefällten Bäumen gegenüber dem Gemeinschuldner erklärt worden. Der Empfang dieser Erklärung durch den Gemeinschuldner ist eine Rechtshandlung i.S.d. § 81 InsO und daher unwirksam.

Erfolgte die Einigung jedoch vorher, greift § 91 InsO ein.

(2) Nach der **Aneignungstheorie** waren zwar keine weiteren Rechtshandlungen des Gemeinschuldners erforderlich, doch da es sich um einen mehraktigen Verfügungstatbestand handelt und im Zeitpunkt der Besitzergreifung an den Bäumen das Insolvenzverfahren bereits eröffnet war, ist die Übereignung gemäß § 91 InsO unwirksam.

Übertragungstheorie:	Gestattung – Insolvenz – Annahme:	§ 81 InsO
	Gestattung – Annahme – Insolvenz – Besitzergreifung:	§ 91 InsO
Aneignungstheorie:	Gestattung – Insolvenz – Besitzergreifung:	§ 91 InsO

– – –

4. Der gutgläubige Eigentumserwerb an Erzeugnissen und sonstigen Bestandteilen gemäß § 957 aufgrund der persönlichen Gestattung durch einen Nichtberechtigten

War der Gestattende nicht fruchtziehungsberechtigt (und liegen deshalb die Voraussetzungen des § 956 nicht vor), ist nach § 957 die Vorschrift des § 956 entsprechend anzuwenden und gutgläubiger Erwerb möglich, wenn der **Gestattende im Besitz der Muttersache** gewesen ist und der **Gestattungsempfänger gutgläubig** war.

Falls der Gestattungsempfänger den Besitz an der Muttersache erlangt hat, muss er in diesem Zeitpunkt gutgläubig gewesen sein, und er darf bis zur Trennung keine positive Kenntnis von dem Rechtsmangel des Gestattenden erlangt haben.

Bei Besitzergreifung an den Erzeugnissen oder sonstigen Bestandteilen nach deren Trennung muss er im Zeitpunkt der Trennung hinsichtlich der Gestattungsberechtigung in gutem Glauben sein.

Der gute Glaube muss sich hier – anders als in § 955 – auf das Recht zur Gestattung des Erklärenden beziehen. Der gute Glaube des Erwerbers kann hier auch nur das fehlende Recht des Gestattenden ersetzen, jedoch keine anderen Mängel des Geschäfts heilen, insbesondere nicht die fehlende Geschäftsfähigkeit des Verfügenden.[370]

---

370 Westermann/Gursky § 57 III 4 a.

Fall 19: Apfelernte

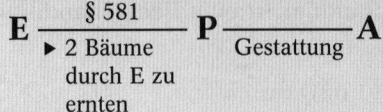

E hat dem P einen Garten mit der Abrede verpachtet, dass er – E – weiterhin befugt sei, im Herbst zwei bestimmte Apfelbäume abzuernten. Kurz bevor E die Bäume abernten will, werden die Äpfel von A, dem P dies gestattet hat, gepflückt und mitgenommen. Dem A war bekannt, dass P den Garten von E gepachtet hat. Er wusste aber nicht, dass E sich das Abernten der Bäume vorbehalten hatte.

E kann von A **gemäß § 985** die **Herausgabe der Äpfel** verlangen, wenn er Eigentümer ist.

E kann das Eigentum an den Äpfeln gemäß § 953 mit der Trennung erworben haben, falls diese Bestimmung nicht durch die §§ 954 ff. ausgeschlossen ist. Da dem A gestattet worden ist, die Äpfel zu pflücken, könnten zu seinen Gunsten die Vorschriften der §§ 956 oder 957 eingreifen.

(I) § 956 kommt nicht zur Anwendung, denn § 956 setzt die Gestattung durch den Nutzungsberechtigten voraus. P war jedoch hinsichtlich der beiden Bäume, die A abgeerntet hat, nicht nutzungsberechtigt.

(II) Nach § 957 wird der gute Glaube des Gestattungsempfängers an das in Wahrheit nicht bestehende Erwerbsrecht des Gestattenden geschützt.

  (1) Es muss eine Aneignungsgestattung vorliegen, d.h. es müssen alle Tatbestandsvoraussetzungen einer Aneignungsgestattung gegeben sein. Der Mangel darf sich nur darauf beziehen, dass der Gestattende „nicht Rechtsinhaber" ist. Es ist also immer zu prüfen: Läge eine wirksame Aneignungsgestattung gemäß § 956 vor, wenn der Gestattende Fruchtziehungsberechtigter i.S.d. § 956 gewesen wäre? Diese Frage ist hier zu bejahen.

  (2) Der Gestattende muss Besitzer der Muttersache oder Teilbesitzer der ungetrennten Erzeugnisse oder sonstigen Bestandteile gewesen sein. Zwar ist dieses Erfordernis im § 957 nicht enthalten, doch jeder gutgläubige Erwerb ist Folge eines Rechtsscheins. Daher ist entgegen dem Wortlaut des § 957 Besitz des Gestattenden als Vertrauensgrundlage erforderlich.[371]

  P war im Besitz der Muttersache – des Grundstücks –.

  (3) Der Gestattungsempfänger muss im guten Glauben gewesen sein, d.h. er muss ohne grobe Fahrlässigkeit angenommen haben, dass der Gestattende berechtigt sei, auf ihn das Aneignungsrecht zu übertragen. Auch diese Voraussetzung ist hier erfüllt; mit dem Fortbestehen des Aneignungsrechts des Eigentümers musste A nicht rechnen.

---

[371] RGZ 108, 269, 271; Baur/Stürner § 53 Rdnr. 66; Westermann/Gursky § 57 III 4 b; Erman/Ebbing § 957 Rdnr. 2; Staudinger/Gursky § 957 Rdnr. 3.

Ein Herausgabeanspruch des E nach § 985 besteht nicht.

– – –

3. Abschnitt: Ersitzung, Aneignung und Fund (§§ 937 ff., 958 ff., 965 ff.)

1. Die Ersitzung gemäß §§ 937 ff.

Die Ersitzung ist der originäre Eigentumserwerb durch zehnjährigen, fortgesetzten gutgläubigen Eigenbesitz an einer **beweglichen Sache**. Dieser Eigentumserwerb kommt insbesondere dann in Betracht, wenn der rechtsgeschäftliche Eigentumserwerb gemäß §§ 104 ff. wegen Nichtigkeit der Einigung oder gemäß § 935 wegen des Abhandenkommens der Sache gescheitert ist.

1.1 Die **Voraussetzungen** im Einzelnen:

▶ **Gutgläubiger Eigenbesitz** des Ersitzenden. Er muss die Sache als ihm gehörend besitzen (§ 872) und in Bezug auf sein vermeintliches Eigentum gutgläubig sein.

▶ **Zehnjähriger** ununterbrochener Eigenbesitz. Nur unter den Voraussetzungen des § 943 kann eine Anrechnung der Ersitzungszeit des Vorbesitzers erfolgen. Die Voraussetzungen einer Fristenhemmung und -unterbrechung sind in den §§ 939–941 bestimmt.

1.2 Die **Rechtsfolgen** der Ersitzung

Der Ersitzende erlangt das **Eigentum**. Früher war sehr umstritten, ob die Ersitzung schuldrechtliche Ansprüche des ursprünglichen Berechtigten gegenüber dem Ersitzenden aus Vertrag ausschließt und ob die Ersitzung zugleich auch Rechtsgrund i.S.d. § 812 war, sodass auch keine Bereicherungsansprüche mehr bestanden.[372] Diese Frage hat heute aber kaum noch praktische Relevanz: Derartige Ansprüche verjähren gem. § 199 Abs. 4 spätestens nach zehn Jahren, sodass mit Ablauf der Ersitzungszeit etwaige Rückgewähransprüche jedenfalls verjährt sind.[373]

Dies gilt auch für Schuldverhältnisse, die vor dem 01.01.2002 entstanden sind. Nach der Überleitungsvorschrift des Art. 229 § 6 Abs. 4 EGBGB beginnt die Frist am 01.01.2002.

---

372 Nachweise bei Palandt/Bassenge Vor § 937 Rdnr. 2.
373 Bamberger/Kindl § 937 Rdnr. 9.

2. Die Aneignung gemäß §§ 958 ff.

Sachen, die herrenlos sind oder herrenlos werden, können durch Aneignung zu Eigentum erworben werden. Ein freies Aneignungsrecht besteht jedoch nur, wenn nicht ein Dritter aneignungsberechtigt und die Aneignung nicht gesetzlich ausgeschlossen ist.

Die **Voraussetzungen** im Einzelnen:

- Die Sache muss **herrenlos** sein. Das ist sie, wenn bisher noch kein Eigentum an der Sache bestanden hat (z.B. bei wilden Tieren) oder vorhandenes Eigentum durch **Dereliktion** gemäß § 959 aufgegeben worden ist oder wenn gemäß § 960 Abs. 2 u. 3 der Eigentümer an gefangenen wilden Tieren unfreiwillig den Besitz verliert.
- Der Aneignende muss **Eigenbesitz begründen**, also die Sache als eigene besitzen.
- Der Eigentumserwerb ist **ausgeschlossen**, wenn das Aneignungsrecht eines Dritten nach den Regeln des Pacht-, Fischerei- oder Bergrechts besteht oder die Aneignung aufgrund des Naturschutzgesetzes gesetzlich verboten ist (§ 958 Abs. 2).

3. Der Fund gemäß §§ 965 ff.

Dem Finder einer Sache fällt nach gewisser Zeit das Eigentum an der gefundenen Sache zu (originärer Eigentumserwerb). Bis zu diesem Zeitpunkt legt das Gesetz dem Finder im Interesse des Verlierers Pflichten auf, die denen aus einer GoA entsprechen (§§ 677 ff.). Es besteht vom Auffinden der Sache bis zum Eigentumserwerb ein gesetzliches Schuldverhältnis. Sonderregeln gelten für den Verkehrsfund und den Schatzfund.

3.1 Die **Voraussetzungen** des Eigentumserwerbs durch Fund

- Die Sache muss **verloren** sein. Verloren ist die Sache, die besitzlos, aber nicht herrenlos ist.[374]

Beispiel: E verliert im Supermarkt des S einen 500-€-Schein. Nach Geschäftsschluss findet die Putzfrau diesen Schein, für dessen Fund sie den üblichen Finderlohn verlangt.

Da der 500-€-Schein nicht besitzlos war, scheidet ein Fund i.S.d. § 965 aus. Nach der Rechtsprechung und einem Teil der Literatur erwirbt der Geschäftsinhaber des Supermarktes an den im Geschäft verloren gegangenen Sachen den Besitz. Auch die verloren gegangenen Sachen befinden sich im Herrschaftsbereich des S, den Dritte respektieren und auf den sich der allgemeine Beherrschungswille erstreckt.[375]

---

374 Palandt/Bassenge Vorbem. zu § 965 Rdnr. 1.
375 BGHZ 101, 186, 188 ff.@; a.A. Gursky JZ 1991, 496, 497; Wieling § 11 V 1 a, bb; Ernst JZ 1988, 359 ff.

- Der Finder muss die verlorene Sache an sich nehmen. Es kommt nicht auf das Entdecken des verlorenen Gegenstands an, sondern allein auf das **Ansichnehmen**, das Erlangen des unmittelbaren Besitzes.

  Das Ansichnehmen ist wie die Besitzergreifung kein Rechtsgeschäft, sondern Realakt. An Sachen, die der Besitzdiener im Rahmen des sozialen Abhängigkeitsverhältnisses an sich nimmt, erlangt der Geschäftsherr den Besitz.[376]

- Der Eigentumserwerb tritt gemäß § 973 Abs. 1 S. 1 mit Ablauf von **sechs Monaten** nach der Anzeige des Fundes bei der zuständigen Behörde ein, es sei denn, dass vorher ein Empfangsberechtigter dem Finder bekannt geworden ist oder sein Recht bei der zuständigen Behörde angemeldet hat.

  Der Eigentumserwerb ist originär, wobei es gleichgültig ist, ob der Verlierer auch Eigentümer der Sache war. Beschränkt dingliche Rechte an der Sache erlöschen.

3.2 Die **Sonderregeln** für den Fund

Werden Sachen in den Räumen einer **Behörde**, in Beförderungsmitteln einer Behörde oder in den dem öffentlichen **Verkehr** dienenden Verkehrsmitteln gefunden, sind diese Sachen bei der Behörde bzw. bei der Verkehrsanstalt abzuliefern, § 978 Abs. 1. Einen Finderlohn erhält der Finder nur, wenn die gefundene Sache mindestens 50 € wert ist, § 978 Abs. 2.[377]

Der **Schatzfund** ist in § 984 geregelt. Danach ist ein Schatz „eine Sache, die so lange verborgen gelegen hat, dass der Eigentümer nicht mehr zu ermitteln ist". Wird der Schatz entdeckt und infolge der Entdeckung in Besitz genommen, fällt das Eigentum an dem Schatz kraft Gesetzes je zur Hälfte an den Entdecker und an den Eigentümer der Sache, in der der Schatz verborgen war. Als Entdecker ist dabei derjenige anzusehen, der die Sache wahrnimmt. Geschieht dieses im Rahmen eines Arbeitsverhältnisses zufällig – also nicht bei gezielter Schatzsuche –, ist der Arbeitnehmer als Entdecker anzusehen und nicht etwa der Arbeitgeber.[378]

Beispiel: Der Baggerführer F des Abbruchunternehmens A entdeckt bei Abbrucharbeiten eines Hauses eine Kiste wertvoller Münzen.

Der F und nicht A ist Entdecker.

Wird allerdings bei Tiefbauarbeiten in einem historischen Stadtkern unter archäologischer und denkmalpflegerischer Aufsicht ein Schatz endeckt, ist der ausgrabende Baggerführer nicht Entdecker.[379]

---

[376] BGHZ 8, 130 ff.@ für Platzanweiserin im Kino. Dabei hat der BGH ausdrücklich offen gelassen, ob nicht der Inhaber des Theaters ohnehin schon Besitz hatte, bevor die Angestellte den von der Besucherin verlorenen Ring an sich nahm.
[377] Zur Auslegung des § 978 vgl. Eith MDR 1981, 189 ff.; Bassenge NJW 1976, 1486.
[378] BGHZ 103, 101, 107@; Gursky JZ 1991, 496, 502, 503.
[379] OLG Nürnberg OLG-Report 1999, 325 ff.

4. Abschnitt: Der Eigentumserwerb kraft Hoheitsakts

▶ Wenn ein Gläubiger gegen seinen Schuldner einen **vollstreckbaren Titel** erwirkt hat, kann er in das gesamte Vermögen des Schuldners vollstrecken.

Er kann die beweglichen Sachen durch den Gerichtsvollzieher pfänden und verwerten lassen. Im Rahmen der Verwertung überträgt der Gerichtsvollzieher kraft Hoheitsakts das Eigentum an der Sache an den Meistbietenden[380] – Ablieferung nach § 817 Abs. 2 ZPO. Dazu im Einzelnen AS-Skript ZPO.

▶ Im **Zwangsversteigerungsverfahren** über Grundstücke erwirbt der Ersteher gemäß § 90 ZVG das Eigentum an den versteigerten Grundstücken kraft Hoheitsakts. Mit dem Eigentum am Grundstück erwirbt er auch das Eigentum an den beweglichen Sachen, auf die sich die Versteigerung erstreckt, §§ 90 Abs. 2, 55 ZVG. Dazu im Einzelnen AS-Skripten VollstreckungsR 2, SachenR 2.

▶ Im **Ehescheidungsverfahren** kann der Richter im Rahmen der Hausratsverteilung einem Ehegatten durch Hoheitsakt das Eigentum an bestimmten Sachen des gemeinsamen Haushalts zuweisen (§§ 8, 9 Hausratsverordnung).

---

[380] BGH WM 1992, 1626@.

6. Teil: Das Pfandrecht an beweglichen Sachen und Rechten

1. Abschnitt: Das Pfandrecht an beweglichen Sachen

An den beweglichen Sachen können außer dem Eigentum als Vollrecht die gesetzlich geregelten **beschränkt dinglichen Rechte** entstehen.

„Nach dem geltenden Sachenrecht kann der Eigentümer bestimmte, ihm zustehende Befugnisse abspalten und verselbstständigen. Diese Befugnis, einem Dritten beschränkt dingliche Rechte an seinem Eigentum einzuräumen, ist aber auf eine begrenzte Zahl fester Rechtstypen beschränkt. Außerhalb dieses numerus clausus der Sachenrechte ist dem Eigentümer die Begründung anderer dinglicher Rechte nicht möglich".[381]

Als Teilberechtigungen kommen also nur die im Gesetz geregelten Sachenrechte (numerus clausus) und diese auch nur mit dem gesetzlich geregelten **Inhalt** (Typenzwang) in Betracht.

An beweglichen Sachen können als beschränkt dingliche Rechte der **Nießbrauch** (§§ 1030–1067) und das **Pfandrecht** (§§ 1204–1259) begründet werden.

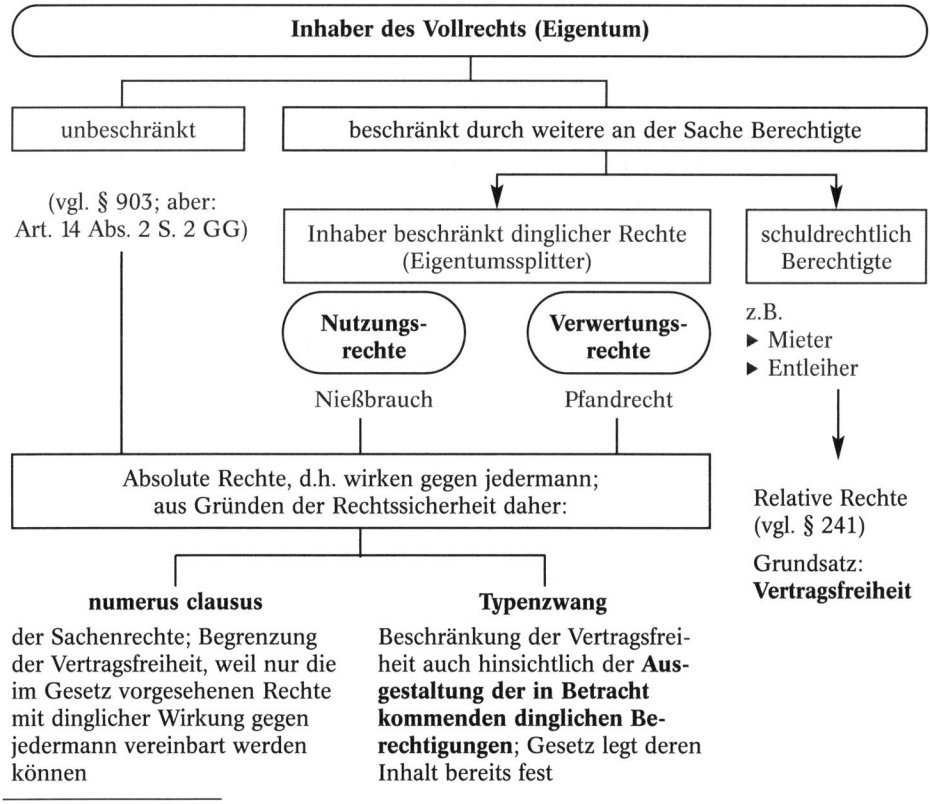

---

[381] BVerfG NJW 1977, 2349, 2354@.

Da der Nießbrauch als unveräußerliches und unvererbliches Recht eine praktische Bedeutung nur im Grundstücksrecht hat, beschränkt sich die Darstellung der beschränkt dinglichen Rechte an beweglichen Sachen auf das Pfandrecht.

An beweglichen Sachen kann

▶ ein Pfandrecht durch **Vertrag** begründet werden oder

▶ **kraft Gesetzes** oder

▶ in der Vollstreckung (Begründung eines **Pfändungspfandrechts**),

dazu im Einzelnen AS-Skript VollstreckungsR 1.

1. Das vertragliche Pfandrecht an beweglichen Sachen

Dem Gläubiger von Forderungen kann zur **Sicherung** ein **Pfandrecht** bestellt werden. Er erhält damit die Möglichkeit, im Fall der Nichtzahlung die verpfändete Sache zu verwerten und den Erlös aus der Verwertung zur Tilgung der Forderung zu verwenden. Die gesetzliche Regelung des Pfandrechts an beweglichen Sachen:

▶ Das Pfandrecht **entsteht** unter den Voraussetzungen der §§ 1204–1208.

▶ Der Pfandgläubiger kann Forderung und Pfandrecht **übertragen**, § 1250.

▶ Vom Entstehen des Pfandrechts bis zur Verwertung besteht zwischen dem Pfandgläubiger und dem Besteller aufgrund eines **gesetzlichen Schuldverhältnisses** eine pflichtenbegründende Beziehung.

▶ Die Voraussetzungen für die **Verwertung** sind in den §§ 1228 ff., die Rechtsfolgen der Verwertung in den §§ 1242 ff. geregelt.

▶ Schließlich ist bestimmt, unter welchen Voraussetzungen das Pfandrecht **erlischt**.

1.1 Das Entstehen des vertraglichen Pfandrechts

▶ Die Voraussetzungen für das Entstehen sind in den §§ 1204–1208 geregelt.

▶ Die Bestellung des Pfandrechts kann auch in den **AGB** erfolgen und

▶ es kann ein sog. „**irreguläres Pfand**" begründet werden.

1.1.1 Die Bestellung des Pfandrechts gemäß §§ 1204–1208

▶ Der Verpfänder und der Gläubiger der Forderung müssen sich mit dem Inhalt des § 1204 **einigen**.

▶ Die Einigung muss durch **Übergabe** oder Vereinbarung eines Übergabesurrogats vollzogen werden, §§ 1205, 1206.

▶ Die vorweggenommene Einigung muss im Zeitpunkt der Übergabe bzw. der Übergabesurrogate noch bestehen. Es muss ein **Einigsein** gegeben sein.

- Der Verpfänder muss **Berechtigter** sein, doch ist gemäß § 1207 ein Erwerb vom Nichtberechtigten möglich.
- Die gesicherte Forderung muss bestehen. Ohne eine Forderung kann ein Pfandrecht nicht entstehen.[382] Es können auch künftige oder bedingte Forderungen gesichert werden (wie bei §§ 765 Abs. 2, 883 Abs. 1 S. 2; § 1113 Abs. 2).

Werden mehrere Pfandrechte bestellt, ist gemäß § 1209 für die Rangbestimmung die Zeit der Bestellung maßgebend.

A) Die Einigung gemäß §§ 1204, 1205

Der **Verpfänder**, der nicht notwendig personengleich mit dem Schuldner sein muss, und der Gläubiger müssen sich darüber **einigen**, dass dem Gläubiger ein **Verwertungsrecht** an einer **bestimmten** Sache zustehen soll, wenn die gesicherte **Forderung** nicht beglichen wird.

- **Belastungsgegenstand** kann immer nur eine **bestimmte** Sache sein, die einen **selbstständigen Wert** verkörpert. An Beweisurkunden oder Legitimationspapieren kann kein Pfandrecht begründet werden, weil sie nicht selbstständig verwertbar sind.

  So kann z.B. ein Sparkassenbuch nicht verpfändet werden, sondern es kann nur die **Forderung** verpfändet werden, weil das Sparkassenbuch lediglich der Legitimation dient und nicht selbstständig verwertbar ist.

- Die zu sichernde **Forderung** muss **bestimmbar** sein:
  - Die Forderung braucht im Zeitpunkt der Bestellung durch Einigung und Übergabe noch nicht bestimmt zu sein. Es können auch künftige und bedingte Forderungen gesichert werden.

    Das Pfandrecht entsteht dann nach h.M. schon im Zeitpunkt der Bestellung, nicht erst dann, wenn die Forderung entsteht, fällig wird oder die Bedingung eintritt.[383]

  - Da das Pfandrecht **streng akzessorisch** ist, ist es vom Entstehen der Forderung abhängig.
  - Die Forderung des Pfandgläubigers braucht sich nicht gegen den Verpfänder als Schuldner zu richten. Auch Forderungen gegen Dritte sind sicherungsfähig.

B) Die Übergabe und die Übergabesurrogate

- Die Übergabe gemäß § 1205 Abs. 1 S. 1 entspricht der Übergabe im Sinne des § 929 S. 1.
- Die Übergabesurrogate sind im Verhältnis zu den §§ 929–931 nicht unwesentlich abgeändert.

---

382 Palandt/Bassenge § 1204 Rdnr. 13.
383 BGH WM 1998, 2463.

- Ein Pfandrecht kann nicht durch Begründung eines **Besitzkonstituts** gemäß § 930 entstehen.

  Mit Rücksicht auf diese gesetzliche Regelung ist das Sicherungseigentum entwickelt worden, um dem Schuldner einerseits die Möglichkeit zu geben, dem Gläubiger für dessen Forderungen Sicherheiten anzubieten, und andererseits dem Schuldner den Besitz zu erhalten.

- Im Falle der Abtretung des Herausgabeanspruchs muss entgegen der Regelung in § 931 zusätzlich eine **Anzeige** erfolgen, § 1205 Abs. 2.

  Anders als in den Fällen des § 931 kann gemäß § 1205 Abs. 2 das Pfandrecht nicht begründet werden, wenn der Dritte **Eigenbesitzer** ist; es muss ein bestehender Herausgabeanspruch aus einem Besitzmittlungsverhältnis abgetreten werden.

- Nach § 1206 ist – anders als in den §§ 929 ff. – ein Übergabesurrogat in der Form des **qualifizierten Mitbesitzes** möglich, d.h. der Verpfänder und der Pfandgläubiger können nur **zusammen** die tatsächliche Sachherrschaft ausüben.[384]

  Auch dieses strenge Offenkundigkeitsprinzip beim Pfandrecht hat in der Praxis dazu geführt, dass an beweglichen Sachen kein Pfandrecht bestellt wird, sondern eine Sicherungsübereignung erfolgt.

  Beispiel zum qualifizierten Mitbesitz: G verlangt von S Sicherheiten, als dieser bei Fälligkeit die Darlehensforderung i.H.v. 30.000 € nicht begleicht. S, der in seinem Banksafe Schmuck im Wert von 80.000 € aufbewahrt, verpfändet diesen Schmuck, indem er einen der beiden für die Öffnung des Safes erforderlichen Schlüssel an G übergibt.

  Es ist ein wirksames Pfandrecht durch Einigung und Einräumung eines **qualifizierten Mitbesitzes** bestellt worden. Weder der Verpfänder noch der Pfänder können allein den Banksafe öffnen. Sie müssen zusammenwirken, um in den Besitz des Schmucks zu gelangen.

C) Zum Entstehen des Pfandrechts ist wie im Fall der Eigentumsübertragung erforderlich, dass die **vorweggenommene Einigung** fortbesteht und der Verpfänder **Berechtigter**, also im Regelfall verfügungsberechtigter Eigentümer ist.
Doch ist gemäß § 1207 ein Erwerb vom Nichtberechtigten gemäß §§ 932, 934 möglich, es sei denn, es liegt ein Abhandenkommen i.S.d. § 935 vor.

Die Nichtberechtigung wird auch überwunden, wenn der Berechtigte gemäß § 185 Abs. 1 zustimmt.

Ist die Sache mit dem Recht eines Dritten belastet, geht das Pfandrecht diesem Recht vor, es sei denn, dass der Pfandgläubiger zur Zeit des Erwerbs des Pfandrechts in Ansehung dieses Rechts nicht in gutem Glauben ist (§ 1208).

1.1.2 Erwerb eines Pfandrechts aufgrund einer AGB-Regelung

Hat der Gläubiger in den AGB, die Vertragsbestandteil geworden sind (§ 305), bestimmt, dass er an den in seinen Besitz gelangenden Sachen ein Pfandrecht erlangt, entsteht das Pfandrecht mit der Besitzergreifung, es sei denn, die AGB-Regelung ist überraschend (§ 305 c Abs. 1) oder verstößt gegen § 307.

---

384 Palandt/Bassenge § 1206 Rdnr. 2; BGHZ 86, 300 ff.@

1.1.3 Das irreguläre – unregelmäßige – Pfandrecht

A) Die rechtliche Einordnung des sog. **Flaschenpfandes** ist umstritten.[385] Soweit es um **Einheitsflaschen** geht, hat der Lieferant regelmäßig kein Interesse an der Rückgabe der konkreten Sachen, während der Abnehmer davon ausgeht, frei über die Flaschen verfügen und sie ggf. auch einem anderen Lieferanten zurückbringen zu können. Ist dieses „Pfand" kostendeckend ausgestaltet, handelt es sich nach h.M. um einen Verkauf der Flaschen mit der Abrede, dass der Käufer Rückkauf dieser oder gleichwertiger Flaschen verlangen kann.[386]

Liegen hingegen **atypische Flaschen** (z.B. mit firmenindividuellen Merkmalen) vor, ist die Überlassung entweder Miete oder – da zumeist unentgeltlich – Leihe. Auch ein Sachdarlehen gem. §§ 607 ff. kommt in Betracht.[387]

B) Der dafür „zur Sicherheit" hingegebene Geldbetrag, das „Pfand", geht in das Eigentum des Lieferanten über, sodass es als **„irreguläres Pfand"** bezeichnet wird.

▶ Werden die Flaschen zurückgewährt, sodass der gesicherte Anspruch erlischt, kann der Empfänger den Geldbetrag zurückverlangen.

▶ Wird der Rückforderungsanspruch nicht erfüllt, verwirkt der Empfänger eine Vertragsstrafe in Höhe des „Pfandes", sodass der Lieferant den Geldbetrag behalten kann.[388]

1.2 Der Übergang des vertraglichen Pfandrechts kraft Rechtsgeschäfts und kraft Gesetzes

Da das Pfandrecht die **Forderung sichern** soll und zwischen Forderung und Pfandrecht eine strenge Akzessorietät besteht, geht mit – der rechtsgeschäftlichen Abtretung oder dem gesetzlichen Übergang – der Forderung auch das Pfandrecht über.

1.2.1 Die rechtsgeschäftliche Übertragung des Pfandrechts gemäß §§ 398, 1250, 401

Mit der Abtretung der **Forderung** gemäß § 398 geht das Pfandrecht gemäß §§ 1250, 401 kraft Gesetzes auf den neuen Gläubiger der Forderung über (vgl. die Parallele zur Hypothek, § 1153).

Zu beachten ist, dass zur Entstehung des Pfandrechts die Besitzübertragung der Sache erforderlich ist, nicht aber für die Übertragung des Pfandrechts. Der neue Gläubiger kann jedoch gemäß § 1251 die Herausgabe des Pfandes verlangen.

Scheitert der Forderungserwerb, scheitert auch der Pfandrechtserwerb.

---

[385] Zu den verschiedenen Konstruktionen vgl. Martinek JuS 1987, 514; Martinek JuS 1989, 268; Hellmann JuS 2001, 353.
[386] Bamberger/Sosnitza § 1205 Rdnr. 13.
[387] Bamberger/Rohe § 607 Rdnr. 5.
[388] Palandt/Bassenge Übbl. vor § 1204 Rdnr. 9.

Wird die Forderung abgetreten, soll das Pfandrecht aber nicht übergehen, erlischt das Pfandrecht, weil eine Trennung von Pfandrecht und Forderung nicht möglich ist, § 1250 Abs. 2.

Wenn der Abtretende zwar Inhaber der **Forderung** ist, das Pfandrecht aber, gleichviel aus welchen Gründen, **nicht besteht** und dem neuen Gläubiger die **„Pfandsache"** übergeben wird, dann erwirbt der neue Gläubiger nach h.A. kein Pfandrecht; § 1207 kann auch nicht entsprechend angewendet werden.

Fall 20: Die durch Drohung bewirkte Pfandrechtsbestellung

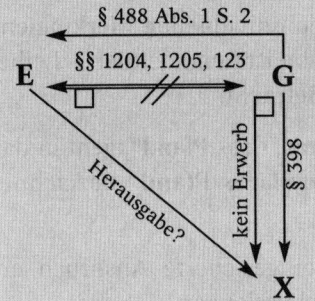

E hat dem G für eine Darlehensforderung eine kostbare Vase verpfändet. G tritt die Darlehensforderung an seinen Gläubiger X ab und übergibt ihm die Vase unter Hinweis auf das Pfand. Später ficht E dem G gegenüber die Pfandrechtsbestellung wirksam an und verlangt vom X die Herausgabe der Vase.

Anspruch aus § 985?

(I) E ist immer Eigentümer geblieben.

(II) Doch X kann den Anspruch aus § 985 abwehren, wenn ihm gemäß § 986 ein Recht zum Besitz zusteht. Dieses Besitzrecht besteht, wenn X ein wirksames Pfandrecht erworben hat.

(1) G hat dem X die Forderung wirksam abgetreten.

(2) Da E die Pfandrechtsbestellung angefochten hat, war G nicht Inhaber eines Pfandrechts, also Nichtberechtigter.

(3) Der Erwerb eines Pfandrechts vom Nichtberechtigten ist gesetzlich nicht geregelt. Die Vorschrift des § 1207 greift nur für den Ersterwerb, aber nicht für die Übertragung ein. Auch eine entsprechende Anwendung des § 1207 wird von der h.M. abgelehnt.[389]

– – –

1.2.2 In den Fällen, in denen **die Forderung kraft Gesetzes übergeht, geht** i.d.R. auch das **Pfandrecht kraft Gesetzes mit über**.

A) Wenn der **Verpfänder**, der nicht persönlicher Schuldner ist, zahlt, dann geht gemäß § 1225 die **Forderung** und damit grundsätzlich auch gemäß § 1250 das Pfandrecht auf den Verpfänder über.

---

389 Baur/Stürner § 55 Rdnr. 32; Reinicke/Tiedtke JA 1984, 212; a.A. Wieling § 15 VI 1 b, danach spricht für den Abtretenden, der die „Pfandsache" übergibt, der Rechtsschein des Besitzes.

Doch ist zu beachten:

I) Ist der **Verpfänder** gleichzeitig **Eigentümer**, erlischt mit der Zahlung die Forderung, und das Pfandrecht geht gemäß § 1256 unter, es sei denn, dass die Forderung mit dem Recht eines Dritten belastet ist oder der Eigentümer ein rechtliches Interesse am Fortbestand des Pfandrechts hat (§ 1256 Abs. 2).

II) Ist der **Verpfänder nicht Eigentümer**, geht mit der Zahlung gemäß §§ 401, 1250 das Pfandrecht auf den Verpfänder über; doch kann das nicht gelten, wenn der Verpfänder als Nichtberechtigter verfügt hat und der Pfandrechtserwerb durch den Pfandgläubiger gemäß § 1207 eingetreten ist. Es müssen die Regeln des Rückerwerbs vom Nichtberechtigten entsprechend herangezogen werden.

B) Wenn ein zur **Ablösung Berechtigter** gemäß § 1249 zahlt, dann geht die Forderung auf ihn über. Mit der Forderung geht gemäß §§ 401, 1250 auch das Pfandrecht auf ihn über.

C) Ist die Forderung durch ein **Pfandrecht** und eine **Bürgschaft** gesichert, erwirbt nach dem Wortlaut des Gesetzes der zuerst Zahlende die Forderung; der Verpfänder, der nicht persönlicher Schuldner ist, würde sie gemäß § 1225 erwerben, und der Bürge gemäß § 774.
Nach §§ 401, 1250 müsste daher der zuerst Zahlende auch das von dem anderen gewährte Sicherungsrecht erwerben; der Verpfänder die Bürgschaft oder der Bürge das Pfandrecht. Es muss verhindert werden, dass es zu einem Wettlauf zwischen den einzelnen Sicherungsgebern kommt. Wird eine Forderung durch mehrere Personen gesichert – Bürge, Verpfänder, Hypothekenbesteller oder Grundschuldbesteller –, sind diese Sicherungsgeber nach ganz h.M. analog § 426 wie **Gesamtschuldner** zu behandeln, sodass der zuerst Zahlende grundsätzlich entgegen § 401 die Sicherheit des anderen nur anteilig erlangt.[390]

Wird die Forderung durch eine Bürgschaft und ein Pfandrecht gesichert und zahlt der Bürge oder der Pfandgläubiger, folgt dies aus einer direkten oder entsprechenden Anwendung der §§ 774 Abs. 2, 426. Der zuerst Zahlende erwirbt, sofern die Sicherheiten in gleicher Höhe bestellt worden sind, das Sicherungsrecht des anderen nur zur Hälfte.

Durch Parteivereinbarung kann jedoch eine abweichende Regelung getroffen werden, also bestimmt werden, dass der Sicherungsgeber, der zahlt, das Sicherungsrecht des anderen in vollem Umfange erwirbt.

Wie die verschiedenen Sicherungsgeber zu behandeln sind, wenn sie das Sicherungsrecht in unterschiedlicher Höhe bestellt haben, ist umstritten.[391] Nach wohl herrschender Ansicht gilt das „Quotenmodell". Die Gegenmeinung hält an der Aufteilung nach Köpfen fest.

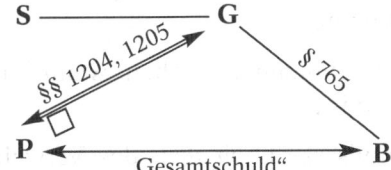

Beispiel: Zur Sicherung einer Forderung des G gegen S in Höhe von 20.000 € hat sich B in voller Höhe verbürgt. P hat dem G ein Pfandrecht an einer Sache im Wert von 5.000 € bestellt.
S gerät in Verzug. B zahlt 20.000 € an G.

---

390 BGHZ 108, 179, 186@; BGH NJW 1992, 3228 f.@; Ehlscheid BB 1992, 1290 ff.; Medicus BR Rdnr. 941; Staudinger/Wiegand § 1225 Rdnr. 28–31.
391 Meyer JuS 1993, 559 ff.; Ehlscheid BB 1992, 1290 ff.

(I) B hat gemäß §§ 1225, 1250 und entsprechend § 774 Abs. 2 ein Pfandrecht in der Höhe seines Haftungsbeitrags erworben.
(II) Nach dem Quotenmodell ist der Anteil des B wie folgt zu berechnen: B hat 100% des Risikos übernommen, P dagegen nur 25%. Also haften B und P im Verhältnis 1 zu 4. B hat somit 16.000 €, P 4.000 € zu übernehmen.
(III) Da B über seinen Anteil hinaus gezahlt hat, erwirbt er ein Pfandrecht i.H.v. 4.000 €.

D) Wenn **mehrere Pfandrechte von mehreren Verpfändern** bestellt worden sind und ein Verpfänder zahlt, der nicht persönlicher Schuldner ist, dann gilt:

I) Bzgl. der Forderung greift § 1225 ein, d.h. die Forderung geht auf ihn über.

II) Hinsichtlich des Pfandrechts wird nach h.M. gemäß dem Rechtsgedanken der §§ 774 Abs. 2, 426 ein anteiliger Ausgleich angenommen.[392]

1.3 Die Rechte und Pflichten des Pfandgläubigers bis zur Verwertung

Von der **Bestellung** des Pfandrechts bis zur **Verwertung** ist der Pfandgläubiger vor Beeinträchtigungen geschützt; er ist dem Verpfänder gegenüber kraft Gesetzes verpflichtet, die Pfandsache zu erhalten.

1.3.1 Der Pfandgläubiger kann gemäß § 1227 im Falle der **Beeinträchtigung des Pfandes** die gleichen Ansprüche geltend machen wie der Eigentümer im Falle der **Eigentumsbeeinträchtigung**.

- Er kann im Falle des Entzuges gemäß § 1227 entsprechend § 985 von jedem Besitzer, auch dem Eigentümer als Besitzer, Herausgabe verlangen, wenn dieser nicht zum Besitz berechtigt ist (§ 986).

- Er kann vom Schädiger gemäß § 1227 entsprechend § 823 Schadensersatz verlangen, wenn sein Pfandrecht rechtswidrig und schuldhaft verletzt worden ist. Jede Beschädigung der Sache enthält, soweit dadurch die Befriedigung des Pfandgläubigers infrage gestellt wird, auch eine Verletzung des Pfandrechts.

- Wenn der Schädiger im Zeitpunkt der schädigenden Handlung unrechtmäßiger Besitzer gewesen ist, kann der Pfandgläubiger gemäß § 1227 entsprechend den §§ 987 ff. Schadensersatz verlangen.

- Im Fall des Verbrauchs der Sachen durch einen Dritten ist der Pfandgläubiger nach den Regeln der Eingriffskondiktion, § 812 Abs. 1 S. 1, 2. Alt., geschützt.

- Er kann bei Beeinträchtigung des Pfandes Beseitigungs- bzw. Unterlassungsansprüche gemäß § 1227 entsprechend § 1004 geltend machen.

1.3.2 Pflichten des Pfandgläubigers im Verhältnis zum Verpfänder: Zwischen dem Pfandgläubiger und dem Verpfänder – nicht unbedingt dem Eigentümer – kommt ein **gesetzliches Schuldverhältnis** zustande.

- Der Pfandgläubiger kann gemäß § 1213 die Nutzungen ziehen, wenn ihm ein **Nutzungspfandrecht** eingeräumt worden ist.

- Der Inhalt des gesetzlichen Schuldverhältnisses ähnelt dem des Verwahrungsvertrags (§§ 1215–1221, 1223).

---

[392] Baur/Stürner § 55 Rdnr. 23; Palandt/Bassenge § 1225 Rdnr. 4; Hüffer AcP 171, 470 ff.; Becker NJW 1971, 2151, 2152.

1.4 Die Verwertung des Pfandes

Falls die Forderung bei Fälligkeit nicht beglichen wird, darf der Pfandgläubiger das Pfand verwerten lassen. Dies ergibt sich nicht erst aus einer gesetzlichen Vorschrift, sondern ist Inhalt der Parteivereinbarung bei der Bestellung des Pfandrechts. Es tritt mit der Fälligkeit der Forderung die **Pfandreife** ein. Bei der Verwertung, die unübersichtlich geregelt ist, empfiehlt es sich,

- zunächst festzustellen, **wer** zur Verwertung berechtigt ist, und sodann zu prüfen,
- **wie** diese zur Verwertung befugte Person bei der Verwertung verfahren darf und
- wie der bei der Verwertung erzielte **Erlös zu verteilen** ist.

1.4.1 Wer ist zur Verwertung befugt?

Im Regelfall ist gemäß §§ 1235, 383 Abs. 3 nur eine zur Versteigerung zugelassene Person zur Verwertung befugt. Das ist der **Gerichtsvollzieher** und der **Auktionator**. Nach § 1245 können die Parteien vereinbaren, dass eine **Privatperson** die Verwertung durchführen darf.

1.4.2 Wie ist die Verwertung durchzuführen?

A) Im Regelfall erfolgt die Verwertung in **öffentlicher Versteigerung** nach den Regeln des BGB. Die versteigernde Person – Gerichtsvollzieher, Auktionator, Privatperson – wird als Vertreter des Pfandgläubigers tätig und hat die in § 1243 bestimmten Rechtmäßigkeits- und Ordnungsvorschriften zu beachten.

I) Die **Rechtmäßigkeitsvorschriften** sind abschließend in § 1243 aufgeführt. Danach ist erforderlich:

- das Bestehen eines Pfandrechts,
- die Pfandreife (§ 1228 Abs. 2),
- das Verbot des Überverkaufs (§ 1230 S. 2),
- die Verwertung muss in öffentlicher Versteigerung erfolgen (§ 1235),
- die Versteigerung muss öffentlich bekannt gemacht werden (§ 1237 S. 1),
- und bei Gold- und Silberwaren muss der Metallwert erreicht werden (§ 1240).

Im Falle der Verletzung der Rechtmäßigkeitsvoraussetzungen handelt der Pfandgläubiger – vertreten durch den Versteigerer – als Nichtberechtigter, doch kann der Ersteigerer im Falle der Gutgläubigkeit unter den Voraussetzungen des § 1244 das Eigentum vom Nichtberechtigten erwerben.

II) Auch sind die **Ordnungsvorschriften** zu beachten.

- Die Androhung des Pfandverkaufs (§ 1234 Abs. 1),
- die Benachrichtigung des Verpfänders von der Versteigerung (§ 1237 S. 2),
- die Einhaltung einer Monatsfrist zwischen Androhung und Verkauf (§ 1234 Abs. 2),
- die Mitteilung des Versteigerungsergebnisses an den Eigentümer (§ 1241)

- und Verkauf nur gegen Barzahlung und kassatorische Klausel (§ 1238 Abs. 1).

Die Verletzung der Ordnungsvorschriften lässt die Rechtmäßigkeit der Versteigerung unberührt. Doch kann der Eigentümer im Falle der Verletzung gemäß § 1243 Abs. 2 Schadensersatz verlangen.

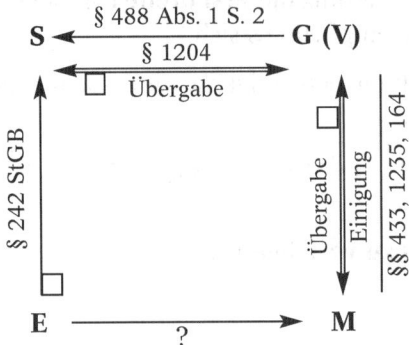

Beispiel: Die Versteigerung des gestohlenen Brillantrings

S verpfändet dem G zur Sicherung einer Darlehensforderung einen Brillantring. Nach Pfandreife lässt G den Ring ordnungsgemäß durch den Gerichtsvollzieher V öffentlich versteigern. M erwirbt den Ring. Nachträglich stellt sich heraus, dass der Ring dem E gestohlen worden war. Dies war dem S, G und auch dem M infolge leichter Fahrlässigkeit unbekannt gewesen.
Ansprüche E gegen M?

(A) Anspruch des E gegen M auf **Herausgabe** gemäß **§ 985**?
E kann sein Eigentum durch die Veräußerung des G, vertreten durch V, an M verloren haben.
(I) Einigung zwischen G, vertreten durch V, und M ist erzielt und zur Vollziehung der Einigung ist die Pfandsache übergeben worden.
(II) G war jedoch Nichtberechtigter, weil das Pfandrecht infolge Abhandenkommens des Ringes nicht zur Entstehung gelangt ist.
(III) M hat jedoch gemäß § 1244 das Eigentum vom Nichtberechtigten erworben, weil der Ring als Pfand veräußert worden ist und der Erwerber M gutgläubig war.
Dass der Ring dem E gestohlen, also abhanden gekommen ist, hindert den gutgläubigen Erwerb des M nach § 1244 nicht, denn in § 1244 wird nur auf die §§ 933–934 und 936 verwiesen, nicht aber auf § 935.
(B) E könnte gegen M einen **Anspruch auf Rückübereignung des Ringes nach §§ 823, 249** haben. Durch die Ersteigerung des Ringes hat M zwar das Eigentum des E beseitigt. Dies geschah auch schuldhaft, nämlich leicht fahrlässig. § 823 Abs. 1 kann aber dennoch keine Anwendung finden; denn anderenfalls wäre die Beschränkung der Bösgläubigkeit auf Vorsatz und grobe Fahrlässigkeit in § 932 Abs. 2 ohne Sinn, da dann auch bei leichter Fahrlässigkeit über §§ 823, 249 der (i.S.d. § 932 gutgläubige) Erwerber die Sache rückübereignen müsste.
(C) Ein Anspruch aus **§ 816 Abs. 1 S. 2** scheidet aus, da M den Ring **entgeltlich** erworben hat.
(D) Ein Bereicherungsanspruch des E gegen M nach § 812 Abs. 1 S. 1, 2. Alt. scheitert schon daran, dass hier dem M Besitz und Eigentum an dem Ring von G geleistet worden sind.[393]

B) Gemäß § 1245 können der Eigentümer und der Pfandgläubiger eine von den §§ 1234–1240 **abweichende Art des Pfandverkaufs** vereinbaren. Sie können jedoch gemäß § 1245 Abs. 2 nicht vor dem Eintritt der Verkaufsberechtigung auf die Einhaltung des § 1235 (öffentliche Versteigerung), des § 1237 S. 1 und des § 1240 verzichten.

Wenn der Eigentümer eine unrechtmäßige oder nicht ordnungsgemäße Verwertung nachträglich genehmigt, hat diese Genehmigung ähnliche Wirkungen wie eine vorherige Vereinbarung i.S.d. § 1245: Verstöße gegen gesetzliche Rechtmäßigkeitsvoraussetzungen und Ordnungsvorschriften werden geheilt, und es tritt die Rechtslage ein, die bei ordnungsgemäßer Veräußerung bestehen würde.[394]

---

393 Alternativität der Kondiktionen, BGHZ 40, 272, 278@.
394 BGH NJW 1995, 1350, 1351.

I) Wenn der Pfandgläubiger für sein Recht zum Verkauf einen **vollstreckbaren Titel** gegen den Eigentümer erlangt hat, kann er den Verkauf auch nach den für den Verkauf einer gepfändeten Sache geltenden Vorschriften bewirken lassen, § 1233 Abs. 2.

1) Nach § 1233 Abs. 2 kann der Pfandgläubiger gegen den Eigentümer auf Duldung der Zwangsvollstreckung klagen. Dann hat er die Wahl zwischen der Verwertung nach der ZPO und dem Verkauf nach §§ 1234–1240.

2) Der Pfandgläubiger kann auch gegen den Schuldner einen Zahlungstitel wegen der gesicherten Forderung erwirken und aufgrund dieses Vollstreckungstitels, den er mit Vollstreckungsklausel versehen und zustellen lässt, die Pfändung und Verwertung nach § 803 ZPO durchführen.

3) Für die Verwertung nach Vollstreckungsrecht gelten ausschließlich die Regeln des Vollstreckungsrechts, sodass der Gerichtsvollzieher in diesem Fall nicht als Vertreter des Pfandgläubigers tätig wird, sondern kraft Hoheitsakts. Der Erwerb durch den Ersteiger tritt immer dann ein, wenn die Sache in öffentlicher Versteigerung veräußert wird. Es sind nicht die Rechtmäßigkeitsvoraussetzungen der §§ 1244 ff. zu beachten, sondern die Regeln der ZPO. Auch erwirbt der Ersteher das Eigentum unabhängig von seinem guten Glauben, und zwar kraft Hoheitsakts (s. S. 145).

II) Schließlich kann gemäß § 1246 jede Partei verlangen, dass ein Verkauf abweichend von den Vorschriften der §§ 1235–1240 erfolgt, soweit es nach billigem Ermessen den Interessen der Beteiligten entspricht.

1.5 Die Rechte am Versteigerungserlös gemäß § 1247

Wenn der Ersteher die Pfandsache erhalten und den Kaufpreis gezahlt hat, muss der Versteigerungserlös verteilt werden.

A) Falls der **Pfandgläubiger** zur Verwertung **berechtigt** war, der erzielte Erlös nicht höher ist als die gesicherte Forderung und ihm keine Rechte vorgehen, gilt:

I) Dem Pfandgläubiger gebührt gemäß § 1247 S. 1 der Erlös. Er kann ihn für sich behalten.

Der Pfandgläubiger erwirbt gemäß § 929 das Eigentum an dem Geld, weil der Ersteher an ihn übereignen wollte und der Pfandgläubiger den Besitz willentlich vom Ersteher eingeräumt erhalten hat. Falls für den Pfandgläubiger eine zur Versteigerung zugelassene Person tätig geworden ist, hat diese bei der Einigung als Vertreter gehandelt, beim Besitzerwerb als Besitzmittler.

II) Die gesicherte Forderung erlischt durch Erfüllung, falls der persönliche Schuldner, der Verpfänder und der Eigentümer der Sache personengleich waren.

B) Bestand das Pfandrecht nicht oder sind Rechtmäßigkeitsvoraussetzungen verletzt worden oder gehen dem Pfandgläubiger Rechte vor oder übersteigt der Erlös die gesicherte Forderung, tritt gemäß § 1247 S. 2 die **dingliche Surrogation** ein, d.h.:

I) Soweit dem Pfandgläubiger Rechte vorgehen, erwirbt der Eigentümer der Pfandsache das Eigentum an dem Erlös. An diesem Erlös setzt sich das Pfandrecht des vorgehenden Pfandgläubigers sowie das Pfandrecht des die Verwertung betreibenden Pfandgläubigers im Wege der dinglichen Surrogation fort.

II) Soweit der Erlös die Forderung übersteigt, ergibt sich: Der Pfandgläubiger erwirbt nach § 929 durch Rechtsgeschäft das Eigentum an dem Erlös in Höhe seiner Forderung. Der Eigentümer erwirbt gemäß § 1247 S. 2 im Wege der dinglichen Surrogation das Eigentum an dem Geld, soweit der Erlös die Forderung übersteigt. Es tritt also Miteigentumserwerb ein.

III) Soweit dem „Pfandgläubiger" kein Pfandrecht zusteht, der Ersteher aber das Eigentum an der Pfandsache gutgläubig erworben hat, wird der Eigentümer der Pfandsache kraft dinglicher Surrogation Eigentümer des Geldes. Dem Pfandgläubiger gebührt nichts. Auch wenn der Ersteher ihm Geld nach § 929 übereignet hat, treten die Wirkungen des § 929 nicht ein, da § 1247 S. 2 den §§ 929 ff. vorgeht.[395] Er muss also gemäß § 985 den Erlös herausgeben. Falls der Erlös nicht mehr vorhanden ist, muss er Wertersatz in Höhe des Erlöses leisten.

IV) Soweit dem Pfandgläubiger zwar ein Pfandrecht zusteht, es aber an sonstigen Rechtmäßigkeitsvoraussetzungen fehlt und der Ersteher gutgläubig das Eigentum an der Pfandsache erworben hat, wird der Eigentümer der Pfandsache kraft dinglicher Surrogation Eigentümer des Erlöses. Der Pfandgläubiger, dessen Pfandrecht nicht erloschen ist, hat ebenfalls kraft dinglicher Surrogation ein Pfandrecht am Erlös.

C) Wenn persönlicher Schuldner einerseits und Verpfänder und Eigentümer andererseits **personenverschieden** sind, dann geht die Forderung in Höhe des Erlöses auf den Eigentümer – Verpfänder über. Streitig ist nur, ob der Übergang entsprechend § 1225 oder entsprechend §§ 1249 S. 2, 268 Abs. 3 S. 1 erfolgt.

1.6 Das Erlöschen des Pfandrechts an beweglichen Sachen

Das rechtsgeschäftliche Pfandrecht an beweglichen Sachen erlischt

▶ durch Erlöschen der gesicherten Forderung (§ 1252; Folge der Akzessorietät);

▶ wenn feststeht, dass die künftige gesicherte Forderung nicht zur Entstehung gelangt;

▶ durch freiwillige Rückgabe des Pfandes durch den Pfandgläubiger an den Eigentümer oder Verpfänder. Es genügt die tatsächliche Rückgabe, § 1253. Die Rückgabe ist keine Willenserklärung. Allein die tatsächliche willentliche Besitzaufgabe durch den Pfandgläubiger führt zum Untergang des Pfandrechts, selbst wenn sie nur vorübergehend sein soll (z.B. Leihe);

▶ durch einseitigen Verzicht des Pfandgläubigers zugunsten des Eigentümers oder Verpfänders (§ 1255);

▶ durch Vereinigung von Pfandrecht und Eigentum in einer Person (§ 1256 Abs. 1, Ausnahmen § 1256 Abs. 1 S. 2 und Abs. 2);

▶ durch rechtmäßigen Verkauf (§ 1242 Abs. 2);

▶ durch gutgläubigen lastenfreien Eigentumserwerb durch einen Dritten (§§ 936 Abs. 1, 945, 949, 973).

Bei der Übertragung der Forderung erlischt das Pfandrecht nur im Ausnahmefall, nämlich wenn der Ausschluss des Übergangs des Pfandrechts vereinbart worden war.

---

395 Baur/Stürner § 55 Rdnr. 29.

Das vertragliche Pfandrecht an beweglichen Sachen

Entstehung
- ▶ Einigung:
  - bestimmte Sache – Bestimmtheitsgrundsatz –,
  - bestimmbare zu sichernde Forderung.
- ▶ Übergabe, Übergabesurrogate:
  - Kein Besitzkonstitut, § 930,
  - Anzeigepflicht bei Abtretung des Herausgabeanspruchs,
  - qualifizierter Mitbesitz.
- ▶ Einigsein
- ▶ **Berechtigung:** Verfügungsberechtigter Eigentümer oder Verfügungsmacht kraft Gesetzes; im Falle der Nichtberechtigung: Erwerb vom Nichtberechtigten möglich, § 1207.

Übergang
- ▶ Abtretung der Forderung gemäß § 398; mit der Forderung geht kraft Gesetzes das Pfandrecht über.
- ▶ Nach h.M. kein Erwerb vom Nichtberechtigten.
- ▶ Bei mehreren Sicherungsgebern analog § 426 teilweise Übergang.

Rechte und Pflichten
- ▶ Dem Pfandgläubiger stehen gemäß § 1227 die Rechte zu, die dem Eigentümer im Fall der Eigentumsbeeinträchtigung zur Seite stehen.
- ▶ Zwischen dem Pfandgläubiger und dem Verpfänder besteht ein **pflichtenbegründendes gesetzliches Schuldverhältnis**, das der Verwahrung ähnelt.

Verwertung
- ▶ Wer verwertet:
  - Im Regelfall der Gerichtsvollzieher oder Auktionator,
  - wenn vereinbart, eine Privatperson.
- ▶ Zu beachtende Verwertungsregeln:
  - Rechtmäßigkeitsvoraussetzungen, § 1243, doch Erwerb vom Nichtberechtigten möglich, § 1244.
  - Verletzung von Ordnungsvorschriften begründet Ersatzanspruch, § 1243 Abs. 2.
- ▶ Der Pfandgläubiger kann die Verwertung auch nach den Regeln des Vollstreckungsrechts durchführen (§ 1233 Abs. 2).
- ▶ Die Erlösverteilung:
  - Der Pfandgläubiger erhält das Geld, soweit es ihm gebührt, § 1247 S. 1.
  - Im Übrigen **dingliche Surrogation:** Rechte an der Sache setzen sich am Erlös fort, § 1247 S. 2.

Untergang (Erlöschen)
- ▶ Wenn Forderung untergeht bzw. künftige Forderung nicht entsteht.
- ▶ Durch freiwillige Rückgabe (§ 1253) oder Verzicht (§ 1255).
- ▶ Durch Vereinigung von Pfand und Eigentum in einer Person (§ 1256 Abs. 1).
- ▶ Durch rechtmäßigen Verkauf bzw. gutgläubigen lastenfreien Erwerb.

2. Das gesetzliche Pfandrecht an beweglichen Sachen

Das Gesetz lässt in einer Reihe von Fällen ein Pfandrecht entstehen, ohne dass eine auf die Entstehung des Pfandrechts gerichtete Einigung vorzuliegen braucht. Man spricht hier von gesetzlichen Pfandrechten.

Sinn und Zweck der gesetzlichen Regelung ist es, demjenigen Vertragsteil eine Sicherung zu geben, der, wenn auch nicht notwendig, so doch i.d.R. vorzuleisten pflegt, wie etwa der Werkunternehmer, der die Arbeiten ausführt und erst später den Werklohn in Rechnung stellen kann. Das Pfandrecht des Vermieters (§ 562 Abs. 1) war ursprünglich ebenfalls wegen der Nachschüssigkeit der Mietzahlung (§ 551 a.F.) in das BGB aufgenommen worden. Seit dem 01.09.2001 ist diese zwar entfallen (§ 556 b Abs. 1), das Pfandrecht wurde aber beibehalten. Es schützt den Vermieter vor Mietrückständen, da er i.d.R. erst ab einem Rückstand von mindestens zwei Monatsmieten zur außerordentlichen Kündigung berechtigt ist (vgl. § 543 Abs. 2 Nr. 3). Für die Vorleistungen soll der Vorleistende eine Sicherheit an den Sachen erhalten, die in seinen Herrschaftsbereich gelangt sind. Das können einmal Sachen sein, die (zur Bearbeitung etc.) in seinen Besitz gelangt sind. Aber auch ohne Besitz des Vorleistenden kann ein Herrschaftsverhältnis begründet werden, so z.B. durch Einbringung der Sache auf das Grundstück des Gläubigers (beim Vermieter- u. Verpächterpfandrecht) oder in seine Betriebssphäre (Gastwirtspfandrecht).

> **Gesetzliche Besitzpfandrechte** sind:
> 1. Das Pfandrecht des Werkunternehmers wegen seiner Lohnansprüche an den ihm zur Ausbesserung oder Herstellung übergebenen Sachen des Bestellers, § 647;
> 2. das Pfandrecht des Kommissionärs am Kommissionsgut, § 397 HGB;
> 3. das Pfandrecht des Spediteurs am Speditionsgut, § 464 HGB;
> 4. das Pfandrecht des Lagerhalters am Lagergut, § 475 b HGB;
> 5. das Pfandrecht des Frachtführers am Frachtgut, § 441 HGB.
>
> **Gesetzliche besitzlose Pfandrechte** sind:
> 1. Das Pfandrecht des Vermieters und Verpächters an den eingebrachten Sachen des Mieters und Pächters für die Ansprüche aus dem Miet- und Pachtverhältnis, § 562 Abs. 1, §§ 581, 592;
> 2. das Pfandrecht des Gastwirtes an den eingebrachten Sachen des Gastes, § 704;
> 3. das Pfandrecht des Berechtigten bei der Hinterlegung von Geld oder Wertpapieren als Sicherheitsleistung, § 233.

2.1 Die Entstehung des gesetzlichen Pfandrechts

▶ Es muss die zu sichernde Forderung **bestehen**.

▶ Bei den Besitzpfandrechten muss der Gläubiger im Besitz der Sache sein; bei den besitzlosen Pfandrechten genügt die **Einbringung der Sache**.

▶ Der Schuldner muss **Eigentümer** der Sache sein. Ist der Schuldner nicht Eigentümer, kann nach h.A. auch ein Besitzpfandrecht nicht vom Nichtberechtigten erworben werden; § 1207 findet keine, auch keine entsprechende Anwendung.[396] Lediglich gem. § 366 Abs. 3 HGB können die gesetzlichen handelsrechtlichen Pfandrechte gutgläubig erworben werden.

---

[396] BGHZ 34, 122 ff. für das Werkunternehmerpfandrecht; Einzelheiten zum Entstehen des gesetzlichen Pfandrechts bei der Behandlung der Vorschriften über das Pfand im jeweiligen Rechtsgebiet.

Da es hier an einer Verfügung fehlt (das Pfandrecht entsteht kraft Gesetzes), muss sich der gute Glaube weder auf das Eigentum noch auf die Verfügungsbefugnis beziehen. Erforderlich ist der gute Glaube daran, dass der Nichtberechtigte die entsprechenden Verträge abschließen darf, also z.B. das Gut in Kommission zu geben.

Etwas anderes gilt für Gut, das nicht Vertragsgegenstand ist; hier kommt es auf den guten Glauben an das Eigentum des Vertragspartners an.

2.2 Ein kraft Gesetzes entstandenes Pfandrecht untersteht nach § 1257 den Grundsätzen des Vertragspfandrechts

Das bedeutet:

- Für die **Übertragung** des gesetzlichen Pfandrechts gilt § 1250. Mit der Übertragung der Forderung geht das gesetzliche Pfandrecht auf den Zessionar über.

- Für das **Erlöschen** des gesetzlichen Besitzpfandrechts ist – soweit nicht Sonderregeln eingreifen, z.B. § 441 Abs. 1, 2 HGB – die Vorschrift des § 1253 anwendbar.

    Das Pfandrecht des Werkunternehmers erlischt daher, wenn er die reparierte Sache vor der Bezahlung der Reparaturkosten an den Besteller zurückgibt.[397] § 1253 gilt nicht bei besitzlosen gesetzlichen Pfandrechten.

    In der Übergabe des Pfandes an den Pfandgläubiger kann die Aufhebung des gesetzlichen Pfandrechts unter Bestellung eines rechtsgeschäftlichen Pfandrechts liegen.[398]

- Die **Verwertung** des gesetzlichen Pfandrechts geschieht nach §§ 1228 ff., i.d.R. also durch Privatverkauf im Wege der öffentlichen Versteigerung.

Unterschiede ergeben sich hinsichtlich der **gesetzlichen besitzlosen Pfandrechte**. Während die Vorschriften über Vertragspfandrechte von unmittelbarem Besitz des Pfandgläubigers ausgehen, hat dieser bei den besitzlosen Pfandrechten zumeist keinerlei besitzrechtliche Beziehung zu den dem Pfandrecht unterliegenden **Sachen**.

Beim Vermieterpfandrecht hat der Pfandgläubiger (= Vermieter) daher nach Eintritt der Pfandreife, also mit Fälligkeit seiner Forderung, einen Herausgabeanspruch aus §§ 562, 1231.[399] Nach Pfandreife hat er daher auch ein Recht zum Besitz an den dem Pfandrecht unterliegenden Sachen, darf diese allerdings nicht selbst an sich nehmen, da er andernfalls verbotene Eigenmacht verübt (§ 858).[400] Vor Pfandreife kann der Vermieter gem. § 562 b Abs. 1 die Entfernung der Pfandsachen im Wege der Selbsthilfe verhindern, sofern er nicht gem. § 562 a S. 2 zur Duldung verpflichtet ist. Sind Sachen ohne Wissen des Vermie-

---

[397] BGHZ 87, 274, 280@.
[398] Palandt/Bassenge § 1257 Rdnr. 7.
[399] Bamberger/Ehlert § 562 Rdnr. 27.
[400] Dazu ausführlich AS-Skript SachenR 3.

ters oder gegen seinen Willen entfernt worden, kann er gem. § 562 b Abs. 2 S. 1 Rückschaffung verlangen oder – wenn der Mieter bereits ausgezogen ist – sogar Herausgabe an sich.

Das **Gastwirtspfandrecht** gem. § 704 verweist insoweit auf die Vorschriften über das Vermieterpfandrecht. Das Gastwirtspfandrecht findet allerdings nur auf den Beherbergungs-, nicht auf den reinen Speisegastwirt Anwendung.[401] Neben dem Gastwirtspfandrecht besteht kein zusätzliches Vermieterpfandrecht.

Beim Pfandrecht des Berechtigten bei der **Hinterlegung gem. § 233** stellen sich keine besitzrechtlichen Fragen, da sich das hinterlegte Geld bzw. die hinterlegten Wertpapiere in einem öffentlich-rechtlichen Verwahrungsverhältnis befinden.

2. Abschnitt: Das Pfandrecht an Rechten und Forderungen

Im Sachenrecht ist nicht nur das Pfandrecht an **Sachen** – beweglichen Sachen und Grundstücken – geregelt, sondern nach den §§ 1273 ff. kann grundsätzlich an allen **übertragbaren Vermögenswerten** ein Pfandrecht **begründet** werden, das nach den Regeln der §§ 1274 ff. entsteht und abzuwickeln ist.

1. Das Entstehen des vertraglichen Pfandrechts an Rechten und Forderungen

Der **Grundsatz** lautet: Wie das Recht **übertragen** wird, wird es auch **verpfändet**, § 1274 Abs. 1 S. 1.

Ist ein Recht nicht übertragbar, kann an ihm auch kein Pfandrecht bestellt werden, § 1274 Abs. 2. Doch kann das Recht der Ausübung überlassen worden sein. In diesen Fällen ist der Überlassungsanspruch verpfändbar, ohne dass dadurch ein Pfandrecht am Recht selbst entsteht.[402]

1.1 Die Einigung über das Entstehen

Der Verpfänder und Pfandgläubiger müssen sich – wie bei der Bestellung des Pfandrechts an beweglichen Sachen – darüber einigen, dass zur Sicherung bestimmbarer **Forderungen** dem Pfandgläubiger ein **Verwertungsrecht** an einem **bestimmten** Recht bzw. einer bestimmten Forderung zustehen soll.

Für die Forderung gilt der Bestimmbarkeitsgrundsatz.

Für das zu belastende Recht bzw. die zu belastende Forderung gilt der **Bestimmtheitsgrundsatz.**

---

401 Palandt/Sprau § 704 Rdnr. 1.
402 Palandt/Bassenge § 1274 Rdnr. 10.

▶ Auch künftige Rechte und Forderungen sind verpfändbar, wenn sie **abtretbar** sind. Es kann daher ein Pfandrecht an einem künftigen Recht zur Sicherung einer künftigen Forderung begründet werden.[403]

▶ Mit der wirksamen **Einigung** über das Entstehen des Pfandrechts an den Rechten, die durch bloße formlose Einigung übertragen werden können, entsteht das Pfandrecht an dem Recht. Weitere Voraussetzungen müssen nur dann gegeben sein,

– wenn zur Abtretung des Rechts die **Übergabe** einer Sache erforderlich ist oder

– wenn eine Forderung verpfändet wird; dann ist gemäß § 1280 die Anzeige durch den Gläubiger an den Schuldner erforderlich.

1.2 Die zum Entstehen des Pfandes an Rechten erforderliche Übergabe sowie die Anzeigepflicht

▶ Soweit zur Übertragung des Rechts die **Übergabe** einer Sache erforderlich ist, gelten nicht die §§ 929–931, sondern die Übergabe- und Übergabesurrogatsregeln der §§ 1205, 1206 (§ 1274 Abs. 1).

– Für die Hypothek, Grund- und Rentenschuld bedeutet das, dass neben der Einigung über die Verpfändung der gesicherten Forderung bzw. Grundschuld bei einem Briefrecht noch die schriftliche Verpfändungserklärung oder Eintragung im Grundbuch erfolgen muss und der Hypotheken- bzw. Grundschuld**brief** nach den §§ 1205, 1206 übergeben werden muss.

– Die Verpfändung von Orderpapieren setzt gemäß § 1292 die Einigung des Gläubigers und des Pfandgläubigers und die **Übergabe** des indossierten Papiers voraus.

– Das Pfandrecht an Inhaberpapieren wird gemäß § 1293 nach den Vorschriften über das Pfand an beweglichen Sachen, also durch Einigung und Übergabe bzw. Übergabesurrogate entsprechend §§ 1205, 1206 bestellt.

▶ Zwar genügt zur Abtretung der Forderung gemäß § 398 die schlichte Abtretungserklärung, doch zur Verpfändung der Forderung ist gemäß § 1280 erforderlich, dass der Gläubiger diese Verpfändung dem Schuldner anzeigt.

Es soll also bei der Verpfändung einer Forderung auf jeden Fall eine Offenlegung erfolgen. Aus diesem Grund wird in der Praxis die Abtretung der Forderung als Sicherungsmittel bevorzugt – zur Sicherungsabtretung vgl. AS-Skript SchuldR AT 2.

Fall 21: Verpfändung eines Spargguthabens

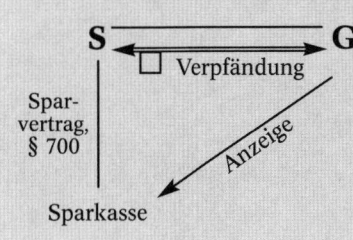

S will dem G ein Sparguthaben verpfänden. Der Verpfändungsvertrag wird schriftlich geschlossen. S übergibt dem G das Sparkassenbuch. G zeigt – ohne dass dies mit S vereinbart war – der Sparkasse unter Vorlage der Verpfändungsurkunde und des Sparkassenbuchs die Verpfändung an. Ist eine wirksame Verpfändung erfolgt?

---

[403] Baur/Stürner § 62 Rdnr. 12.

(I) G und S haben sich über die Bestellung eines Pfandrechts an der Sparkassenforderung geeinigt.

(II) Da für die Übertragung eines Spargutzhabens die bloße Einigung (Abtretung, § 398) genügt und die Übergabe des Sparbuchs nicht erforderlich ist – das Eigentum am Sparkassenbuch geht nach § 952 über[404] –, muss für die Verpfändung die Anzeige durch den Verpfänder an die Sparkasse hinzukommen, § 1280.[405]

(1) Die Anzeige wird hier nicht deshalb entbehrlich, weil S eine Urkunde über die Verpfändung ausgestellt hat und G diese Urkunde der Sparkasse vorgelegt hat.

Zwar bestimmt § 409 Abs. 1 S. 2 für die Abtretung einer Forderung, dass es der Abtretungsanzeige gleichsteht, wenn der Gläubiger eine Urkunde über die Abtretung dem in der Urkunde bezeichneten neuen Gläubiger ausgestellt hat und dieser sie dem Schuldner vorlegt. Eine (analoge) Anwendung des § 409 Abs. 1 S. 2 für die Verpfändungsanzeige nach § 1280 verbietet sich aber deshalb, weil in § 1280 die Anzeige wesentliches Tatbestandserfordernis für die Entstehung des Rechts ist, während die Abtretung nach § 398 auch ohne die Anzeige wirksam ist und die Abtretungsanzeige nach § 409 nur dem Schuldnerschutz dient.[406] Ebensowenig ersetzt die Übergabe des Sparbuchs die Anzeige.[407]

(2) Die Anzeige nach § 1280 muss von dem verpfändenden Gläubiger der Forderung abgegeben werden, hier also von S. S selbst hat nicht angezeigt. Zulässig ist die Anzeige durch Stellvertreter, der auch der Pfandgläubiger sein kann.[408] Voraussetzung ist dann aber nach den allgemeinen Regeln des Stellvertretungsrechts, §§ 164 ff., dass der „Stellvertreter" im Namen und mit Vollmacht des Pfandgläubigers handelt. Dazu reicht es nicht aus, dass der Pfandgläubiger im Besitz einer Verpfändungsurkunde oder des Sparbuchs ist und diese dem Schuldner vorlegt;[409] denn eine entsprechende Vorschrift zu § 409 Abs. 1 S. 2, wo die Vorlage der Urkunden als Ersatz für die Anzeige zugelassen ist, ist in § 1280 gerade nicht enthalten. Im vorliegenden Fall fehlt es somit an einer wirksamen Anzeige nach § 1280. Es ist daher für G kein Pfandrecht entstanden.

An dem zur Sicherheit übergebenen Sparkassenbuch kann aber ein Zurückbehaltungsrecht begründet sein.[410]

– – –

---

[404] Palandt/Bassenge § 952 Rdnr. 1 f.
[405] Palandt/Sprau § 808 Rdnr. 6; Palandt/Bassenge § 1280 Rdnr. 2.
[406] RGZ 85, 431, 436@.
[407] RGZ 124, 217, 220 f.
[408] RGZ 79, 306, 308@; OLG Köln NJW-RR 1990, 485, 486@.
[409] RGZ 85, 431, 437@; Erman/Michalski § 1280 Rdnr. 2.
[410] Palandt/Bassenge § 1280 Rdnr. 1.

1.3 Der Verpfänder muss Berechtigter sein

Wie in den Fällen der Übertragung des Rechts muss der Verpfänder verfügungsberechtigter Rechtsinhaber sein. Soweit das Recht vom Nichtberechtigten erworben werden kann, ist auch ein Pfandrechtserwerb vom Nichtberechtigten möglich.[411]

2. Die Übertragung des Pfandrechts an Rechten

Das Pfandrecht an Rechten wird wie das Pfandrecht an beweglichen Sachen durch **Abtretung** der gesicherten Forderung übertragen, § 1273 Abs. 2.

3. Die Rechte und Pflichten der Beteiligten

Zwischen dem Verpfänder und dem Pfandgläubiger besteht ein gesetzliches, pflichtenbegründendes Schuldverhältnis (§ 1273 Abs. 2 S. 1), sodass grundsätzlich die für das Pfandrecht an beweglichen Sachen geltenden Vorschriften entsprechende Anwendung finden.

4. Die Verwertung des Pfandrechts an Rechten und Forderungen

4.1 Anders als beim Fahrnispfand erfolgt die Befriedigung des Pfandgläubigers, falls die Forderung nicht beglichen wird, grundsätzlich nur aufgrund eines **Vollstreckungstitels** im Wege der **Zwangsvollstreckung** (§ 1277).

4.2 Für die Verwertung von Forderungen gelten die §§ 1281 ff.

- **Vor** der **Pfandreife** (vor der Fälligkeit der Forderung des Pfandgläubigers) können Pfandgläubiger und Gläubiger die Forderung nur gemeinsam geltend machen; der Einzelne kann nur Leistung an beide oder Hinterlegung fordern, der Schuldner darf nur an beide leisten, § 1281.

- **Nach** der **Pfandreife** (nach der Fälligkeit der Forderung des Pfandgläubigers) kann der Pfandgläubiger fällige Forderungen allein einziehen, der Schuldner darf nur an ihn leisten, § 1282. Folge der Leistung nach §§ 1281, 1282 ist das Erlöschen der Forderung, § 362. Damit erlischt auch das akzessorische Pfandrecht an der Forderung. Dies geschieht aber nicht ersatzlos, sondern es tritt **dingliche Surrogation** nach § 1287 ein. Das bedeutet, dass der Gläubiger das Eigentum an dem geleisteten Gegenstand erwirbt. Der Pfandgläubiger erlangt kraft Gesetzes an dem geleisteten Gegenstand ein Ersatzpfandrecht.

---

[411] Palandt/Bassenge § 1274 Rdnr. 1.

Beispiel: Der Schreinermeister S verpflichtet sich gegenüber dem G gegen Vorauszahlung von 2.000 € zur Herstellung eines Bücherschranks. Als G danach in Geldverlegenheit kommt, gewährt ihm P ein bis zum 01.04. zurückzahlbares Darlehen. Zur Sicherung dieser Darlehensforderung verpfändet G dem P gemäß §§ 1274, 1280 seinen Lieferungsanspruch gegen S.

Nach der Fälligkeit seines Rückzahlungsanspruchs aus dem Darlehen – also nach dem 01.04. – verlangt der Pfandgläubiger P von dem Schuldner S die Lieferung des Schranks. Mit der Lieferung des Schranks an P wird G Eigentümer des Schranks, P erhält kraft dingl. Surrogation ein Pfandrecht an dem Schrank, § 1287. Dieses Pfandrecht kann P nach den Regeln über den Pfandverkauf – also in erster Linie durch öffentliche Versteigerung – verwerten.

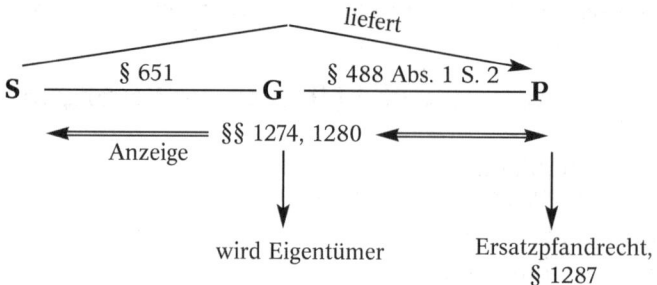

▶ Wird die Geldforderung vor der Pfandreife eingezogen, sind der Pfandgläubiger und der Gläubiger einander verpflichtet, dabei mitzuwirken, dass der eingezogene Betrag sachgerecht verwandt wird, § 1288.

Gemäß § 1291 gelten für die Grund- und Rentenschuld die Regeln über das Pfandrecht an Forderungen. Zwar gewähren Grund- und Rentenschuld keinen schuldrechtlichen Anspruch, sondern stellen ein Recht am Grundstück dar, doch sind sie auf Zahlung eines Geldbetrags gerichtet und daher mit einer Forderung vergleichbar.

5. Das Erlöschen des vertraglichen Pfandrechts an Rechten

Das Erlöschen des vertraglichen Pfandrechts an Rechten unterliegt den gleichen Grundsätzen, wie sie für das vertragliche Pfandrecht an beweglichen Sachen Gültigkeit haben, § 1273 Abs. 2 S. 1. Es gelten hier also insbesondere auch die §§ 1252 u. 1256 entsprechend.

STICHWORTVERZEICHNIS

Die Zahlen verweisen auf die Seiten.

Abgekürzte Lieferung 18
Abgesonderte Befriedigung
   gemäß § 805 ZPO 82
Abhandenkommen 59, 60, 61, 63
   bei Organ einer juristischen
     Person 59
   bei Weggabe durch Besitzdiener 59
Abstraktionsprinzip 6, 41
Abtretung des Heraus-
   gabeanspruchs 32, 44
AGB 89
   Abwehrklausel 90
   Eigentumsvorbehalt 88
   einander widersprechende 89
Allgemeine Nachforschungs-
   pflicht 56
Aneignung 143, 144
Aneignungsgestattung 139
Aneignungstheorie 139, 141
Anfängliche Übersicherung 78
Antezipierte Einigung 7
Anwartschaftsrecht 1, 85, 104
   als Recht zum Besitz 112
   Ansprüche gegenüber Dritten 107
   Aufhebung 105
   Belastung 104
   Enstehen 86
   Erlösanspruch 109
   Erlöschen 104, 105
   Erwerb vom Nicht-
     berechtigten 100
   gutgläubiger Zweiterwerb 103
   Herausgabeansprüche 107
   in der Insolvenz 114
   Nutzungsersatz 109
   Pfändungspfandrecht 105
   Pflichten gegenüber
     dem Eigentümer 110
   Rechte gegenüber
     dem Eigentümer 110
   Schadensersatzanspruch
     gemäß § 823 Abs. 1 107
   Schutz in der Insolvenz 114
   Schutz vor Verfügungen 110
   Übertragung .... 99 ff.
   Wertersatzanspruch 109
   wesensgleiches Minus 88
Anwartschaftsrechts
   Erwerb vom Nichteigentümer 99
Auktionator 155

Bedingungseintritt 87
Berechtigung des Veräußerers 2, 24
   Definition 26
Beschränkt dingliche Rechte 1
Besitz 26
   Entzug 60
   Mitbesitz 26, 27, 150
   mittelbarer 13, 14, 26
   Nebenbesitz 53
   Nutzungsbesitz 138
   unmittelbarer 12, 13, 27
   willentliche Übertragung 60
Besitzdiener 12, 13, 34
Besitzkonstitut 15, 27
   vorweggenommenes 28
   voweggenommenes 29
Besitzlose Pfandrechte 160
Besitzmittler 14, 30, 34
Besitzmittlungsverhältnis 15, 27, 73, 79
   gesetzliches 30
Besitzpfandrechte 160
Besitzverlust 59
   unfreiwilliger 59
Besitzverlust auf Veräußererseite 17
Besitzverschaffungsmacht 47
Bestandteil 117
   Scheinbestandteil 117
   wesentlicher 117, 125
Bestimmtheitsgrundsatz 2, 3, 73, 74, 162

Dereliktion 144
Dingliche Surrogation 157, 165
Drittwiderspruchsklage 30, 82, 100
Durchgangserwerb 28
Durchlieferung 18

Eheliche Lebensgemeinschaft 30, 40
Ehescheidungsverfahren 146
Eigenbesitz 14, 27, 138
Eigentum 2
   Erwerb durch Verbindung 124
   Übertragung beim verlängerten
     Eigentumsvorbehalt 103
Eigentumserwerb 116, 146
   an Erzeugnissen 136
   an Früchten 137
   an sonstigen Bestandteilen 136
   durch Aneignungsgestattung 139
   durch Gesetz 116
   kraft Hoheitsakts 116, 146

Eigentumserwerb durch Fund 144
Eigentumserwerb vom
    Minderjährigen 45
Eigentumsvorbehalt 3, 85
    einfacher 91
    erweiterter 91
    nachgeschalteter 91, 92
    nachträglicher 91, 92
    verlängerter 91, 93, 97
    weitergeleiteter 92
Eigentumswechsel
    doppelter 28
Einigsein 2, 21, 45
Einigung 2, 3
    antezipierte 7
    Auslegung 90
    bedingte 86
    bei Übergabe 4
    konkludente 4, 7
    vorweggenommene 3, 7, 28, 29
    Widerruf der 21
    Zustandekommen 3
Elterliche Vermögenssorge 31
Ersitzung 143
Erweiterter Gutglaubenserwerb 64
Erwerb vom Nichtberechtigten 43, 63
    gemäß §§ 929 S. 1, 930, 933 51
    gemäß §§ 929 S. 1, 931, 934 52
    gemäß §§ 929 S. 1, 932 Abs. 1 S. 1 48
    gemäß §§ 929 S. 2, 932 Abs. 1 S. 2 51
Erzeugnisse 136

Fahrnisverbindung 125
Fehlgeschlagene Übereignung 102
Flaschenpfand 151
Freigabeanspruch 79, 81, 96
Fremdbesitzerwillen 15
Fund 143, 144
    Sonderregeln 145

Gebrauchtwagen 56
Geheißperson 13, 16
    auf Erwerberseite 16
    auf Veräußererseite 16
    Scheingeheißperson 49
Geldwerttheorie 127
Gerichtsvollzieher 155
Gesamtschuldner 153
Geschäft an den, den es angeht 38
Geschäftsunfähiger 61
Gesetzliches Besitz-
    mittlungsverhältnis 30, 31
Gläubigergefährdung 78
Globalzession 97
Grundschuld 105
Grundstück 72, 116

Gutglaubenserwerb
    nach § 366 HGB 64
Gutgläubige Erwerb
    an Erzeugnissen und sonstigen
        Bestandteilen 141
    gemäß §§ 929 S. 1, 930, 933 51
Gutgläubiger Erwerb 44, 141
    gemäß §§ 929 S. 1, 931, 934 52
    gemäß §§ 929 S. 1, 932 Abs. 1 S. 1 48
    gemäß §§ 929 S. 2, 932 Abs. 1 S. 2 51
    lastenfreier, § 936 69
Gutgläubigkeit 63, 66
Gutgläubigkeit des Erwerbers 55

Handeln für Erwerber 37
Hauptsache 125
Herrenlose Sache 144
Herrschaftsmöglichkeit 14
Hersteller 128, 130, 131, 132
    Mithersteller 133
Hypothek 105
    Haftungsverband 105

Ingebrauchnahme der Sache 9
In-sich-Geschäft 32, 38
Insolvenzverfahren 82
invitatio ad offerendum 10

Kettenhandel 18
Knebelung 78, 96
Konkludente Einigung 7, 9
Kontokorrentvorbehalt 92
Konzernvorbehalt 92

Ladenangestellte 35
Lastenfreier Erwerb 43, 70

Markierungsübereignung 75
Markierungsvertrag 75
Mitbesitz 27, 150
    qualifizierter 150
Mitbesitzer 31
Mithersteller 133
Mittelbare Vertretung 37
    Handeln für den Erwerber 37
    Handeln für den Veräußerer 37

Nebenbesitz 53
Nichteheliche Lebens-
    gemeinschaft 41
Nichteigentümer 25, 44
Nichtigkeit der Einigung 77
Nießbrauch 147
numerus clausus
    der Sachenrechte 147
Nutzungspfandrecht 154

Öffentliche Versteigerung 155

Personalkredit 72
Personenidentität 47
Pfandrecht 104, 147
   am Anwartschaftsrecht 104
   an beweglichen Sachen 147
   an Rechten und Forderungen 162, 165
   besitzlose 160
   Bestellung 148
   dingliche Surrogation 157, 165
   Entstehung 148, 160, 162
   Erlöschen 158, 166
   gesetzliches 160
   in AGB 148
   irreguläres 148, 151
   Pfandreife 165
   Übertragung 165
   Übertragung kraft Gesetzes 151, 152
   Übertragung kraft
      Rechtsgeschäfts 151
   vertragliches 148
   Verwertung 165
Pfandreife 155, 165
Pfändungspfandrecht 105, 148
Pfandverwertung 155, 165
Prioritätsprinzip 97

Qualifizierter Mitbesitz 150
Quotenmodell 153

Raumsicherung 74
Realofferte 8
Rechtsschein des Besitzes 45, 47, 48, 63
Rechtsscheinsgeheißperson 16
Relatives Verfügungsverbot 24
Rückerwerb durch Nichtberechtigen 62

Sachgewalt
   tatsächliche 13
Sachherrschaft
   tatsächliche 12
Schachtelprinzip 137
Schatzfund 145
Scheinbestandteil 117
Scheingeheißperson 49
Selbstbedienungsladen 8, 10
Selbstbedienungstankstellen 8, 11
Sicherungseigentum .... 72 ff.
   anfängliche Übersicherung 78
   Besitzmittlungsverhältnis 79
   Forderungssicherung 73
   im Insolvenzverfahren 82
   in der Zwangsvollstreckung 82
   Nichtigkeit der Einigung 77
   Sicherungsklausel 74

Sicherungsübereignung 72
Sicherungsvertrag .... 73, 80 ff.
   Rechte des Sicherungsgebers 83
   Rechte des Sicherungsnehmers 82
Sittenwidrigkeit 78
   Gläubigergefährdung 78
   Knebelung 78
   Schuldnerschutz 78
   Übersicherung 78, 96
Stoffwert 128, 129
Streckengeschäft 18, 19
Surrogation
   dingliche 157

Teilverzichtsklausel 97
Trennung 137
   von Bestandteilen 137
   von Erzeugnissen 137
Trennungsprinzip 41
Typenzwang 147

Übergabe .... 2, 12 ff., 45
Übergabe „kurzer Hand" 26
Übergabesurrogate .... 2, 26 ff., 45
Übersicherung 96
   anfängliche 78
   nachträgliche 79, 81, 96
   ursprüngliche 96
Übertragungstheorie 139, 140
Unternehmerpfandrecht 105

Verarbeitung 80, 116, 128
Verarbeitungsklausel 80
Verarbeitungswert 128, 129
Veräußerungsgeschäft 41
Veräußerungsverbot 69
   absolutes 69
Veräußerungsvollmacht 36
Verbindung 116
   mit beweglichen Sachen 125
   mit Grundstück 116
Verfügungsberechtigter Eigentümer 24
Verfügungsberechtigung kraft Gesetzes 25
Verfügungsbeschränkung 66
   relative 66
Verfügungsgeschäft 41
Verfügungsmacht
   Mängel 64
Verkehrsfund 145
Verkehrsgeschäft 46, 63
Verleitung zum Vertragsbruch 97
Vermengung 127
Vermieterpfandrecht 104
Vermischung 116, 127
Verpflichtung zur Eigentumsübertragung .. 7
Verpflichtung zur Übereignung 4

169

Stichwortverzeichnis

Verpflichtungsgeschäft 41
Verpflichtungsvertrag 3
Verpflichtungsvertrags 4
Versteigerungserlös 157
Vertretung bei Eigentums-
    übertragung 34
Verwertung des Pfandes 155
Vorweggenomme Erbfolge 46

Warenangebote 8
    Aufstellen eines Automaten 10
    Selbstbedienungsladen 8
    Selbstbedienungstankstellen 8
    tatsächliche 8
    unbestellte 8

Weggabe nach Irrtum 60
Weggabe nach widerrechtlicher
    Drohung 60
Wegnahmeermächtigung 16
Wegnahmerecht 121
Weiterveräußerung 80
Widerruf
    der Einigung 21
    der vorweggenommenen Einigung 22

Zusenden unbestellter Waren 8
Zustimmung des Berechtigten 25
    nachträgliche 25
    vorherige 25
Zwangsversteigerungsverfahren 146

– – –

 # Klausuren  ALPMANN SCHMIDT

Examenssicherheit mit den schriftlichen **AS-Klausuren**. Wer es nicht geübt hat, unter Zeitdruck einen anspruchsvollen Fall mit Problemen „quer durch den Garten" in den Griff zu bekommen, hat im Examen keine Chance.

Unsere **Klausuren** bieten Ihnen daher die Möglichkeit, sich die für das Examen unentbehrliche Klausurroutine anzueignen.

- Lösen Sie die Klausur zu Hause und senden Sie Ihre Ausarbeitung ein.
- Ihre Arbeit wird **ausführlich korrigiert** und **individuell benotet**.
- Auch wenn Sie die Klausuren ohne Korrektur bestellen, erhalten Sie zwei Wochen später ausführliche **Musterlösungen** mit dem aktuellen Stand von Rechtsprechung und Literatur, sodass keine Fragen mehr offen bleiben.

Sie können wählen:

- **Klausuren zur Vorbereitung auf das 1. Juristische Examen**
  mit oder *ohne* **Korrektur**

Sie erhalten wöchentlich zwei Sachverhalte mit Musterlösungen: je einen Sachverhalt aus dem BGB oder den Nebengebieten sowie abwechselnd einen Sachverhalt aus dem Strafrecht und Öffentlichen Recht (nach Bundesrecht, zusätzlich alle 8 Wochen eine Klausur mit dem von Ihnen gewählten Landesrecht, die als PDF-Datei zum Download auf unserer Homepage [www.alpmann-schmidt.de] zur Verfügung steht).

- **Klausuren zur Vorbereitung auf das 2. Juristische Examen**
  mit oder *ohne* **Korrektur**

Sie erhalten wöchentlich einen Aktenauszug (Standardklausur); abwechselnd aus dem Zivilrecht, dem Strafrecht, den Nebengebieten und dem Öffentlichen Recht. Zusätzlich erscheinen in unregelmäßigen Abständen Spezialklausuren, insbesondere aus den Gebieten Relationstechnik, Arbeitsrecht, gerichtliche Entscheidungen im Strafverfahren, FGG-Klausuren und Klausuren mit alternativen Entscheidungsformen gegenüber den Standardklausuren.

Vertragsformulare stehen zum Download auf unserer Homepage im Formular-Center bereit oder können per Telefon, Fax oder E-Mail angefordert werden.

Unser Skriptenangebot 10/2007

Grundlagen Wissen €
Grundlagen Zivilrecht 1 (BGB-Trainer 1)	2006	12,50
Grundlagen Zivilrecht 2 (BGB-Trainer 2)	2005	12,50
Grundlagen Strafrecht (StGB-Trainer)	**2007**	**12,50**
Grundl. Öff. Recht (ÖR-Trainer)	**2007**	**12,50**

Grundlagen Fälle €
BGB AT	*2007*	*9,80*
Schuldrecht AT	*2007*	*9,80*
Schuldrecht BT Kaufrecht	*2007*	*9,80*
Schuldrecht BT Unerl. Hdlg./ Allgemeines Schadensrecht	*2007*	*9,80*
Sachenrecht 1	*2007*	*9,80*
Sachenrecht 2	in Vorbereitung	
Familienrecht	*2007*	*9,80*
Erbrecht	*2007*	*9,80*
Strafrecht AT	*2007*	*9,80*
Strafrecht BT Nichtvermögensdelikte	*2007*	*9,80*
Strafrecht BT Vermögensdelikte	*2007*	*9,80*
Strafverfahrensrecht	*2007*	*9,80*
Grundrechte/Staatsorganisationsrecht	*2007*	*9,80*
Europarecht	in Vorbereitung	
Allg. VerwR/VerwProzR	*2007*	*9,80*
Gesellschaftsrecht	*2007*	*9,80*
Arbeitsrecht	*2007*	*9,80*

Aufbauschemata €
Zivilrecht	*2007*	*16,90*
Strafrecht ca. Mitte Okt.	*2007*	*14,90*
Öffentliches Recht	*2007*	*14,90*

Zivilrecht €
BGB AT 1	*2007*	*16,90*
BGB AT 2	*2007*	*16,90*
Schuldrecht AT 1	2006	19,90
Schuldrecht AT 2	*2007*	*19,90*
Schuldrecht BT KaufR	2006	19,90
Schuldrecht BT WerkvertragsR/MietR	*2007*	*13,90*
Schuldrecht BT 2	2005	19,90
Schuldrecht BT 3	2005	16,90
Schuldrecht BT Unerl. Hdlg./Allg. SchadenR	*2007*	*19,90*
Sachenrecht 1	2006	14,50
Sachenrecht 2 ca. Ende Okt.	in Überarbeitung	
Sachenrecht 3	2006	14,50
Familienrecht	*2007*	*17,90*
Erbrecht	2006	19,90

Strafrecht €
Strafrecht AT 1	2006	20,50
Strafrecht AT 2	2006	24,90
Strafrecht BT 1	2005	24,90
Strafrecht BT Höchstpers. Rechtsgüter	2006	19,90
Strafrecht BT Kollektive Rechtsgüter	*2007*	*22,90*

Öffentliches Recht €
StaatsorganisationsR (VerfR)	*2007*	*23,90*
Grundrechte	2006	19,90
Europarecht ca. Ende Okt.	in Überarbeitung	
Verwaltungsrecht AT 1	*2007*	*19,90*
Verwaltungsrecht AT 2	in Überarbeitung	
VwGO	2006	24,90
Besonderes Ordnungsrecht (VerwR BT 1)	*2007*	*19,90*
Öffentliches Baurecht (VerwR BT 2)	*2007*	*19,90*
Polizei- und Allgemeines Ordnungsrecht	2005	23,90
NRW Polizei- und Ordnungsrecht	2006	22,90
Kommunalrecht NRW	in Überarbeitung	
Kommunalrecht BaWü	2006	19,90

Allgemeines €
Leichter Lernen	*2007*	*9,80*
Klausur und Hausarbeit	2003	19,90
Prüfungsrecht	2003	15,90
LL.M.-Programme weltweit	*2007*	*9,80*

Definitionen €
Zivilrecht	*2007*	*10,90*
Strafrecht	*2007*	*9,90*
Öffentliches Recht	*2007*	*9,90*

Besondere Rechtsgebiete €
Handelsrecht	2005	16,90
Gesellschaftsrecht	*2007*	*19,90*
Arbeitsrecht	*2007*	*24,90*
Kollektives Arbeitsrecht	2006	22,90
Wertpapierrecht	2003	16,90
Das Internationale Privatrecht	2006	19,90
ZPO	2006	23,50
StPO	*2007*	*20,90*
Kriminologie, Jugendstrafrecht, Strafvollzug	2005	20,50
Beamtenrecht	2005	10,90
Kartell- und Wettbewerbsrecht	in Überarbeitung	
Sozialrecht 1	2005	22,90
Sozialrecht 2	2005	22,90
Mediation, Schlichtung, Verhandlungsmanagement	2005	22,90
Rechtsgeschichte	2006	23,50
Rechtsphilosophie	2006	16,90

Fremdsprachenkompetenz €
Introduction to English Civil Law 1	*2007*	*20,20*
English Civil Law 2	2005	18,40
Introduction to the US-American Legal System 1	2005	22,90
US-American Legal System 2	2005	22,90
Introduction au droit français t. 1	2006	15,90
Experience Common Law	2003	9,90

Assessorexamen €
Vollstreckungsrecht 1	in Überarbeitung	
Vollstreckungsrecht 2	in Überarbeitung	
Insolvenzrecht	2006	16,90
Zivilprozess – Stagen und Examen	2006	24,90
Die zivilrechtliche Anwaltsklausur im Assessorexamen	*2007*	*24,90*
Die zivilgerichtliche Assessorklausur	2006	24,90
Die strafrechtl. Assklausur 1	*2007*	*21,90*
Die strafrechtl. Assessorklausur 2	2005	15,90
Die strafrechtl. Assessorklausur 3	2006	22,50
Die öffentlich-rechtl. Assessorklausur 1	2006	17,90
Die öffentlich-rechtl. Assessorklausur 2	2006	21,90
Die öffentlich-rechtl. Assessorklausur 3	in Überarbeitung	

Der Rechtsanwalt Grundlagen des Anwaltsberufs — 2005 15,90 €

Steuerrecht €
Umsatzsteuerrecht	2005	24,90
Einkommensteuerrecht	2003	24,90
Erbschaftsteuerrecht	2004	20,50
Bilanzsteuerrecht	2004	25,50
Internationales Steuerrecht	2004	14,90
Grunderwerbsteuerrecht	2005	20,50

Fachlexika €
Alpmann Brockhaus	2005	39,95
Alpmann Brockhaus mit CD	2005	49,95
Langenscheidt Alpmann Engl./D – D/Engl.	2006	29,90
Langenscheidt Alpm. mit CD Engl./D – D/Engl.	2006	44,90